KB052426

범죄 시그널

일러두기

외래어는 국립국어원 표기를 따랐으나,
일부는 관습적으로 널리 쓰이는 표기를 사용했습니다.
책의 제목은 《 》로 표기하고 한국어로 출간된 경우에는 한국어판 제목을 따랐습니다.
저자의 강조와 구분하기 위해 인용구는 큰따옴표로 표기하였습니다.

CRIME SIGNALS

— 범죄 시그널 —

다음 희생자가 되기 전에

우리가 읽어야 할

데이비드 기븐스

지식의편집

Contents

들어가며 **7**

CRIME SIGNALS

들어가며

모든 것이 다 지독히도
수치스러울 뿐이다.

**줄리 리벳(대실 해밋의 손녀,
최근에 있었던 몰타의 매 도난을 언급하며)**

2006년 12월 5일 저녁 나는 샌프란시스코의 '몰타의 매 소장처' 존스 그릴에서 우리 연구팀과 함께 저녁을 먹고 있었다. 그날 우리는 국립 주법원센터가 후원하는 연구의 일환으로 판사와 소송 관계자들의 신체언어를 촬영하며 보냈다. 집행관에서 판사까지 재판 중인 그 누구도 우리 카메라를 신경 쓰지 않은 듯 했다.

매번 녹화가 끝나면 우리는 판사와 원고, 피고에게 그날 그들이 법정에서 서로의 태도를 어떻게 받아들였는지 따로따로 설명했다. 촬영 영상을 보여주고 서로의 신체언어가 법정에서 어떻게 작용했는지를 탐색해 분석했다. 우리의 목표는 비언어적 커뮤니케이션과 언어적 공식 녹취록을 비교 분석하는 것이었다.

《몰타의 매》의 작가 대실 해밋이 식사를 했던 유서 깊은 엘리스가 존스 그릴에 앉아 나는 내 기술의 관음적 특성에 관해 깊은 생각에 잠겼다. 인류학자로서 사람을 관찰하는 것이 내 작업이다. 홍채의 동공 크기에서 어깨 으쓱하기의 해부학적 개론까지 나는 말과 달리 몸이 어떻게 말하는지를 꼼꼼히 기록한다. 확장된 동공이 흥분한 상태임을 보여준다면 올라간 어깨는 자신 없는 마음 상태를 전달한다. 둘 다 실제 말로 내뱉지 않은 기분을 말해준다. 이런 단서들을 탐지하기 위해 강박적인 관찰자가 되어야 한다면 그래야 한다.

《범죄 시그널》는 내가 관찰한 범죄자의 신체언어를 설명하고 판사, 배심원, 기자, 경찰 그리고 범죄자들과도 이 지식을 공유한다. 우리는 스콧 피터슨과 마사 스튜어트 같은 큰 사건들은 물론이고 지역 신문에나 실리는 작은 사건들로도 그 신체적 언어를 탐색할 것이다. 《범죄 시그널》에 나오는 범죄기록과 용의자들은 모두 실재이며 사실에 근거했고 공공기록물에서 찾아볼 수 있다. 범인들을 경멸하거나 비난하기보다 그들의 신체언어에서 보이는 단서를 찾고 해석하려 한다. 우리의 탐구가 흉악한 범죄 피해로부터 당신을 보호할 수도 있을 것이다.

불행히도 범죄는 절대 사라지지 않는다. 2007년 2월 10일 존스 그릴의 주인 존 콘스틴은 그 전설적인 몰타의 매 모형이 잠긴 진열장에서 사라진 걸 발견했다. 해밋의 소설에서 1539년 몰타섬에서 스페인 카를 5세에게 선물했던 진짜 몰타의 매 역시 몇 번이나 분실되고 도난당했다. 해적과 함께 사라진 조각상이 마침내 파리에서 발견되었다.

결국 사라진 새를 찾기 위해 사립탐정 샘 스페이드가 나섰다.

후에 해밋의 소설이 1941년 영화화되면서 몇 개의 석고 모형이 만들어졌다. 영화 〈몰타의 매〉에서 험프리 보가트가 샘 스페이드 역을 맡았고, 수십 년이 지난 1995년 존스 그릴은 영화에서 사용된 조각상 모형 하나를 가게 위층 해밋박물관에 전시했다.

해밋의 손녀 말처럼 모형을 도둑맞은 것은 "지독히도 수치스러운" 일이었다. 지금 샘 스페이드가 있다면 최근에 있었던 몰타의 매 실종 사건을 풀기 위해 세부 사항들을 날카로운 눈으로 샅샅이 훑었을 것이다. 그가 수사를 맡았다면 범죄 시그널을 찾기 위해 아주 꼼꼼히 신체언어를 관찰했을 것이라고 나는 확신한다.

서문

범행 전후의
범죄 시그널

왜 소매가 문제인지, 엄지손톱 뭘 암시하는지,
구두끈이 왜 결정적 단서인지를
네가 깨닫게 할 수가 없구나.

《신랑의 정체》(셜록 홈즈가 왓슨에게)

셜록 홈즈의 현명한 가르침처럼 완벽한 무에서 발생하는 범죄는 거의 없다. 사전 예고나 단서, 경고 없이 진행되는 범죄는 거의 드물다. 사기, 흉기 공격, 보석 절도, 성폭행이나 독극물에 의한 의문사 전후에는 명확히 드러나는 신호가 있다. 당신 눈앞에 총을 흔들어대는 무장 강도가 보이면 이는 너무나 명백하고 실질적인 위험 신호다. 하지만 가장 흔히 경험하는 위험 신호는 뭔가 이상하다는 실체 없는 느낌과 의혹이다.

바로 이런 사례가 언론에서 많이 다뤄진 스물한 살 크리스틴 라드너 살인사건이다. 스물둘의 살인범 마이클 카르티에는 그녀의 남자친구였다. 크리스틴을 보스턴 거리에서 38구경으로 쏘기 전에 그는 실체가 있거나 없는 다양한 경고 신호를 보냈다. 크리스틴이 마이클의 위험 신호의 충고를 들었다면 그녀는 지금 살아 있을 수도 있다.

　"그를 봤을 때 정말 느낌이 안 좋았어요." 크리스틴 라드너의 친구 리사는 그렇게 기억했다.[1] 하지만 사랑에 눈이 먼 크리스틴 본인은 마이클에게 좋은 느낌을 받았고 큰 키에 푸른 눈, 검은 머리의 나이트클럽 경비원을 "귀엽다"고 했다. 목에 눈에 띄는 커다란 성城 문신이 있었지만 크게 신경 쓰지 않았다. 앞으로 다루겠지만 얼굴, 이마, 목의 문신은 업계에서 심각한 범죄 문제가 있는 과격분자, 사회낙오자 문신으로 불렸다. 얼굴이나 얼굴 주위에 새긴 문신은 "나를 무시하면 가만두지 않겠어!"라는 위협처럼 보인다.

　마이클 카르티에 목 문신은 반사회적 인격장애APD를 미리 경고했다. 1992년 2월 처음 만났을 때 마이클은 상냥하고 매력적이고 달콤했다. 그는 크리스틴을 저녁 식사에 초대하고 클럽에 데려갔다. 밸런타인데이에는 그녀에게 장미와 곰 인형을 선물했다. 화가 나 크리스틴 침실 벽을 치며 소리소리 지르다 결국 그녀의 머리를 무참하게 가격했던 1992년 3월 초까지 마이클은 헌신적인 애정으로 유망하고 젊은 미대생의 마음을 사로잡았다. 문신의 비극적이고 잔인한 예고가 실현되기까지 채 한 달도 걸리지 않았다.

　4월이 되자 마이클의 폭발은 일상이 되었다. 4월 15일 마이클은 보스턴대학교 근처 보도에서 크리스틴과 말싸움을 하다가 그녀를 거칠게 밀어 넘어뜨렸다. 그녀가 일어나자 돌을 던지고 떨어져 있던 쇠막대로 그녀의 종아리를 쳤다. 그녀를 다시 보도로 밀치고 욕설을 퍼붓다 차도에 내던지고 머리와 다리를 심하게 걷어 찼다. 4월 16일, 다음 날 새벽 두 시가 되서야 지나던 운전자들이 끼어들어 크리스틴을 집으로 보냈다.

믿기 힘들 만큼 실체적인 위험 신호였다. 하지만 마이클이 숨겨왔던 다른 것들도 있었다. 그는 세 장은 되는 전과기록이 있었고 꽤 오랜 시간 감옥에 있었다. 1989년 매사추세츠주 한 카페에서 스킨헤드 친구들이 그를 보고 웃자 주사기로 자신의 피를 뽑아 케첩통에 투입했다. 1990년에는 전 여자친구 로즈 라이언을 때리고 가위로 잔혹하게 공격했다.

크리스틴과의 관계처럼 로즈 라이언과의 로맨스도 한 달도 채 되지 않아 끝났다. 보스턴 코먼공원을 산책하다가 예고도 없이 마이클이 장난처럼 그녀를 쓰레기통에 처박았다. 장난이든 아니든 그의 행동은 분명히 "뭔가 이상했다." 후에 그와 말다툼을 하다가 "뭔가 제 머리 옆을 쳤어요. 새똥에 맞은 것처럼 갑자기 날아왔어요. 체중을 있는 힘껏 실어 맨주먹으로 절 친 거였죠"라고 로즈는 설명했다.[2]

나는 마이클의 비언어적인 경고 신호를 '범죄 시그널'이라고 부른다. 크리스틴 라드너가 남자친구의 범죄 시그널의 전력과 범위를 알았다면 보스턴에서 멀리 안전한 곳으로 옮겼을 수도 있다. 그러나 그녀는 자신의 운명을 경찰 보호에 맡겼고 접근금지 명령을 얻었다. 그녀가 떠나고 법원 접근금지 명령이 내려진 후 몇 주간 전 남자친구 마이클 카르티에는 집요하게 그녀를 스토킹하다가 1992년 5월 30일 뒤에서 다가가 그녀의 뒤통수에 총을 쐈다. 치명상을 입고 보도에 쓰러진 그녀를 두 번이나 더 쐈았다. 한 시간 뒤 마이클 카르티에는 자신의 아파트에서 같은 총으로 자신을 쐈았고 숨진 채 발견되었다.

"뭔가 이상해"

　범죄는 법을 위반하거나 무시하는 행위이다. 《범죄 시그널》은 범행 전후에 범죄자의 신체언어를 탐구한다. 자신과 사랑하는 사람을 위험으로부터 보호하기 위해 어떤 비언어적인 경고 신호를 찾아야 하는가?

　"그 남자는 위층에 살았어요. 항상 섬뜩한 느낌이었어요." 〈오프라 윈프리 쇼〉에 나온 수배자 사진을 보고 이웃의 탈주범을 FBI에 신고했던 여자의 증언이다. 이 '섬뜩한' 느낌은 무엇인가? 나는 앞으로 이 '섬뜩한' 느낌을 비언어적 단서들을 통해 알기 쉽게 분석할 것이다. 인류학자이자 비언어적 커뮤니케이션의 전문가로서 나는 경찰관, FBI요원, 정보기관원들에게 언어에 감춰진 행동 단서들을 찾아내 위험을 판독하는 법을 가르쳤다. 무엇을 찾아야 할지를 알면 세상이 더 안전해진다.

　셜록 홈즈가 범죄 소설에서 했던 것을 《범죄 시그널》은 현실 범죄 세계에서 한다. 셜록 홈즈 추리물을 쓰기 전에 아서 코난 도일은 개업의였다. 사건 단서에 대한 그의 집착은 이전의 질병 징후 연구에서 발전되었다. 둘 다 '뭔가 이상하다'는 시그널이다.

《범죄 시그널》은 셜록 홈즈의 예리한 시선에 법의학, 비언어학, 행동신경학의 최근 연구들을 결합해 가장 유력한 악의적 단서들을 탐색한다. 지하철에서 이유 없는 시선부터 현관 앞 낯선 발소리까지 신체언어는 일어나기 전에 진행되고 있는 범죄를 당신이 깨닫게 해준다. 범죄가 발생하면 신체언어는 난무하는 해명들의 혼란 속에서 말로 표현되지 않고 때로는 말로 표현할 수 없는 진실로 당신을 이끌 수 있다.

범죄 시그널이란 무엇인가?

범죄 시그널은 누군가 법을 어겼거나 어기려 한다는 것을 폭로하는 감지 가능한 신호이다. 붉은 깃발 올리기처럼 범죄 시그널은 나쁜 일이 일어났거나 일어나려 한다고 알려준다. 범죄자는 절대 자신의 악의를 미리 말로 하지 않는다. 피해자의 입장에서는 언어적인 해명보다 신체 움직임이나 표정을 믿는 편이 배신당할 확률이 낮다. 범죄 세계에서는 비언어적 조짐이나 신호, 단서들이 말보다 더 중요한 말을 한다.

살인자, 성범죄자, 테러리스트, 도둑 모두 범행 전에 뚜렷한 신호를 송출한다. 테러리스트의 눈에서 그의 목적이 드러나기도 한다. 미국 교통안전국 칼 마카리오 분석관은 9.11 비행기 납치범들이 댈러스 국제공항 검색대를 통과하는 CCTV를 재조사하다가 세 남자 모두 보안요원들의 시선을 피하는 걸 발견했다. 칼은 "모

두 시선을 돌리고 고개를 숙였다"고 했다.[3]

　경찰들에게 시선을 피하는 것은 단서를 주는 신호일 수 있다. 차량 탑승객들이 옆에서 순찰 중인 경찰차에서 시선을 돌릴 때 그들에게 숨기고 싶은 뭔가가 있을 수 있다. 한 경찰관의 설명처럼 시선을 피하면 다소 보이지 않는 것 같은 심리적 위안을 준다. 순찰 중인 경찰관은 시선 회피를 수상한 거리 신호 다섯 가지 중 하나로 꼽는다.

　권력자와 시선 접촉을 피하는 것은 인체의 정상적 반응이다. 인류학자 애덤 켄던이 '차단'이라고 부르는 시선 회피는 영장류 생태학에 근거를 두고 있다. 예를 들어 하위 계급 고릴라는 우두머리 실버백 고릴라가 위협적으로 응시하면 보통 눈길을 피한다. 시선 접촉을 피하려 먼 데를 본다.

　인간에게도 시선 회피는 아주 어렸을 때부터 시작된다. 낯선 사람의 눈을 피하면 아기의 혈압이 내려가고 심장박동이 느려진다. 아기들은 눈을 아래나 옆으로 돌려 잠재적 위협 대상인 성인과의 시각적 접촉에서 오는 압박에서 벗어난다. 조금 더 큰 아이들은 손으로 얼굴을 가려 시선으로부터 숨는다. 마치 '이제 당신은 날 볼 수 없어요!' 하듯이 말이다.

　교육받고 훈련된 9.11 테러리스트들도 사실상 아이들처럼 행동했다. CCTV 속 세 남자 모두 고개를 숙이고 시선을 돌렸다. 연습이나 사전 약속도 없이 이 세 명은 동시에 동일한 범죄 시그널을 드러냈다. 몇 달 후 교통안전국의 마카리오가 했던 것처럼 보안요원들이 비행기 납치범들의 시선 차단을 단서로 인식했다면 더는 탐문 수사도 필요 없었을 것이다. 그리고 2001년 9월 11일은 그저 평범한 날로 남았을 수도 있다.

예외적인 범죄 시그널

위협 수위가 높아지면 미국 시민들은 "수상한 행동에 주의하고 신고하라"는 경계 경고를 받는다. 하지만 무엇이 수상한 행동인가? 이 책을 통해 설명하겠지만 수상한 행동이란 사실 '예외적인' 행동이다. 예외적인 행동이란 일반적인 행동에서 벗어나는 것이다. 보통 심각한 범죄 시그널들은 본질적으로 이상하고 확연하게 변칙적이다.

이런 사례도 있다. 2005년 12월 일흔다섯의 여성이 어머니를 만나러 워싱턴주 벨뷰의 오버레이크 메디컬센터를 찾았다. 부인은 30대 중반으로 보이는 멀끔히 차려입은 세 남자와 같이 엘리베이터를 타고 올라갔다. 갑자기 한 남자가 닫히는 엘리베이터 문에 발이 끼인 듯했다. 그가 부인에게 도움을 구했다. 부인이 끼인 발을 빼는 걸 도우려 몸을 숙이자 다른 일당이 부인의 핸드백에서 지갑을 낚아챘다. 엘리베이터 문이 열리자 세 남자는 부인을 강제로 밖으로 밀어내고 안에서 문을 닫았다. 잠시 후 안전하게 어머니의 병실에 들어와서야 이 착한 사마리아인은 자신의 지갑이 없어진 걸 알았다.

부인은 경찰에게 "안전한 곳이라 생각했어요"라고 말했다.[4] 안전? 보통은 그렇다. 하지만 그날은 예외적인 범죄 시그널이 깜박이고 있었다. 한 남자가 엘리베이터 안에서 신발을 빼내기 위해 앞으로 몸을 숙이고 있었다. 엘리베이터에서 발이 끼는 것이 흔한 일인가? 그런 예외적인 일을 목격하는 경우는 거의 없다. 〈승강기 세계 수직운송산업 개요〉에 따르면 1200만 명 중 1명 꼴로 그런 사고를 당할 확률이 있다고 한다. 분명 벨뷰에서 부인이 본 행동은 아주 흔치 않은 일이었다. 그러니 의심했어야 했다.

2001년 9.11 이후 공항 엘리베이터에서 이런 비정상적인 움직임을 탐지하기 위해 프로그램이 개발되었다. 지금은 컴퓨터가 CCTV에 포착된 비언어적인 동작들을 정상 또는 비정상으로 분류한다. 예를 들면 엘리베이터 안에 너무 오래 있는 것은 비정상으로 분류된다. 그 안에서 어슬렁거리면 공항 보안요원에게 원격 경보가 울릴 것이다. 장비를 조립하거나 바닥에 놓인 여행가방을 열기 위해 몸을 숙이고 있는 것 같은 비정상적인 신체 동작에도 원격 경보가 작동할 것이다.

{ **컴퓨터가 CCTV에 포착된 비언어적인 동작들을 정상 또는 비정상으로 분류한다.** }

한 남자가 낀 발을 빼기 위해 몸을 숙였던 벨뷰의 이상한 장면에 머리에서 경고음이 울렸어야 했다. 통계적으로 그 행동은 상식적이지 않다. 범죄 시그널이 빨간 불을 깜빡였다. "이상 행동! 지갑 조심!"

삶은 보통 예측 가능하기에 아래와 같이 예외적인 것들은 경보를 울린다.

- 쇼핑몰에서 무거운 배낭을 메고 몸을 숙이고 있는 남자(폭발물은 10킬로 전후이다)
- 마트 출입구 인근 장애인 주차구역에 있는 다섯 명의 남자
- 편의점 안에서 동상처럼 움직이지 않고 서 있는 손님(무장강도일 수 있다)
- 무더운 7월에 펑퍼짐한 겉옷을 입고 인파로 붐비는 보도를 달려가는 두 남자
- 눈에 띄는 빨간 옷을 최소 하나 이상은 걸치고 주류판매점 안을 힐끗대는 네 남자(8장 조직폭력배 신호 읽기)
- 주차된 자신의 밴 옆에서 담배를 피는 운동복 차림의 남자. 준비운동을 하며 근처 은행에 드나드는 이들을 계속 지켜보고 있다.
- 처음 보는 남자 셋이 당신의 단골식당에 들어온다(그게 뭐?). 그 뒤에 그들이 당신 사무실 건물 밖에서 서성이고 있다(우연?). 퇴근 후에 그들이 당신과 같은 통근열차에 있다(비상!).

범죄의 비언어적 세계

범죄 시그널에 주의하면 당신이 더 안전할 수 있고 당신이 사

랑하는 사람들을 보호할 수도 있다. 다행히도 인간을 비롯한 동물 대부분은 공격하기 전에 미리 경고한다. 목도리도마뱀은 물기 전에 크게 보이기 위해 몸을 세우고 목주름을 펼친다. 실제 공격하려는 코브라는 몸을 치켜세우고 머리 주름을 펼친다. 황소는 들이받기 전에 앞으로 몇 번 발을 구르고는 옆으로 돌아 몸에서 가장 넓고 위협적인 부위를 드러낸다. 공격 전에 겁을 주기 위해 크게 보이려 한다.

소아성애자는 범행 전에 특별한 관심과 애정, 선물 공세를 하며 자신의 희생양을 관리한다. 살해하기 전 스토커들은 며칠을 따라다니다 불쑥 피해자의 집에 나타나 뜬금없는 선물을 하곤 한다. 조직폭력배들은 문신이나 독특한 손짓과 상징적인 색의 옷으로 자신을 드러낸다. 주의하는 이들에겐 범죄 시그널이 사전 경고다. 악의는 이런 식으로 다가온다. 우리는 이를 알아차릴 수도 있고 뼈저리게 후회할 수도 있다.

범죄 세계에 대한 우리의 현장 연구를 시작하기 전에 내가 평생토록 헌신해온 비언어적 정보와 신체언어에 대한 설명부터 해야겠다. 내가 기억하는 한 나는 열정적인 인간 관찰자였다. 대학 때까지는 내가 무엇에 흥미가 있는지 전혀 알지 못했다. 시애틀의 워싱턴대학교 인류학과 학생일 때 자세, 신체 움직임, 표정들에 매혹되었고 이는 동작 이상의 것이라는 사실을 배웠다. 그것들은 시그널이었다.

라틴어 'signalis'에서 유래한 'sigh', 즉 시그널signal은 의미를 전달하는 일종의 표식이다.[5] 내 마음을 사로잡은 것은 그저 동작이 아니라 그 동작이 전달하는 것이었다. 말하자면 나를 매혹시킨 것은 신체언어가 드러내는 말로 표현되지 않은 감정, 감춰진 의도, 은밀한 사안에 있었다. 내가 가장 관심 있는 것은 사람들의 언어 밑에서 진행되는 소리 없는 대화였다. 곧 보게 되겠지만 말로 현혹하는 범죄 세계보다 소리 없는 대화가 더 중요한 곳은 없다.

신체언어를 연구하는 인류학자로서 범죄학자, 판사, 변호사, 경찰의 법의학적 렌즈와는 다른 렌즈로 범죄를 들여다본다. 신문 기사, 재판기록, 법학 서적, 경찰 수사기록은 보통 언어로 이루어져 있다. 내가 범죄자들에게 찾으려 하는 것은 몸짓, 신체 움직임, 물리적 반응과 태도이다. 경찰은 캐묻고 변호사는 변호하고 판사가 기록하는 동안 나는 눈과 입술, 어깨와 손을 관찰한다. 피고가 갑자기 눈을 내리깔거나 입을 앙다물거나 어깨를 으쓱하거나 손바닥을 감아쥐면 나는 메모한다. 셜록 홈즈의 가르침처럼 평범한 것에 평범하지 않은 의미가 있다.

당신은 범죄 세계의 비언어적인 여행에 정중한 초대를 받았다. 보기만 하고 만지지 마라. 범죄 세계의 주민들은 위험할 수 있다. 호수의 악어사냥꾼 스티브 어윈의 말처럼 포악한 악어들은 "위험해, 위험해!" 이제 보게 되겠지만 인간은 악어보다 훨씬 더 위험하다. 우리의 현장 연구를 시작하기 위해 가장 흔하면서도 음흉한 범죄자의 범죄 시그널을 살펴보자. 거짓말을 할 때 그들의 육체는 무엇을 말하는가?

1장

거짓말의
표정

저는 르윈스키 양과
성관계를 하지 않았습니다.

윌리엄 제퍼슨 클린턴

신체언어는 맥락이 모든 것이다. 손가락질이 미술관에서 특정한 의미라면 의회 청문회에서는 완전히 다른 의미일 수 있다. 루브르 박물관에서 손가락질은 그림을 '보라'고 가리키는 것일 수 있다. 똑같이 세운 손가락이 의회 청문회 위원을 가리키면 '나는 거짓말을 하고 있다'는 의미일 수 있다.

2005년 3월 17일 미국 의회 청문회에서 있었던 볼티모어 오리올스의 1루수 라파엘 팔메이로의 거짓된 손가락질을 수백만 명이 지켜보았다. 모두 발언에서 팔메이로는 위원들에게 공격적으로 손가락질을 하며 "나는 절대 스테로이드를 사용하지 않았다. 더 어떻게 증명해야 하나. 나는 절대 하지 않았다"고 했다.[6]

소환되기까지 증언을 거부하던 팔메이로는 후에 자신의 손가락질이 무의식적이었다고 주장했다. "이봐, 나는 진짜 진실을 말했다고"라고 그는 주장했지만 약 6개월 뒤인 8월 1일 스타노졸롤 약물에 양성 반응이 나왔다. 팔메이로는 야구 스테로이드 규정 위반으로 출장 정지 10일을 받았다. 뉴욕주 하원의원 존 스위니 는 "뻔뻔한 거짓말"이라며 팔메이로를 비난했다.

많은 이들이 스테로이드 투여로 기소된 팔메이로의 손가락질 을 지나치게 연극적인 태도라고 느꼈다. 셰익스피어 《햄릿》의 유 명한 문구를 인용하자면 "내 생각에는 그가 지나치게 부정하는 것 같다."

몸은 거짓말하지 않는다

범죄자는 자신의 범행을 감추기 위해 거짓말을 한다. 살아남 으려면 거짓말을 해야 하기에 범죄자들은 보통 남을 속이는 데 능숙하고 아주 그럴싸하다. 하지만 혀가 거짓말을 하는 동안에도 몸은 그러지 못한다. 진실을 원하면 말을 들으며 그의 몸을 보라. 특히 손과 어깨, 입술, 눈을 보라.

거짓말은 그릇된 인상을 주거나 고의로 남을 속이기 위한 말 이다. 영어 단어 'lie'는 7천 년 전 인도-유럽어의 'leugh-'에서 유 래된 '거짓말하다'라는 뜻이다. 비밀과 은폐의 기본 요소인 속임 수는 동물심리학에 근거한 고대부터 이어져 온 인간의 관행이다.

동물 세계에서 속임수는 정말로 흔한 일이다. 독이 없는 파리 와 뱀은 실제보다 더 위험해 보이기 위해 맹독류의 경고 표식과 배색을 차용한다. 영장류는 이 속임수 기술을 고도로 발전시켰다. 특히 우리와 가장 가까운 영장류 침팬지는 타고난 사기꾼이다.

동물학자 프란스 드 발은 어린 수컷 침팬지 댄디를 관찰해왔다. 댄디는 자몽 감춘 곳을 다른 침팬지들에게 들키지 않으려고 의도적으로 흥분된 기색을 억눌렀다. 그리고 나중에 혼자 다 먹었다. 영장류학자 제인 구달은 아홉 살 수컷 침팬지 피건을 관찰했다. 피건은 잘 익은 바나나 더미를 숨기려고 고의적으로 음식 신호를 보내지 않았다. 그리고 후에 혼자 다 먹었다.

침팬지처럼 인간도 자식의 이익이나 수익을 위해 정보를 숨긴다. 비열한 행위를 추궁하면 인간은 침팬지와 달리 언어로 거짓말을 한다. 하지만 많은 이들이 팔메이로처럼 지나치게 과장되고 감정적인 동작으로 자신의 거짓말을 훼손한다. 거짓말의 언어적 맥락에서 손가락질은 지나치게 튀었기에 바로 그의 말이 진실인지 의심했어야 했다.

팔메이로의 공공연한 손가락질이 있기 7년 전, 당신은 아마 국내외 방송으로 가장 수치스러운 손가락질을 지켜봤을 것이다. 1998년 1월 26일 윌리엄 제퍼슨 클린턴은 미국 국민을 공격적으로 가리키며 "저는 르윈스키 양과 성관계를 하지 않았습니다"라고 했다. 7개월이 지난 8월 17일 클린턴은 백악관 상황실에 앉아 미국 국민에게 방송으로 "사실 저는 르윈스키 양과 부적절한 관계가 있었습니다"라고 했다. 1999년 1월 14일 클린턴은 이 부적절한 관계에 대한 위증과 사법농단 혐의로 탄핵 위기에 직면했다.

'지나치게 부정하는' 것은 팔메이로처럼 클린턴에게도 해당된다. 두 사람의 집게손가락은 분노, 스스로 정당화한 분노를 보여주기 위해 자신의 범죄를 비난하는 이들을 향해 격정적으로 뻗쳐 있었다. 그러나 비언어적으로 볼 때 그들의 발언은 그들의 생생한 분노보다 더 진실되지 않았다. 진실은 말이 아니라 가리키는 행동에 있었다.

꼿꼿이 세운 집게손가락으로 다른 사람을 가리키는 것은 진실이 아니라 공격을 뜻하는 인간 사회의 흔한 신호이다. 가리키는 동작은 보조 전완근인 집게폄근의 도움을 받는데 이는 분명 집게손가락을 세워 가리키기 위해 진화되었다. 명확히 부정적 감정에 의한 다른 사람에 대한 손가락질은 보통 불쾌하고 무례하고 심지어 적대적으로까지 느껴지는 행동이다. 그러니 부족의 마법사들

《 테러리스트의 삿대질 》

세계 어디서나 집게손가락으로 찌르는 동작은 화와 분노의 표현이다. 대표적으로 자칭 알카에다 테러리스트 리처드 리드가 보여줬던 격분한 삿대질이 있다. 자신의 신발에 폭탄을 숨겨 파리에서 마이애미로 가는 아메리칸 에어라인을 폭파하려던 리드는 2003년 1월 30일 유죄 선고를 받았다. 법정에서 수갑을 차기 전에 리드는 앞으로 몸을 내밀고 판사에게 삿대질하며 반미감정을 쏟아냈다. 그보다 앞서 리드는 비행기 안에서 성냥을 켜서 신발 폭탄에 불을 붙이려 했다. 수상하게 몸을 굽히고 있던 그의 행동이 승객과 승무원들의 주의를 끌었고 바로 제압되었다. 지금 공항에서 엑스레이로 신발까지 투사하는 것은 리드 덕이다.

이 주술을 걸 때 세운 집게손가락이나 지팡이로 제물을 가리키며
악의 기운을 몰아내는 것은 당연하다.

성난 거짓말

　범인들은 공격적으로 분노를 드러내며 자신들의 거짓말을 은
폐하곤 한다. 사실이 아닌 것을 말할 때 보통 이를 드러내고 눈살
을 찌푸리고 눈을 희뜩이고 목소리는 떽떽거린다. 분노 신호는 거
짓말에서 관심을 돌리게 할 뿐 아니라 상대의 질문을 사전 차단
한다. 으르렁대는 개처럼 성난 거짓말쟁이는 물겠다고 위협한다.

　2005년 3월 22일 서른아홉의 애나 아얄라는 캘리포니아주
산호세의 패스트푸드점 웬디스에서 산 칠리 요리에서 약 4센티미
터 가량의 절단된 사람 손가락을 발견했다. 애나가 한입 베어 물
자 미끈한 손가락 끝이 입안으로 들어갔다. 그녀에 따르면 "다소
딱딱하고 바삭했다." 애나는 웬디스 직원에게 항의했다. 이 사건
은 전국적인 스캔들로 퍼져 나가 결국 매장에 손님들이 뚝 끊겼고
웬디스는 수백만 달러의 손해를 입었다.

　애나는 "그 느낌을 말로 표현할 수 없어요. 메스껍고 소름 끼쳐
요"라고 했다. 그녀는 바로 웬디스를 식품위생법 위반으로 고발하
고 손해배상을 청구했다. 하지만 철저한 수사가 가까워 오자 배
상금 요구를 철회하고 라스베이거스 자신의 집에서 두문불출했
다. 그러는 동안 웬디스와 경찰 당국은 수사를 계속 진행했다. 당

국은 손가락 주인을 찾기 위해 지문 데이터베이스를 검색했지만 찾지 못했고, 그 손가락이 날 것인지 조리된 것인지를 확인하기 위한 실험도 진행했다.

웬디스나 식재료 공급업자들에게 어떤 혐의도 발견하지 못한 수사관들은 애나에게 의심을 돌렸다. 2005년 4월 8일 자신의 집에서 CBS 기자 조 바스케스와 가진 인터뷰에서 애나는 지속적으로 언어적, 비언어적 분노를 드러내며 대답했다.

"'애나, 당신이 손가락을 넣었어요?' 내가 묻자 '그녀가 동작을 멈췄어요.'" 바스케스는 후에 이때를 회상하며 말했다. "표정으로 사람을 죽일 수도 있을 것처럼 나를 노려보더군요. 그리고 '내가 그 염병할 손가락을 어디서 구했다는 거죠?'라고 했죠."

애나 아얄라의 격한 반응에도 조 바스케스는 겁을 먹거나 피

〈 분노 신호 〉

분노는 보통 짜증이나 원망 또는 격분의 불쾌한 감정이다. 원시 파충류 행동의 정교한 포유류 버전이며 싸우거나 힘을 과시하기 위해 설계되었다. 얼굴을 찡그리거나 물기 위해 힘이 들어간 턱, 손바닥을 아래로 내리치는 듯한 동작, 앙다문 조여진 입술, 손가락질, 낮게 울리는 목소리, 노려보는 것으로 드러난다. 연구에 따르면 분노는 얼굴 아래쪽과 찌푸린 눈썹 주위에서 가장 뚜렷하게 눈에 띈다. 전두근, 눈둘레근과 함께 눈썹주름근이 눈을 보호하듯 눈썹을 아래로 당겨 코 위 미간에 수직 주름을 만든다. 1872년 찰스 다윈이 최초로 발표한 분노의 신호에는 경직된 몸, 찌푸린 눈썹, 굳게 다문 입, 벌렁대는 콧구멍과 '희뜩이는 눈' 등이 있고 분명 지금도 유효하다.

하지 않았다.

"애나, 공식적으로 당신은 절대 칠리에 손가락을 넣지 않았다는 거죠?"

"안 그랬어요!" 그녀가 덤벼들 것처럼 대꾸했다. "하, 진짜 황당해서 말도 안 나오네. 이제 더 참을 수가 없어요."[7]

빌 클린턴과 라파엘 팔메이로의 경우처럼 애나 아얄라도 진술보다 그녀의 감정적 분노가 더 진실에 가까웠다. 2006년 1월 18일 아얄라는 허위 보험금 청구와 웬디스로부터 거액의 부당 이득을 취하려 한 혐의로 9년 형을 받았다. 전 직장 동료에게 절단된 손가락을 구입했던 그녀의 남편, 마흔넷의 제이미 플라센시아는 12년 4개월형을 선고받았다.

비언어적 봉쇄

클린턴이나 팔메이로처럼 어떤 사람들은 거짓말할 때 손가락질을 한다. 하지만 손가락질을 하는 모두가 거짓말을 하는 건 아니다. 사실 드물기는 하지만 어떤 범죄자들은 전혀 신체 반응 없이 남을 속인다. 신체언어가 전혀 없는 신체적 봉쇄는 분노의 손가락질이 나타내는 감정의 존재만큼이나 감정의 부재를 드러낼수 있다. 소시오패스 범죄자들은 정상적인 죄의식이나 가책을 느끼지 않기 때문에 거짓말할 때 감정의 비언어적 신호들을 거의 보이지 않는다. 말하자면 그들은 거의 항변하지 않는다.

{ **어떤 범인들은 완벽한 신체적 무반응으로
거짓말임을 누설한다.** }

    예를 들어 스콧 피터슨은 전혀 손가락질을 하지 않았다. 2004
년 11월 12일 캘리포니아주 레드우드에서 스콧은 부인 레이시에
대한 1급 살인과 그녀가 임신 중이던 아들 코너에 대한 2급 살인
으로 유죄 선고를 받았다. 법정에서 스콧은 심리학자들이 '흥미'
라고 부르는 조용하고 지적인 감정을 제외하고는 전혀 신체적 분
노도 없었고 어떤 다른 반응도 보이지 않았다. 사실 배심원들이
한 명씩 최종 유죄를 선고할 때도 스콧은 완전히 무표정한 얼굴로
그들을 응시했다. 배심원들 누구도 그와 시선을 마주치지 않았다
고 한다.

    부재의 거짓말은 침묵으로 정보의 누출을 막는 것이다. 침착
한 태도와 무표정한 얼굴도 속임수의 신호로 클린턴과 팔메이라
의 손가락질만큼이나 진실을 말해줄 수 있다. 다시 말해 격분한
모습을 보이지 않는 것, 감정의 부재 역시 노골적인 손짓만큼이나
감정의 존재를 드러낸다. 재판이 끝난 후 배심원들은 스콧이 법정
에서 6개월 내내 냉담하고, 무심하고, 감정이 없는 것처럼 보였다
고 했다.

    스콧 피터슨의 경우에는 재판 몇 달 전 이미 거짓말이 드러났
다. 2002년 크리스마스이브에 레이시의 엄마 샤론 로차는 딸이
실종되었다는 스콧의 연락을 받고 바로 딸의 집으로 향했다. 경
찰들이 벌써 집에 와 있었다. 집에 온 스콧을 보고 레이시의 엄마

는 그가 "별로 동요하지도 않았고, 분명 겁을 먹고 있지는 않았다"고 했다. 나중에 그녀는 차고 입구에서 스콧이 먼 곳을 응시하며 "이상하게 아무 표정 없이" 혼자 서 있는 것을 보았다.[8] 그때는 안쓰러운 마음에 그를 안아주려고 앞으로 갔다. 그녀가 스콧 쪽으로 다가가자 그는 자신의 몸과 어깨를 왼쪽으로 틀었다. 그녀가 다시 안으려 하자 스콧은 그녀의 포옹을 피해 다시 왼쪽으로 몸을 돌렸다.

차고 앞에서 이야기를 나누긴 했지만 스콧은 이 엄청난 사고에서 단지 그를 따뜻하게 위로하려던 장모와 눈을 맞추려 하지 않았다. 그녀에게는 천재지변 같은 일이 그에게는 단지 산들바람인 것 같았다.

오른쪽이나 왼쪽으로 몸을 트는 것은 인류학자들이 '각거리'라고 부르는 차단의 한 형태이다. 각거리는 화자에 대한 청자의 상체 각도, 즉 정면에서 몸을 튼 각도를 측정한 공간적 방위이다. 오른쪽이나 왼쪽으로 더 몸을 틀어 벌어진 각거리는 더 떨어진 거리를 만들어 우리가 상대를 진짜 어떻게 느끼는지 보여준다.

‹ 스콧 피터슨의 입술 오독 ›

가만히 있을 때 스콧 피터슨의 입을 자세히 보면 입술의 바깥 라인이 살짝 위로 올라가 있는 것을 알 수 있다. 웃으면 각도가 더 심하게 올라간다. 그를 방송으로 본 많은 이들이 이를 경멸과 오만의 과시적 미소로 오해했다. 우리는 감정이 없는 무표정을 감정으로 해석하려는 경향이 있다는 연구 결과도 있다.

우리의 상체는 우리가 믿고 신뢰하는 사람의 말을 듣거나 들으려 할 때 무의식적으로 정면으로 향하지만 믿을 수 없거나 싫어하는 사람에게는 몸을 돌린다. 그날 저녁 스콧의 벌어진 각거리는 그가 뭔가를 숨기고 있다는 뜻이었다. 샤론에게 스콧의 '뭔가'가 아주 아주 이상하다고 인류학자가 조언해줄 필요는 없었다.

레이시 피터슨 실종 수사가 진행되는 동안 스콧 피터슨은 비통함이나 슬픈 기색은 거의 보이지 않았다. 그는 충격이나 자책, 증오, 경악, 분노의 감정도 드러내지 않았다. 눈을 더 자주 깜빡이지도, 입술을 앙다물지도, 눈썹을 치켜세우지도 않았다. 그의 몸은 효과적인 비언어적 봉쇄에 들어갔다. 한 친척이 지적한 것처럼 스콧은 부인의 실종보다 타버린 치킨 조각에 더 격분했다.

증언한 적이 없어서 우리는 증인석에서 선서하는 그의 태도를 보지 못했다. 하지만 부인이 실종되고 그가 체포되기까지 몇몇

〈 "난 사기꾼이 아니다." 〉

자주 주변 사람들에게 불편한 심기를 내보였던 리처드 밀하우스 닉슨 전 대통령은 과도한 각거리로 자신의 불쾌함을 드러냈다. 1970년대 초 백악관 각료회의에서 찍힌 사진에서 닉슨은 보좌관들로부터 어깨를 90도 틀어 완전히 돌아앉아 있다. 말 그대로 대통령직을 던져버리기 9개월 전인 1973년 11월 17일, 긴장한 닉슨 대통령은 워터게이트 사건에서 자신의 결백을 주장하며 "나는 사기꾼이 아니다"라고 해명했다. 그의 정치경력에서 반닉슨주의자들이 소위 '사기꾼 리처드'라고 부르는 신체적 태도가 그의 발언과 확연히 다른 말을 하고 있었다.

황금시간대 방송에 출연해 자신의 신체적 태도를 정면으로 노출
했다. 비언어적으로 가장 유효한 방송은 2003년 1월 27일 〈굿모
닝 아메리카〉에서 있었던 다이앤 소여와의 인터뷰였다.

인터뷰 초반에 스콧은 아내가 항상 애견 골든리트리버 맥켄
지와 산책하던 공원에 개를 데려갔던 이야기를 하며 울었다. 하지
만 이 드문 감정 표현은 이후의 인터뷰와 법정에서 스콧이 보였던
차가운 태도와 극단적으로 대조적이었다. 〈굿모닝 아메리카〉에서
잠깐 스콧의 사기적인 신체언어가 들여다보였다.

"부인을 죽였나요?" 소여가 노골적으로 물었다.

"아니요." 스콧이 대답했다. 확연히 억제된 태도에 음성은 차
분했다. 하얀 셔츠에 연한 자주색 넥타이, 왼쪽 옷깃에 '실종된 레
이시' 브로치를 단 가죽 정장 차림의 그는 면접 중인 단정하고 열
정적인 청년처럼 굴었다. 미소를 지으며 몸을 앞으로 내밀고 두
손을 무릎에 모으고 고개를 살짝 기울인 채 순진무구한 눈으로
소여를 응시했다.

샤론 로차가 캘리포니아주 모로베이의 조용한 카페 밖에서
처음 만났을 때처럼 스콧은 방송에서 호감으로 보였다. 그러나
방송에서 소여에게 "아니요"라고 부인하며 바로 헛기침을 하고
말을 끌거나 "어~", "아~", "음~" 등의 반복된 답변으로 말을 끊었
다. 또 숨소리가 들릴 정도로 거칠고 계속 더듬거렸다. 어떤 준準언
어 기준으로도 음성적으로 피터슨의 반복된 말 끊김은 거짓의 양
성 반응이다.

쉬고 긴장된 목소리와 헛기침은 감정적 뇌의 자극에 대한 즉

각적인 반응이다. 아주 작은 불안에도 후두가 조여질 수 있다. 신경 자극은 본래 음식 섭취를 위해 고안된 특수한 내장 신경을 통해 전달되는데 일시적인 느낌, 감정, 기분에 특히 민감하다. 거짓말할 때 불안하고 초조한 본능적 감정이 조여진 스콧의 목, 후두, 인두 근육으로 드러났다. 스콧의 혀가 말들을 내뱉을 때 목구멍은 그의 거짓을 증언했다.

"경찰에게 말했나요?" 이어진 인터뷰에서 소여는 스콧에게 여자친구 엠비 프레이와의 불륜을 경찰에게 얘기했는지 물었다.

"바로 경찰에게 말했어요." 스콧은 이렇게 말했지만 사건 담당 형사 크레이그 그로건에 따르면 뻔뻔한 거짓말이었다. 소여와의 인터뷰에서 스콧의 헛기침과 '음', '어'가 난무한 말 끊기 모두 거짓말에 대한 비언어적 증거였고 피고의 거짓말에 대한 그로건의 논평은 이를 확인해주었다.

‹ 가장 어이없는 범죄자들 ›

조지아주 브런즈윅에서 도둑 신고를 받고 출동한 경찰들이 집주인에게 없어진 것이 있는지 물었다. 집주인은 누군가 자신의 마리화나를 훔쳐갔다고 했다. 경찰관들이 방금 한 말을 다시 해보라고 하자 집주인 눈이 커졌다.
"지금 마리화나 소지를 인정하시는 겁니까?" 경찰이 물었다.
"저는… 어… 그게 아니라 사실은…" 그는 말을 더듬으며 "그게 아니라 나는… 아, 아니에요. 신경 쓰지 마세요"라고 했다.[9] 경찰은 그의 집에 마리화나가 없었기에 호탕하게 웃으며 떠났다.

후에 〈굿모닝 아메리카〉 장면을 법정에서 틀었을 때 배심원들은 스콧 피터슨의 말과 신체언어를 나란히 보게 되었다. 비언어적 분석에서 이런 경우가 모든 가능한 세계 중에 최상이다. 배심원들은 다른 맥락에서 스콧의 신체언어를 볼 수 있었고 다양한 의견들을 제시했다. 피고는 어떤 것은 거짓말을 하고, 어떤 것은 사실을 말하고, 또 다른 것은 말하지 않기도 한다. 긴 인터뷰에서는 맥락적으로 그 태도의 차이점과 유사성이 뚜렷하게 드러날 수 있다.

"부인을 죽였나요?" "경찰에게 말했나요?" 스콧은 대답하며 두 질문에 정확히 똑같은 신체언어를 보였다. 두 경우 모두 아주 조용히 집중하며 차분해졌다. 목소리를 높이지도 않았고 과격한 손짓도 없었고 고집스럽게 고개를 저으며 부정하지도 않았다. 두 대답 모두 거짓말이고 그의 비언어적 태도는 예상했던 대로 같았다. 발언하는 후두를 제외하고 촬영 영상에서 스콧은 침착하고 차분했다.

하지만 배심원 한 명은 그렇게 차분하지 못했다. '경찰에게 말했냐'는 소여의 두 번째 질문에 스콧이 답하는 것을 지켜보던 8번 배심원은 "눈을 돌리고 고개를 흔들면서 전혀 믿을 수 없다는 듯이 그를 응시했다."**10** '부인을 죽였나요?' 소여의 첫 번째 질문에 답하는 스콧의 태도는 두 번째와 의심할 여지없이 비슷했다. 냉정하고 침착해 보였다.

법정에서 이를 지켜보던 CBS 라디오 뉴스 기자 팀 라이언에 따르면 유죄 선고를 받을 때 눈에 보이게 턱에 힘이 들어간 것 말고는 전혀 감정을 보이지 않았다. 보통 악다문 턱은 분노의 표시로 물어뜯기 위해 교근이 턱을 긴장시킬 때 나타난다. 이런 근육들을 수축시키는 삼차신경(5번 뇌신경)은 감정에 민감한 특수 교감신경이다. 최소한 아주 잠깐은 스콧의 얼굴이 성급하게 자신의 속내를 드러냈다.

이 사건의 배심원들은 스콧이 전혀 감정을 보이지 않았던 점이 사형 선고를 이끌었다고 털어놓았다. 배심원 마이클 벨메시에리는 스콧이 죄책감을 전혀 보이지 않는다고 비난했다. 그레그 베라틀리스 배심원은 증인석에서 스콧의 음성으로 듣고 싶었을 것이다. 배심원 리셀 나이스에게는 판결이 내려질 때 스콧의 무심한 태도가 '천 마디' 말을 했다. 법정에서 실제 오갔던 수많은 말들에도 가장 기억에 남은 것은 무심하고 감정을 드러내지 않는 피고의 무표정이었다. 말과 행동으로 단언컨대 그는 비언어적으로 유죄였다.

거짓말의 비언어적 신호

《신랑의 정체》에서 셜록 홈즈는 용의자의 더듬거리는 말, '가슴 쪽으로 숙인 고개', '이마에서 번들거리는 수분'을 관찰한다. 서덜랜드 양의 사악한 계부는 그녀에게 구애하기 위해 가면을 쓰고 목소리를 위장했다고 자백하지는 않지만 그의 몸이 거짓말이라고 말해주고 있다. "비열한 악당이 있다!" 셜록 홈즈는 판단했다.

1887년 아서 코난 도일은 홈즈가 땀을 거짓의 신호로 해석하게 했다. 거짓말 탐지기가 발명되기 34년 전인 1921년에 그렇게 해석했다. 거짓말 탐지기는 땀, 혈압, 호흡 속도와 맥박의 신호로 생리적 흥분 강도를 측정한다. 지금은 불안이나 압박과 두려움에 대한 반응으로 손바닥 표면에 외분비 수분인 땀을 배출한다는 이론이 정립되어 있다.

우리 육체가 움직여 피부 표면에 수분을 전달한다. 장기같이 부드러운 내장 근육을 싸고 있는 상피세포는 수축해 땀샘에 수분이 흐르도록 밀어낸다. 또 교감 신경섬유의 '투쟁-도피 반응'과 관련된 작은 세포들도 아드레날린에 반응해 수축한다.

흥분했을 때 땀이 가장 잘 보이는 곳은 이마보다는 입술 위 피부이다. 작은 땀방울들이 거기 먼저 맺혔다가 이마와 관자놀이에 나타난다. 땀이 나는 것은 아몬드 모양의 편도체인 뇌의 공포 중추에 의한 교감신경계의 자극 신호이다. 물론 왜 갑자기 자극되었는지를 해석하는 것은 관찰자에 달려 있다. 의심받을지도 모른다는 두려움 때문일까? 아니면 사실은 거짓말인 것에 대한 불안일까? 말로 부정하는 와중에 윗입술에 땀이 난다면 후자일 가능성이 높다.

비언어 연구 분야에서 오래된 우리의 목표는 신뢰할 만한 거짓의 신호를 찾는 것이다. 우리의 탐사는 속임수가 흔히 불안, 강박, 수치심의 무의식적인 신호를 동반한다는 대중적, 과학적 관찰에서 추진력을 얻는다.

실험실 연구를 통해 말하면서 아래로 시선을 피하거나 머리와 손동작이 줄어드는 것 같은 특정 신호는 거짓말일 때 나타난다는 것이 밝혀졌다. 이 거짓 단서는 최소한 조사 지점을 제공할 수 있다. 거짓말 탐지기로 전류 피부반응, 호흡의 빠르기, 심장박동수를 자동 측정해 스트레스 지수를 탐지하는 것처럼 말이다.

방법이 어떻든 분석가들에겐 한 가지 공통점이 있다. 그들은 거짓말을 말 그대로가 아니라 신체언어라는 수단으로 바라본다. 실제 거짓말이 아닌 자율신경계의 흥분을 숙고한다. 손가락질이나 빠른 맥박이 보여주는 흥분 상태와 거짓말 사이에는 해석이라는 거대한 간격이 놓여 있다. 분석가의 일은 기술과 과학의 혼합물로 그 사이에 해석의 다리를 놓는 것이다.

〈사기에서 손동작의 개인차〉라는 논문에서 사회심리학자 알데르트 브리지와 그의 동료들은 사람들이 "사실을 말할 때보다 거짓말을 할 때 손을 덜 움직인다"라고 했다.[11] 전 FBI 특별수사관 조 내버로는 촬영된 심문들을 분석해 거짓 진술을 하는 사람은 진실을 말하는 사람보다 눈썹 올리기, 앉아서 발가락 들기, 발끝으로 서기 같은 소위 '중력 저항' 동작을 덜 하는 경향이 있다는 점을 파악했다.

{ **말할 때 고개를 덜 끄덕이고 눈을 자주 깜박이고 손동작을 적게 하는 것은 속임수의 시그널일 수 있다.** }

중력 저항 동작은 확신을 강조하는 것이기에 거짓말하는 이들은 거의 쓰지 않는다. 감정적으로 그들은 자신의 말에 확신이 거의 없는 것처럼 행동한다. 스콧 피터슨의 웅얼거림과 맥없는 목소리는 확신 없음을 보여준다. 캘리포니아주 산타로사의 행동분석 훈련센터 닉 플린트에 따르면 거짓말할 때 자신이 없는 것은 이론적으로 설명할 수 있다. 거짓말에 살을 붙이기 위해 언어로 세부 내용을 지어내는 것은 진짜 세부 내용을 빠르게 기억하는 것보다 더 많은 정신적 에너지가 든다. 플린트는 스콧 피터슨이 사실이 아닐 때 음성을 낮췄다는 점에 주목했다.[12] 인지적 외피가 얇은 그저 상상한 일을 뒷받침하려면 신체는 더 힘든 시간을 보낸다. 그래서 신체언어는 더 자신 없고 확신이 없어 보인다.

거짓말에 관한 현실 연구는 불행히도 거의 드물다. 불분명한 방법의 비현실적인 실험에 근거한 수백 개의 학술적 연구는 이 문제에 있어 거의 아무런 도움도 되지 못했다. 보통 학부생 한 명이 거짓말쟁이 역을 하고 다른 학생이 판사를 맡아 거짓말을 탐지할 수 있는지 실험한다. 당연히 이런 인위적인 상황에선 의미 있는 결과물이 나오지 않는다. 현실의 경찰관, 판사, 배심원들 앞에서 거짓말하는 실제 상황과 다르다. 하지만 샌프란시스코대학교의 심리학자 폴 에크만과 모린 오설리번은 실험실 거짓말과 현실 사기 원리를 결합한 독창적인 연구로 일명 '최고의 능력자들'을 찾아냈다.

최고의 능력자들은 비언어적 단서와 언어 용법으로 일관되게 거짓을 탐지할 수 있는 아주 특별한 사람들이다. 이 인간 거짓말 탐지기들은 피실험자들의 평균적인 기준을 훨씬 뛰어넘는다. 능력자들은 직감적인 관찰력으로 다른 사람들이 놓치는 것을 본다.
보통의 피실험자들이 50퍼센트 확률로 반은 맞고 반은 틀리는,
우연의 일치보다 더 나을 게 없었던 반면 능력자들은 80퍼센트
이상을 맞춘다.

거짓말 시그널

    몇 가지 비언어적 단서들을 동시에 해석하는 신체언어적 훈련을 하면 당신도 능력자의 그룹에 낄 수 있다. 여기 누군가 당신에게 있는 그대로의 진실을 말하지 않는다고 의심할 수 있는 단서 목록이 있다.

- 힘이 들어간 분노의 손가락질
- 죽일 듯이 화가 나 노려보기
- 비언어적 봉쇄: 전혀 동작이 없는 상태
- 정면에서 몸 틀기-각거리
- 긴장된 음성, 잠긴 목, 헛기침
- 심한 일련의 웅얼거림, 말을 돌리거나 끌거나 할 때 쓰는 음성 뱉기 사례
- 감정 보이지 않기
- 입술 위가 눈에 띄게 촉촉해지는 것

    다음 장에서는 신체에서 가장 식별 가능한 손과 어깨, 입술과 눈 네 가지 부위에서 거짓을 읽는 법을 배울 것이다. 이 감정적인 신체 부위들이 무슨 말을 하는지 우리는 알아야 한다.

2장

손, 어깨, 입술,
눈이 말하는 것

일단 경찰이 되고 나면 당신은 절대 이전처럼
사람을 보지 않는다. 당신은 그들의 옷, 머리카락,
눈이 말하는 모든 것을 읽는다.

마크 퍼먼

《말보다 요란한》에서 마저리 바르가스는 "어렸을 때 거짓말을 하면 어머니가 매번 어떻게 아셨는지 모르겠다"라고 했다.[13] 물론 어머니는 아이들이 거짓말을 할 때 몸 전체가 관여하기 때문에 이를 알았다. 이 순진하고 꾸미지 않은 신체 반응을 나는 '전신 거짓말'이라고 부른다.

"너가 언니 사탕 먹었니?" 잘못한 아이가 "아니요"라고 대답할 때 귀가 빨개지고, 고개가 내려가고, 눈썹이 올라가고, 눈이 커지고, 눈동자가 내려가고, 입이 나오고, 어깨가 으쓱하고, 몸을 돌리고, 손을 중앙에 꽉 모아 잡고, 발이 안짱다리 자세로 안으로 향하는 것을 보았을 것이다. 이런 전신 거짓말 신호를 본 엄마는 이번 사건을 유죄로 결론 내린다.

자라면서 딸은 넘쳐 나는 자신의 거짓 증거들을 점검하고 감추는 법을 배운다. 딸은 이제 어머니의 눈을 똑바로 보면서 고개를 옆으로 흔들고 눈썹을 내리고 어깨를 뒤로 젖히며 "진짜 아니에요"라고 답한다. 신체적 시그널이 너무 없어서 거짓말인지가 분명하지 않다. 하지만 눈치 빠른 엄마라면 딸의 삐죽 나온 입술, 깍지 낀 손, 안짱다리와 빨개진 귀를 알아챈다. 엄마는 내가 '신체 부위 거짓말'이라 부르는 속임수를 감지한다.

‹ 얼굴 홍조 ›

당황, 부끄러움 또는 수치심으로 얼굴이 빨개지는 것은 거짓말할 때 종종 일어나는 거짓말의 단서이다. 부패한 정치인들, 부정직한 경영자들, 직업으로 거짓말을 하는 사람들 같은 전문적인 거짓말쟁이들은 더는 죄책감을 느끼지 않는다.

거짓말할 때 관심이 집중되어 부담되거나 부끄러움을 느끼면 얼굴 홍조가 발생한다. 갑자기 얼굴, 귀, 목이 빨개진다. 때로는 가슴 위쪽 전체가 붉어질 수도 있다. 쉽게 얼굴이 빨개지지 않는 사람도 귀 위쪽이 붉어지는 '원시 홍조'를 보인다. 특정 주제를 질문할 때 보이는 얼굴 홍조나 원시 홍조는 그가 뭔가 감추고 있다는 걸 암시한다.

홍조는 얼굴과 몸의 모세혈관을 팽창시키는 교감신경계의 급격한 각성으로 일어난다. 어떤 사람들은 거의 모든 상황에서 통제할 수 없이 얼굴이 붉어진다. 이런 홍조는 수줍음이나 사회적 공포증으로 인한 것이기에 보통 거짓의 홍조는 아니다. 어떤 이들은 얼굴의 교감신경을 차단하는 수술을 할 정도로 장애를 겪고 있다. 흉강경 교감신경 절제술은 겨드랑이에서 흉강까지 절개해 척추 교감신경 줄기 신경절에 가까이 있는 신경을 절단한다. 수술을 받으면 거짓말을 하는 동안에도 더는 얼굴이 붉어지지 않는다.

어른이 되면 딸은 기술을 더 연마한다. 딸은 소리를 높여 더 자신 있게 "아니요"라고 내뱉는다. 빨개진 귀나 삐죽 나온 입술이 말의 '진심'을 압도하지 못한다. 딸의 강한 부정이 진짜처럼 보이지만 엄마는 여전히 확신이 없다.

무릎에서 꽉 모아 쥔 딸의 손, 아니면 의심스러운 안짱다리 때문일까? 딸은 자신이 이런 시그널을 보낸다는 걸 전혀 깨닫지 못하고, 엄마도 이를 의식적으로 신호로 해석하지 못한다. 하지만 두 가지 모두 진실을 말할 때의 꾸밈없는 목소리, 느긋한 손과 벌어진 발가락 같은 신체의 자연스러운 자세와는 대조적인 흔한 속임수 단서들이다. 10대 때보다 딸은 속임수의 단서들을 잘 감추고 있지만 일부 신체 부위들은 여전히 "거짓말이야"라고 고백하고 있다.

신체 움직임은 말보다 조작하기 힘들기 때문에 혀가 더 거짓말에 능숙하다. 1급 사기꾼이라 해도 아무런 신체적 신호 없이 거짓말하는 것은 힘들다. 분명, 아니 최소한 그의 어머니는 뭔가 이상하다는 것을 알아챌 수 있다. 음성 속임수의 명확한 피드백이자 우리 몸에서 가장 많은 정보를 주는 손, 어깨, 입술, 눈에 대해 살펴보자.

어쩔 줄 모르는 손가락

1998년 8월 17일 빌 클린턴 대통령이 연방 대배심원 앞에서

백악관 인턴 모니카 르윈스키와의 행위에 대해 증언하는 모습이
카메라에 담겼다. 영상을 살펴보니 클린턴이 아니라 그의 손이 재
판 중인 것 같았다.

　사생활에 대한 질문에 그의 왼손 엄지와 나머지 네 손가락은
딱딱히 굳어 카메라를 향해 경직된 동작을 했다. 성적인 관계를
어떻게 정의하는지에 대한 질문에 클린턴의 손은 신경질적으로
안경을 만지작거렸다. 머리로 답을 찾고 있는 동안 그의 손가락은
산만하게 주위의 온갖 것들을 만지작댔다.

　빌 클린턴은 교장실에 불려온 죄진 학생 같았다. 생각하느라
말을 멈추고 두 손을 깍지 껴 꽉 쥐고 있었다. 손바닥으로 숨기듯
턱을 감싸고 있는 모습이 전혀 대통령처럼 보이지 않았다. 세계적
지도자의 죄지은 손은 우리가 그동안 알고 믿어왔던 자신감을 전
혀 보여주지 않았다.

　클린턴은 내내 '힘 있는 그립grip'이 아니라 인류학자들이 말하
는 '계산된 그립'인 손가락 지문 끝으로 물컵과 음료수 캔을 움켜
잡고 있었다. 힘 있는 그립이 확신을 보여준다면 계산된 그립은 상
황을 떠보는 듯한 마음 상태를 보여준다. 심문이 끝나고 빌 클린
턴은 백악관 상황실로 들어가 사실은 르윈스키 양과 부적절한 관
계가 있었다고 결국 인정했다.

{ **손은 대단히 뛰어난 전달자이기 때문에
진실이나 거짓의 문제에서 항상 주시해야 한다.** }

그의 손을 지켜본 이들에게는 대통령의 유죄 인정이 거의 뉴스도 되지 못했다. 손은 우리 신체 부위 중에 가장 표현력이 풍부하다. 손은 얼굴보다 더 많은 말을 한다. 손가락은 감정을 표현하고 아이디어를 묘사하고 날고 있는 나비를 가리킬 수 있을 뿐 아니라 점자를 읽고 수화를 하고 시를 쓰기도 한다. 손은 대단히 뛰어난 전달자이기 때문에 진실이나 거짓의 문제에서 항상 주시해야 한다.

손은 중추신경계에 연결되어 있기 때문에 사기꾼들은 손을 가만두지 못한다. 비언어 공학의 제1법칙이 있다면 '손은 가만히 있는 동안에도 활동하고 있다'이다. 가장 뚜렷한 거짓말 신호는 손이 심리학자들이 말하는 '자기 자극' 행동에 쓰일 때 발생한다. 보통 이런 무의식적인 행동은 손가락을 펴서 서로 닿게 하거나 옷이나 가까이 있는 신체 부위를 만진다.

아픈 팔꿈치를 문지르면 순간적으로 육체적 고통이 덜해지는 것처럼 자신의 손을 잡는 것이 심리적 고통을 덜어줄 수 있다. 주머니 안의 엄지손가락을 잡아 세게 문질러 그 찌르는 고통으로 정신적 고통을 달랜다. 거짓말에 발목이 잡힌 우리는 그 심리적 상처에서 벗어나기 위해 자기 자신에 세게 매달린다.

감정이 격앙되면 우리는 일시적인 위안을 찾기 위해 무의식적으로 신체 부위를 만지작거리고 묵주에 매달리고 액세서리를 잡는다. 우리는 만지기가 주는 순수한 정신적 안정과 위안을 찾기 위해 만진다. 연구 결과에 따르면 우리는 두렵고 불안하고 거짓이라고 느껴질 때 팔이나 손목을 잡거나 손을 주물럭대고 코를 문지르거나 긁는 것 같은 자기 자극 행동도 늘어난다.

> **자신을 만지는 것은 교감신경계의 투쟁-도피 반응의**
> **각성 단계를 반영하는 거짓말 탐지기이다.**

안경을 만지작대거나 음료 캔을 문지르거나 턱을 괴는 것은 외부 스트레스 요인에 대항하기 위해 내부 감각 요인을 강화하는 것이다. 상대의 날카로운 질문에 괴로울 때 나는 신체 일부를 긁거나 문지르거나 주물러서 일시적인 위안을 찾는다. 뇌의 중앙 연결 장치인 시상이 들어오는 모든 신호를 한번에 처리할 수 없기 때문에 중요하지 않은 정보를 제거하며 일부만 선택적으로 수용한다. 육체의 가장 중요한 접촉 경로인 촉각 자극은 시청각적 경로의 신호들을 차단해 불안감을 감소시킨다. 신체를 만지는 것은 혼란한 외부의 광경과 소리에서 떨어져 관심을 내부로 돌린다.

생물학자들은 자기 자극을 '전위행동'이라 부른다. 인간처럼 포유류와 새 같은 다른 동물들도 불안감을 완화하기 위해 전위행동을 한다. 조금이라도 의기소침해지면 오리는 깃털을 다듬고 고양이는 자신의 털을 핥고 침팬지는 가슴을 긁는다.

영장류학자 제인 구달은 우리와 유전적으로 가장 가까운 침팬지의 긁는 행동을 연구했다. 구달은 "불안이나 갈등 상황이 고조될수록 긁는 행동이 더 심해진다. 이는 침팬지들이 자신의 위치가 불안하거나 더 서열이 높은 침팬지의 출연에 두려워할 때 일어나는 전형적인 행동"이라는 것을 발견했다.[14] 구달의 유인원들

은 눈에 보이는 것에서 벗어나기 위해 자신들의 촉각 신경을 자극
했다.

커다란 유인원들처럼 인간이 긁는 것도 단지 가려움을 해결하
기 위해서만이 아닐 수 있다. 민감한 질문에 답하면서 바로 긁기
시작한다면 '확신이 없다'는 신체의 말하는 방식이다. 언어적 부
인과 동시에 일어나는 어쩔 줄 모르는 손가락들은 해석의 여지가
있는 모호함, 다의성, 일종의 이중적 표현인 '부인 아닌 부인'일 수
있다.

부인하지 않은 부인으로 누군가의 말은 문자 그대로 부인하지
않은 '진실'일 수 있다. 하지만 잘못된 인상을 주려고 의도한 것이
기에 실제로는 거짓말이다. 모니카 르윈스키와 성관계를 하지 않
았다는 빌 클린턴의 진술은 부인하지 않은 부인이었다. 섹스에 대
한 그의 개인적인 정의가 다양한 성적인 관계들을 제외했기 때문
이다.

'부인 아닌 부인'이란 말은 밥 우드워드와 칼 번스타인이 저서

‹ 입술 만지기 ›

전 세계적으로 가장 흔한 자기 자극 행동은 입술 만지기일 것이다. 입
주위의 아주 민감하고 두툼한 주름을 잠깐 혹은 연속적으로 자극한다.
입술 만지기는 한쪽 또는 양쪽 입술을 손가락, 손가락 끝, 손가락 마디,
또는 손에 쥔 연필이나 펜 같은 물건으로 접촉하는 것이다. 민감한 질문
에 답하는 사람이 입술을 만지는 걸 보게 되면 주목하라. 거짓말하고 있
는 걸 보는 것일 수 있다.

《모두가 대통령의 사람들》에서 워터게이트 사건 당시 법무부 장관 존 미첼의 회피적 발언을 표현하기 위해 처음 사용했다. 1973년 TV로 방송된 워터게이트 청문회에서 미첼은 자신은 범죄에 연루되지 않았다고 부인하며 입과 눈을 만졌다. 신체언어 전문가이자 심리치료사 R. 돈 스틸을 포함해 이를 보던 일부 시청자들은 미첼의 진술에서 속임수를 읽어냈다. 1975년 1월 1일 미국 최고 지위의 전직 경찰 간부였던 미첼이 공모와 위증, 공무집행방해 혐의로 유죄 판결을 받았기 때문에 스틸이 옳았을 것이다. 미첼은 교도소에서 19개월을 살았다.

올라간 어깨

2000년 10월 5일 워싱턴주 스포캔의 트럭 운전사, 서른 넷의 윌리엄 브래들리 '브래드' 잭슨은 자신의 딸 발레리에 대한 1급 살인죄로 유죄 선고를 받았다. 잭슨은 판결에 대해 아무런 감정도 보이지 않았다.

그보다 1년 전인 1999년 10월 18일, 브래드 잭슨이 울며 미친 듯이 이웃집들을 찾아다녔다. 발레리의 실종에 정신이 나간 듯했다. 범죄를 의심한 스포캔 경찰관들은 잭슨의 차량에 위치추적 장치를 부착했다. 그러자 위성사진을 통해 잭슨은 자신도 모르게 발레리의 시신이 묻힌 작은 구덩이까지 경찰들을 안내했다.

살인사건 재판에서 잭슨은 발레리를 베개로 질식사시킨 혐의로 유죄 판결을 받았다. 그전까지 그는 아이가 우울증 치료제 팍실의 과다 복용으로 사망했다고 주장했다. 잭슨은 아무도 자신을 믿어주지 않을 것 같아 딸의 시신을 묻었고, 이웃집들을 찾아다니다 실종신고를 했다고 배심원들에게 증언했다.

잭 드리스컬 차장검사는 브래드 잭슨의 연이은 거짓말이 드러나 이번 사건에서 유죄가 나왔다고 했다. "우리에겐 그의 신뢰성이 관건이었다"라고 드리스컬은 덧붙였다. 브래드 잭슨 재판을 지역 방송으로 보다가 신뢰성 문제에 있어 내게 가장 두드러진 요소는 그의 올라간 어깨였다. 답변할 때마다 잭슨은 눈에 띄게 어깨를 으쓱했다. 잦은 어깨 으쓱하기는 어떤 비언어적 기준으로도 허세였다. 내가 성인에게서 본 가장 과장된 동작이었다. 반복적으로 올라가는 잭슨의 어깨는 마치 파도가 모래알 같은 그의 신뢰성을 무너뜨리는 것 같았다. 그는 이렇게 말했지만, 그의 어깨는 다른 말을 했다.

어깨는 팔을 몸통에 연결하는 쌍으로 된 접속 기관이다. 인간 어깨는 유연하고 가시적인데다 이를 움직이는 상부승모근이 목구멍의 후두처럼 감정에 민감한 특수 교감신경과 연결되어 있어 아주 뛰어난 거짓 신호의 표현가이다. 어떤 사람이 증인석에서 답변하며 동시에 어깨를 으쓱하고, 헛기침하고, 목소리에 힘이 들어가 있으면 거짓임을 드러내는 것일 수 있다.

해부학적으로 우리 어깨뼈는 두 개의 납작한 날개뼈로 이루어져 있는데 둘 다 빗장뼈, 즉 쇄골에 연결되어 있다. 날개뼈의 측면은 어깨 패드처럼 흉곽 위에 얹혀 있다. 쇄골을 제외하고는 다

른 뼈와 붙어 있지 않은 날개뼈는 위아래로 미끄러지고 앞뒤로 움
직이고 등과 척추 주위를 회전한다. 유일하게 쇄골만 가슴뼈에 붙
어 있어 자유로이 움직일 수 있다. 그래서 거짓말을 하면 자라나
는 피노키오의 코처럼 어깨도 높이 자라난다.

어깨 으쓱하기는 심리적으로 확신이 없다는 보편적인 신호
다. 으쓱하기 단서는 언어적 발언을 수정하고, 반작용하고, 부인
한다. "네 확실합니다"라는 발언에 올라간 어깨는 '확실하지 않
습니다'를 암시한다. 어깨 으쓱하기는 대화나 언어 진술에서 오해
거나 모호하거나 불확실한 부분을 드러낸다. 그리고 허위 진술과
과장, 거짓말을 탐지할 수 있는 시각적인 기회를 제공한다. 브래
드 잭슨은 법정에서 거짓말한 것을 사죄했지만 딸의 살인에 대해
서는 계속 부인했다. 하지만 그의 어깨는 다른 주장을 하는 것처
럼 보인다.

확신 없는 손 으쓱

2006년 5월 7일 나는 시애틀 매리너스의 야구 경기를 보기
위해 TV를 켰다. 우연히도 채널에서 오래전에 방영된 MSNBC의
〈헤드라이너와 레전드〉 장면을 보여주고 있었다. 장면에서 뉴욕
센트럴파크 살인사건에 연루된 한 잘생긴 청년이 경찰에게 진술
하고 있었다. 하지만 청년의 설명은 뭔가 약간 작위적으로 보였다.
솔직하지도 않고 현혹적이었다. 좀 더 집중해서 보다가 그의 손에

서 부정직의 단서를 추적하기 시작했다.

그의 말에 따르면 만난 지 얼마 안 된 열여덟 살의 여성 피해자는 (1)공원에서 성행위에 적극적이었고, (2)자신의 팬티로 그의 팔을 묶었고, (3)자신이 어깨 넘어로 그녀를 넘기다 사고로 죽었다. 그는 자신이 말하는 요점마다 손을 으쓱하며 강조했다.

손 으쓱하기는 더 동작이 큰 어깨 으쓱하기에서 나온 손바닥을 위로 향하고 들어 보이는 동작이다. 손을 활짝 벌리고 손가락은 쭉 펴고 손바닥은 호소하거나 애원하거나 구걸하는 자세로 위로 향한다.

청년은 1980년대 '사립학교 출신 살인자'로 알려진 로버트 E. 체임버스로 판명되었다. 체임버스는 1986년 8월 26일 제니퍼 레빈의 교살에 대한 1급 살인 혐의를 인정했고 1988년 4월 15년형을 선고받았다.

촬영된 경찰 심문에서 그가 믿을 수 없어 보였던 것은 자기 주장의 신뢰성을 배신하는 확신 없어 보이는 잦은 손 으쓱임 때문이었다. 자신의 말을 믿어달라고 '간청'해 자신의 알리바이에 대한 신뢰를 잃었다. 스스로도 자신의 말에 확신이 없는데 왜 경찰이 믿어야 하는가? 로버트 체임버스의 손은 말 그대로 진실을 간청했다.

입술 읽기

입술은 잔인할 정도로 정직하다. 거짓말할 때 우리 입술은 확연하게 조여지고, 안으로 말려들고, 꾹 닫힌다. 최선을 다해 이를 통제하려 해도 꾹 다문 입술의 표정은 너무나 솔직하다. 말과는 다른 입술의 타고난 전달 능력을 설명하기 위해 빌 클린턴의 다른 예를 살펴보자. 모니카 르윈스키 사건 내내 수많은 이들이 TV로 그의 신체언어를 기록하고 관찰했기 때문에 그의 사기적인 태도는 거짓이 비언어적으로 어떻게 보여지는가에 대한 대표적인 사례가 되었다.

1995년 6월 스물한 살의 모니카 르윈스키가 워싱턴 D. C.의 백악관에 무급 인턴으로 왔다. 1998년 1월 21일 미국 내 언론 매체들이 르윈스키와 클린턴 대통령의 성관계 스캔들을 보도했다. 대통령은 공식적으로 불륜을 부인했다. 1998년 1월 23일 클린턴은 불륜은 없었다고 참모진에게 장담했다. 그리고 3일 후에 미국 시민들에게 손가락질하는 그 유명한 '생방송 부인'이 있었다.

스캔들 내내 나는 클린턴 대통령의 입술을 관찰했다. 입술은 감춰진 이야기를 거리낌 없이 폭로했다. 기자들에게 르윈스키 스캔들에 관해 얘기할 때마다 그의 입술은 확연하게 꾹 닫히고, 조여지고, 말려들어 얇은 선이 되었다. 클린턴의 힘주어 앙다문 입술의 신체적 언어가 나를 덮쳤다. 대통령의 결백을 옹호하는 과정에서 그의 참모진 몇몇이 카메라 앞에서 입술을 앙다물었을 때 나는 그게 진실이라는 걸 알았다. 우리의 대통령은 거짓말을 하고 있었다.

그 후 1998년 8월 17일 전 세계에 사과하기 몇 분 전 백악관 상황실에 앉아 있는 클린턴 대통령의 사진이 AP통신에 실렸다. 사과 몇 분 전 입 주위에서 보이는 확연한 긴장감과 앙다문 입술이 사진으로 찍혔다. 몇 분 후 그는 "사실 저는 르윈스키 양과 부적절한 관계가 있었습니다"라고 수치스럽게 인정했다.

손이 가장 표현적인 신체의 외형이라면 입술은 우리의 가장 감정적인 외형이다. 입술은 입 주위 근육과 아래턱 깨물근을 수축시켜 입술을 다물고, 조이고, 압축한다. 입술과 턱의 긴장은 불안과 초조, 정신적인 압박감을 생생히 반영한다. 비밀스러운 외도에 대한 클린턴의 심하게 감정적인 자백의 맥락에서 보면 앙다문 입술은 명확히 그의 유죄에 대한 단서였다. 아마 그의 입술을 조인 것은 거짓말이 아니라 들켰다는 수치심이었을 것이다.

유죄의 입술

앙다문 입술은 초기 포유류의 진화 과정에서 남겨진 원시적 동작이다. 긴장된 입 표현은 원래 음식 섭취를 위해 고안된 특수 교감신경에 의해 통제된다. 오늘날 입술 조이기는 감정적인 반응이자 분노, 후회, 수치, 가책 같은 강렬한 감정인 '내장 감정' 즉 본능적인 느낌을 반영한다. 사실 우리는 현실의, 또는 상상 속 위협을 방어하기 위해 벌려진 입을 닫고 조인다. 감정적 자극은 위쪽의 뇌중추에서 안면신경(7번 뇌신경)이 작동하는 아래쪽 중추로 전달된다. 안면신경은 뇌간 깊은 안쪽에서 두개골 밖으로 움직여 모두가 볼 수 있게 입술을 조이고, 누르고, 말려들게 한다.

피하는 시선

2002년 8월 2일 보스턴의 추기경 버나드 F. 로는 사제들의 성추행 피해자들과의 합의금 문제로 서퍽 고등법원 증인석에 섰다. 〈보스턴 글로브〉의 캐슬린 버지 기자에 따르면 로가 증인석에서 편안해 보이긴 했지만 심문 중간에 "꽉 잡은 자신의 손을 내려다보았다."[15]

모니카 르윈스키와의 행위에 대해 증언하면서 빌 클린턴이 사용했던 몇 가지 자기 자극 행동 중 하나인 꽉 움켜쥔 손을 떠올려보라. 움켜쥔 손이 단적으로 거짓말쟁이라는 표식은 아니다. 하지만 증인이 손을 움켜쥐는 동시에 아래를 보는 것, 즉 아래쪽을 응시하며 시선을 피한다면 의혹이 생긴다.

자신의 움켜쥔 손을 내려다보기 약 8개월 전, 2002년 새해가 밝자마자 로 추기경은 가장 신뢰하는 조언자이자 사업가 잭 코너스 주니어에게 전화를 걸었다. 보스턴 대교구 사제들이 관여된 가장 심각한 성 추문 뉴스가 터지기 직전이었다. 코너스는 모든 진실을 말하라고 단호하게 조언했다. 하지만 로는 코너스가 아동 성추행 사제도 있었는지 묻자 "하나나 둘쯤 있을 수도 있다"라고만

했다.[16]

2003년 로의 보스턴 대교구는 500명이 넘는 사제들의 성추행 피해자들과 8500만 달러에 합의했다. 로는 기소되지 않았다. 하지만 매사추세츠주 법무장관 토머스 라일리는 "자신의 임기 중에 발생한 비극적 아동학대의 최종 책임자"인 로와 교회지도자들이 성추행 스캔들을 어떻게 덮었는지, 91쪽이나 되는 보고서를 통해 열거하며 수사를 공식적으로 마무리했다. 1년 전 추기경이 증인석에서 눈을 내리깔고 있었던 것은 성 추문에서 자신의 책임에 대한 억울함이었을지도 모른다.

진실과 거짓의 문제는 우리 시선의 방향과 정교하게 동조한다. 인류학자들에 의하면 색이 있는 홍채와 눈에 확 띄는 흰자위의 대조로 우리는 다른 사람들이 보고 있는 곳을 정확히 판단할 수 있다. 75개국 43개의 언어로 수행된 대대적인 두 종류의 연구조사에 따르면 사람들 대부분이 거짓말쟁이들이 남을 속일 때 시선을 피한다고 생각한다.[17] 증인석에서 시선을 피하는 것은 당혹감, 수치심, 죄책감의 암시이자 유력한 속임수 신호일 수 있다.

{ **뭐가 괴로워서 계속 땅만 보고 있는 거야?**
-단테, 《신곡》(연옥편 19곡) }

우리는 아래를 보기 위해 고개를 숙이거나 눈동자를 밑으로 향할 수 있다. 거짓말을 하거나 진실을 왜곡하는 동안 아래를 내려다보는 것은 좌절한 심정을 전달하고 죄책감이나 수치심, 굴복

을 반영하는 것일 수 있다. "나는 죄가 없다"라며 아래를 보는 것
은 스스로도 믿지 않는 것일 수 있다. 보통 진실한 발언은 확신에
차서 얼굴을 마주하고 침착한 시선으로 이루어진다.

　일부 문화권에서는 아래로 향한 시선이 바로 거짓말을 의미
하는 것은 아니다. 일본에서는 눈이 마주치지 않게 시선을 말하
는 사람의 목에 두도록 교육받는다. 멕시코에서는 아버지한테 혼
나는 젊은 남자들이 시선을 떨구는 것이 예의라고 배운다. 그렇
지만 경찰에 잡혀가는 수갑 찬 용의자가 고개를 숙여 얼굴을 가
리고 셔츠로 눈을 가린다면 그 신체언어에 대한 합리적 추론은
그가 유죄라는 것이다.

　2006년 4월 5일 AP통신은 "도일은 분명히 자신의 얼굴을 감
추려고 경찰차 앞 좌석에서 몸을 숙였다"라고 전했다.[18] 문제의
용의자는 메릴랜드주 실버스프링 자택에서 그 전날 체포된 쉰다
섯의 브라이언 J. 도일이었다. 그는 인터넷으로 열네 살 소녀를 유
혹한 혐의를 받고 있었다. 당시 도일은 미 국토안보부 부대변인이
었기 때문에 고개를 숙일 때 보였던 죄책감, 양심의 가책, 그리고
수치심의 강도는 보통 사람보다 훨씬 더 심했을지도 모른다.

　4월 4일 CNN에 방영된 체포 장면에서 경찰관이 수갑 채워 데
려갈 때 도일이 뉴스 카메라를 피하려고 얼굴과 머리를 완전히 왼
쪽으로 돌려 숙이는 걸 보았다. 고개를 숙이는 모습에서 그의 강
렬한 수치심이 느껴졌다. 플로리다주 재판에서 변호사가 도일을
위로하고 있을 때 피고석에서 꽉 움켜진 손 위로 고개가 앞으로
45도로 꺾인 사진이 뉴스에 실렸다. 고개를 푹 숙인 그는 특권층

에서 극적으로 추락한 사람의 모습을 그대로 보여주었다. 2006년 11월 17일 전 국토안보부 공무원 브라이언 도일에게 플로리다주 교도소 5년형에 집행유예 10년이 선고되었고 성범죄자 등록처분이 내려졌다.

고개를 숙이는 것은 등뼈 척추기립근의 도움을 받는다. 이 근육은 중앙 통제를 따르는 보다 진화된 신경망이 아닌 척추 신경이 직접 통제한다. 고개 숙임의 복종적인 어조는 원래 자신을 보호하기 위해 머리와 몸통을 앞으로 말아 웅그리게 만드는 이러한 근육과 신경의 역할에서 비롯된다. 체포에 대한 반응으로 고개를 숙이고 등을 구부리는 것은 '척추가 없는' 굴복이자 비난의 수용을 의미한다.

고개를 숙이면 시선도 아래로 향한다. 모든 척추동물은 공통으로 안구를 움직이는 여섯 개의 근육을 가지고 있다. 직접 눈을 마주치는 것, 즉 똑바로 앞을 보는 기본 응시에는 여섯 개의 근육이 모두 사용된다. 시선이 아래로 가는 것은 동안신경(3번 뇌신경)이 통제하는 하위 곧은근이 수축할 때 주로 일어난다. 수치심이나 죄책감의 감정은 수백만 년 전에 형성된 인간 중뇌의 피질 밑에 있는 시각중추의 보호회로를 통해 우리 눈을 아래로 움직인다. 의도적으로 시선을 아래로 향하는 것은 전두엽에서 눈을 관장하는 상위의 뇌중추가 움직여야 한다.

화이트워터 특별검사 케네스 스타에 의하면 "증인을 눈으로 보는 것 이상의 대안은 없다." 스타의 말이 맞다. 하지만 범죄자들도 시선 회피가 거짓의 단서라는 걸 알고 있기 때문에 의식적으로 시선을 맞추려 한다. 진실하게 보이기 위해 소아성애자들은 피해자의 부모들과 지속적으로 시선을 맞추려 노력한다.

CIA 요원 데이비드 포든이 폴란드의 비밀정보원 리스자드 쿠클린스키 대령에게 이렇게 조언했다. "누군가 당신을 놀라게 해도 침착하라. 그의 눈을 똑바로 보고 계속 시선을 맞춰라. 그러면 사기꾼처럼 보이지 않는다. 하지만 더 중요한 것은 그가 알 수 있는 것의 전부는 당신의 눈뿐이라는 점이다."[19] 거짓말하는 눈이 항상 그렇게 보이는 것은 아니다.

특별함에 대한 집착

1922년 T. S. 엘리엇은 "4월은 가장 잔인한 달"이라고 했다. 실화로 알려진 제임스 프레이의 《백만 개의 작은 조각들》이 2003년 4월 출간되었다. 이 책은 알코올중독, 마약중독, 범죄 세계의 절망적인 상황에 맞선 한 성난 청년의 생존을 다룬 자전적 회고록이다. 자칭 산전수전 다 겪은 프레이는 마취제도 없이 치아 뿌리를 뽑았고, 경찰과 싸웠고, 구치소에서 몇 달이나 있었고, 결국 목을 매 자살한 여자친구를 발견하기도 했다.

2005년 10월 TV 토크쇼 진행자 오프라 윈프리는 대중에게 그의 책을 추천하고 자신의 독서 클럽 목록으로 선정했다. 윈프리의 보증에 프레이의 책은 날개 돋친 듯 팔려 나가 수백만 권의 판매량을 기록했다.

2006년 1월 8일 〈스모킹 건〉 웹 사이트는 '오프리를 속인 남자'를 메인 기사로 올렸다. 기사에 따르면 "경찰 조서, 재판기록, 법 집행관들의 인터뷰와 다른 제보자들에 의해 프레이 책의 많은 주요 부분이 거짓으로 드러났다."

2006년 1월 26일 오프라 윈프리 쇼에 서른여섯의 제임스 프레이가 초대 손님으로 출연했다. 오프라는 왼 주먹을 꽉 쥐고 그의 책 많은 부분이 거짓이라고 그를 비난했다. 책에 썼던 대로 그는 구치소에서 몇 달을 보낸 게 아니라 단지 경찰서에 몇 시간 있었다. 그의 고백처럼 여자친구는 스스로 목을 매지 않았다. 그가 주장한 대로 마취제도 없이 두 개의 치아 뿌리를 뽑은 것이 아니었다.

책에서 그는 참기 힘든 극심한 고통을 견뎌내는 강인한 모습을 보여주곤 했다. 오프라가 극단적인 치과 처치에 대해 묻자 프레이는 책에 썼던 내용은 "그런 생각으로 버텨냈다"는 뜻이라고 했다.

"아니, 거짓말이에요." 오프라가 쏘아붙였다. "그건 생각이 아니라 거짓말이에요. 제임스 그건 거짓말이에요." "네." 프레이는 순순히 수긍했다. 치과 의자에서 프레이의 신체적 고통이 망상이었다면 오프라의 소파에서 그의 감정적인 고통은 현실이었다. 고개가 앞으로 기울고, 눈썹이 올라가고, 눈이 커지고, 눈동자가 아래로 움직이고, 입은 조여지고, 입술이 다물어지고, 어깨는 앞으로 축 처지고, 세게 깍지 껴 움켜잡은 손은 그의 무릎에 놓여 있었다. 죄책감이나 당혹스러움, 아니면 그 둘 다이든 그는 온몸으로 거짓의 시그널을 수없이 발산했다.

그의 신체언어로 판단컨대, 프레이의 교감신경계는 온 힘을 다해 도피 중이었다. 후두부의 성대는 긴장되고 입은 바짝 말랐다. 왼손으로 탐색하듯 조심스럽게 물잔을 쥐고 계속 물을 홀짝거렸다. 말을 멈추고 "음"이나 "아"만 반복했다. 왼쪽 발목을 오른쪽 무릎 위로 꼬아 앉은 자세는 얼어붙은 듯 고정되어 꼼짝도 하지 않았다. 말을 할 때 손동작이 거의 없었고 주요 부분에서 고개를 끄덕여 동의하지도 않았다.

나를 비롯해 시청자들은 작가 프레이가 이미 폭로된 거짓말의 그물에서 버둥대는 것을 지켜보았다. 그는 가장 유명한 TV 스타 오프라 윈프리에게 사기를 친 죄로 기소되었다. 프레이의 신체언어는 명확하게 그의 속임수의 진실을 수백만의 사람들에게 폭로했다.

거짓말의 신체언어

　우리는 누군가 거짓말을 할 때 손, 어깨, 입술, 눈이 더 분명한 시그널을 전달하는 걸 살펴봤다. 여기 속임수임을 드러내는 몇 가지 핵심 단서들이 있다.

- 얼굴, 귀, 목의 급작스런 홍조
- 만지작거리기 시작하는 손가락
- 손가락과 손으로 자기 자극 행동
- 어깨와 손바닥의 습관적인 으쓱임
- 힘주어 다물거나 말려든 입술
- 아래로 시선 피하기
- '음', '아'를 반복하는 말 끊김

　다음 장에서는 악명 높은 '세계 최고 부자' 가나의 '닥터 존'을 비롯해 최고 수준의 범죄적 거짓말쟁이와 사기꾼 몇몇의 신체언어를 판독할 것이다.

3장
사기꾼의
표적

밖에는 온통 엄청난 거짓이
판치고 있지 않은가!

셰익스피어, 《베니스의 상인》

사기는 연극과 소품들, 손기술에 관한 것이다. 적당한 무대가 꾸려지면 예정된 희생양이나 '표적'이 입장하고 돈이 오간다. 사기꾼의 말은 매끄럽고 설득적이고 논리정연하지만, 사람을 홀리는 매력의 99퍼센트는 비언어적이다. 사기꾼의 통제력은 신체언어, 표정과 태도에서 나온다.

사기꾼들의 역사는 고대 이집트와 메소포타미아의 초기 도시에서 찾아볼 수 있다. 익명의 도시라는 환경에서 사기꾼들은 부유하고 낯선 이들의 환심을 사서 공짜로 뭔가를 챙기려는 그들의 탐욕을 먹이 삼았다. 그리고 속아 넘어간 표적들이 이를 깨닫기 전에 도시를 떠났다. 전통적인 사기는 주사위 같은 운수 게임에서 벌어졌다. 이라크 북부에서 발견된 세계 최초의 6면 주사위는 점이나 곡물의 씨로 숫자를 표시하고 점토를 구워 만든 기원

전 2750년 것이다. 얼마 지나지 않아 부도덕한 도박꾼들이 확률을 높이기 위해 조작된 주사위를 아랍 전역에서 사용하기 시작했다. 사기가 드러나면 떠돌이 사기꾼들은 간단히 그들의 주사위를 챙겨 다른 곳으로 떠났다.

또 다른 원시 도박사기인 종지 마술 또는 종지 게임도 최소 중세 시대까지는 거슬러 올라간다. 작은 공이나 구슬 그리고 작은 견과류 껍데기나 컵 또는 종지 세 개를 이용한 게임이다. 경찰이 소리치며 달려오면 간단히 주머니에 숨길 수 있는 불법 게임이다. 게임 참여자들은 진행자가 종지를 완전히 섞어 이리저리 돌린 후에 세 개의 종지 중 하나에 건다.

종지 게임 선수들은 교묘한 손기술 또는 '빠른 손가락' 움직임으로 구슬을 눈보다 빠르게 이 종지에서 저 종지로 능숙하게 옮긴다. 그래서 표적들은 거의 보통 자신의 판돈을 잃기 마련이다. 영리한 표적이 속임수를 눈치채면 군중 속에 심어둔 공범들이 앞으로 나와 그를 게임에서 밀어낸다.

원시적인 종지 게임에서 구슬, 완두콩 또는 말랑한 작은 공을 숨기던 원리는 현대 재무회계에서 막대한 현금을 숨기는 것에 비유되곤 한다. 월드컴과 엔론을 떠올려보라. 크든 작든 모든 종지 게임의 제1원칙은 손이 눈보다 빠르다는 것이다.

더 정확히 말하면 손은 대뇌피질보다 더 빠르게 움직인다. 눈에 보이는 자극으로 정신없는 무대에서 종지 게이머의 빠른 손가락들은 놀라울 정도로 정확하게 움직인다. 두 눈이 쫓기엔 너무 빨라 이리저리 옮겨지는 사이에 완두콩을 놓친다. 뒤에서 다루겠지만 시각의 신경학은 손동작의 신경학보다 훨씬 더 복잡하다.

구슬, 견과류 껍데기와 사기 기술자의 손에서 반사된 빛은 눈의 신경, 즉 민감한 망막에 작은 이미지를 투사한다. 여기서 전기화학적 자극이 시신경을 통해서 뇌 바로 뒤의 시각 영역으로 보내진다. 이 영역의 신경세포는 사물의 선적인 디테일과 색의 파장에 반응한다. 이 두 번째 시각 영역은 게임의 선형적 움직임과 색에 대한 이미지를 강화한다. 이에 형태, 움직임 및 색의 추가적 사항을 인식하기 위한 과정이 더해진다. 그때 게임의 전반적 광경에 의미를 부여하고 통합하기 위해서는 대뇌피질의 다양한 영역들이 협력해야 한다. 간단히 종지 게임을 지켜보는 동안 너무 많은 정신적 작용이 일어나기 때문에 어떤 디테일은 시야 밖으로 벗어나게 된다. 그래서 작은 구슬이 숨겨진 곳을 누구도 정확히 알 수 없게 된다.

반면 종지에서 종지로 빠르게 구슬을 옮기는 이 훈련된 손동작은 대뇌피질이 아니라 수백만 년 된 더 오래된 운동 중추에서 통제한다. 기저핵이라고 불리는 이 뇌 영역은 피질보다 단순하지만 여전히 아주 빠르고 능률적이고 사실 거의 자동이다. 일단 선수가 종지 섞는 법을 배우면 그의 기저핵이 통제권을 갖는다. 연습하면 종지 섞기는 양치질처럼 단순하고 자동적인 동작이다.

종지 게임 사기꾼은 뚜렷한 신경학적 이점을 가지고 있다. 간단히 당신의 뇌가 구슬의 움직임을 쫓는 것보다 그의 뇌가 구슬을 움직이는 게 더 쉽다.

축제 야바위꾼

현대 사기꾼들의 신체언어를 판독하기 위해 축제 야바위꾼의 색색의 의상, 번지르르한 태도와 홀리는 손짓에서부터 시작하자. 허세적인 첫 만남의 비밀스러운 윙크부터 돈을 주머니에 챙기는 마무리까지 모든 사기의 비언어적 기본이 여기 있다. 자칭 축제 '선수'들은 번쩍이는 조명, 반짝이는 무대 의상, 시끄러운 호객 행위로 관심을 끈다. "자 이리 와서 풍선을 터트리고 상품을 받아가세요!" 생생한 손짓이 호객 행위에 활기를 더한다. 《번쩍임에 홀려》의 저자 피터 펜턴에 의하면 그중에는 "손 전체로 신호하는 가장 기본 손짓, 새끼손가락만 세워 까닥이는 우아한 손짓, 가운뎃손가락만 세워 야유하는 손짓" 등이 있다.[20]

선수들은 손동작의 뛰어난 설득력을 인식하고 있다. 축제의 떠들썩하고 정신없이 붐비는 와중에 시선을 끄는 손짓이 망설이는 이들을 향해 고군분투한다. 손바닥을 펴 보이는 것은 흔히 '나는 당신을 해칠 의도가 없다'를 뜻하는 동작이다. 누군가에게 펼친 손을 친근하게 내미는 것은 공간적, 감정적으로 더 가까이 끌어당기는 사적인 연결 고리를 만든다. 뇌의 측두엽에 있는 신경세포는 태생적으로 손가락 위치와 손 모양을 인지하도록 설계되어 우리는 손짓에 아주 민감하게 반응한다. 표적들은 선수들의 유혹하는 손짓에 본능적으로 반응한다.

열린 손바닥처럼 중간 단계도 우리가 친근하게 느끼도록 설계되었다. 어린이들을 위한 안전한 풍선 다트 게임, 오리 연못과 금

붕어 옮기기 게임들은 동심의 세계로 당신을 초대한다. 이런 환경
에서 누가 당신을 속이겠어? 정답은 물론 누구나이다. 반짝이는
상품들이 당신을 유혹하지만 '상품'은 당신이 게임에 지불해야 하
는 비용보다 값어치가 없다. 예를 들어 오리 연못에 떠다니는 오
리는 모두 바닥에 숫자가 적혀 있다. 숫자에 걸린 상품 대부분은
싸구려 플라스틱 장난감이나 반지, 호루라기 등이다. TV 경품이
걸린 1등 숫자는 게임 진행자가 손잡이를 당길 때까지 연못 밖 통
로에 숨겨져 있을 수도 있다.

  화가 난 표적들이 단체로 오리 연못의 진실성에 의혹을 제기
하며 경찰을 부르겠다고 위협하면 관리자가 앞으로 나와 이들을
진정시킨다. 관리자의 말과 동작이 먹히지 않을 땐 흔히 '바람잡
이'로 알려진 배우이자 공모자를 호출한다. 그는 TV를 타기 위해
연못에 남은 오리 전부에 걸겠다고 한다. 돈이 건네지고 숨은 오
리가 풀려난다. 그리고 바람잡이가 '당첨'된다. 속아 넘어간 군중

‹ 접촉과 느낌 ›

접촉 신호는 강렬하게 실재적이다. 보는 것이 믿는 것이라면 만지는 것
은 확신하는 것이다. 돈을 빌려달라고 부탁하며 팔뚝을 살짝 두드리거
나 툭 치고 가볍게 만지는 것은 단순한 언어적 부탁을 넘어선다. 만지는
것은 그 문제를 더 개인적으로 느끼게 한다. 전 세계적으로 접촉 신호는
아이에게 애정을 표현하거나 성인의 구애에서 관계를 형성하기 위해 사
용되어 왔다. 어깨 위에 놓인 상냥한 손은 애정을 보여준다. 사기꾼의
손길은 당신 지갑에 대한 애정을 표현한다.

들의 환호 속에 그는 의기양양하게 상품을 어깨에 메고 떠난다. 이제 오리 연못은 다시 모든 것이 순조롭게 돌아간다.

30분 후에 바람잡이가 TV를 반납하고 전액 환불받는다. 반짝이는 소품이 다시 한번 야바위 게임에서 제 역할을 해냈다. 종지 게임처럼 통제하기 힘든 표적들은 '어깨빵'을 당한다.

더 정교한 신용사기판도 그렇지만 축제 야바위판에서 주된 목표는 신뢰를 쌓는 것이다. 축제 사기꾼들은 중간쯤 만지기를 통해 비언어적으로 서로의 신뢰를 확인한다. 10대 때 축제 야바위꾼이었던 피터 펜턴은 '경마'라는 나이 든 사기꾼이 판돈을 구하기 위해 어떻게 친근하게 목에 팔을 두르고 꼬드겼는지를 설명한다. "10달러 두 장만 먼저 해줄래? 오늘 밤 정산할 때 그때 확실히 갚을게."[20] 얼마나 자주 사기꾼이 사기꾼을 등치는지 잘 알고 있었던 피터는 동료 선수의 손길을 무시했다. 한 푼도 해주지 않았다.

세계 최고의 사기꾼

10달러가 오가는 종지 게임이나 축제에서 수백만 달러가 오가는 대형 사기로 넘어가자. 판돈이 상당히 커지긴 했지만 신체언어는 분명 같다는 걸 알 수 있다.

27조 달러의 비밀신탁기금을 가진 가나 출신 존 아카 블레이미에자 박사는 자신을 세계에서 가장 부자라고 떠벌렸다. 비언어적으로는 의상(세빌 로에서 맞춘 고급 양복, 샤르베 셔츠, 금으로

된 커프스 단추), 건물(런던의 대저택, 커다란 피커딜리 사무실)
과 차량(아이보리색 롤스로이스)이 존 박사가 진짜 부자라는 인
상과 느낌을 주었다.

그는 자신이 탄핵된 가나 대통령 콰메 은크루마의 아들 또는
조카, 사촌이라고 다양하게 주장했다. 은크루마가 신탁기금을 설
립했고 블레이 미에자를 유일한 수령인으로 지목했다고 했다.

실제로 블레이 미에자는 전통 의상을 입고 부족 왕좌에 앉아
엄숙하게 아프리카식 의례를 치르며 자신은 오직 진실만을 말하
겠다고 맹세했다.

CBS 〈60분〉의 고 에드 브래들리는 이 의례를 직접 지켜보았
다. 블레이 미에자는 술을 왕좌에 바르고 부하들에게 세 번 뱉었
다. 블레이 미에자의 의상, 왕실 건축물과 아이보리색 롤스로이
스가 전하는 화려한 메시지와 함께 그의 의례적인 신체 움직임은
냉철하고 방어적이고 의심 많은 좌뇌보다는 더 감정적이고 쉽게
믿어 속이기 쉬운 우뇌를 겨냥했다.

의식에서 부하들에게 술을 세 번 뱉는 것으로 블레이 미에자
는 '규칙적인 반복'이라는 생물학적 원리를 주술적으로 불러냈다.
동일한 반복으로 그의 메시지가 확실히 전달되었다. 커뮤니케이션
이론에선 이를 '중복성'이라고 한다. 동작의 반복에서 오는 리듬적
특성이 느낌을 더했다. 참여자들이 하위 단계의 인지 작용인 의식
을 공유하며 감성적인 분위기가 만들어졌다. 전체적으로 반복되
는 장면 연출이 순간적으로 최면이라도 걸듯 의혹을 마비시켰다.

반복적 리듬이라는 마법

발레리나의 피루엣pirouette 회전, 사제의 성수 뿌리기 의식, 링에서 스모선수의 의식적인 발 구르기 같은 극도로 양식적인 반복 리듬은 관심을 끌고 그 비언어적 신호를 오래 기억하게 하며 메시지 내용과 상관없이 이를 더 중요하게 만든다. 구애에서 반복적 리듬은 관계 형성의 중요한 시그널이다. 도마뱀은 구애하기 위해 머리를 위아래로 까닥거리고, 개들은 동시에 꼬리를 흔들고, 인간은 함께 춤을 추며 짝을 이룬다.

반복적인 동작은 정신을 홀리는 감정적 반응을 유발한다. 자동차 와이퍼의 규칙적 움직임, 촛불의 깜박임, 알아들을 수 없는 주문의 단조로운 음조는 무아지경이나 최면 상태에 빠지게 한다. 사실 최면의 비언어적인 열쇠는 뇌파의 자연적 패턴과 비슷한 신체 움직임, 몸짓과 소리의 반복적인 리듬에 있다.

사기꾼 세계에서도 반복적 리듬은 해법이다. 종기들이 앞뒤로 섞이고 선수들이 단조로운 소리를 반복하며, 아프리카의 '상속인들'은 비현실적인 의례를 치른다. 반복의 숨겨진 목적은 표적들을 자신도 모르게 사기로 끌어들이는 것이다.

존 박사가 자신의 신탁기금 '해제'를 위한 계획에 투자하면 투자금의 천 퍼센트 이상을 돌려주겠다고 약속했을 때 많은 이들이 믿었다. 전 세계의 순진한 투자자들에게 2억 5천만 달러를 끌어온 것으로 추정된다. 많은 이들이 몇 년이나 기다렸지만 한 푼이라도 받은 사람은 아무도 없었다. 존 박사의 비언어적 마법은 강

력했다. 그는 투자자들의 눈을 똑바로 바라보며 돌려주겠다고 약
속했다. 말에 반복적인 리듬을 불어넣으며 약속이 지켜지지 않는
일은 "절대, 절대, 절대, 절대" 없을 거라고 맹세했다.

가나의 존 아카 블레이 미에자 박사는 1992년 6월 사망했다.
그의 사례는 극단적 경우였지만 그의 마법의 비언어적인 토대는
모든 성공한 사기의 전형이다. 사기꾼들은 자신들의 말을 태도,
소품, 극적인 몸짓이라는 마술적 도구로 포장한다. 손짓이 난무하
고 일시적으로 의심이 마비되면서 돈이 건네진다.

{ **사기꾼들이 모든 범죄자 중에 가장 흥미로운 것은**
그들의 비언어적 가면이다. }

너무나 매력적인 사람들

신용사기꾼들은 아주 뛰어난 배우이자 매력적으로 타고난 이
들이다. 그들은 당신의 돈을 차지하기 위해 당신을 구슬려 마음
을 빼앗고 사로잡는다. 또 많은 사기꾼들이 저항할 수 없을 정도
로 유혹적이고, 경제적 이득을 위해 결혼하려는 중혼자로 여성을
먹이로 삼는다. 중혼자 사기꾼들의 성적 매력은 상당 부분 의상
과 장식품에서 나온다. 배우는 신중하게 자신의 무대를 설치하고
빛나는 갑옷을 입은 기사처럼 완벽한 무대 의상으로 등장한다.
그러니 가짜 기사가 첫 만남부터 너무 빨리 처녀의 손을 잡고 결

혼을 맹세하면 경고 신호가 울려야 한다.

해군 특수부대원 에릭 쿠퍼 사칭 사건에서 무대 의상은 각이 잡힌 새하얀 해군 제복이었다. 하얀 제복이 상징하는 엄숙함, 순결, 충실이 그의 것이 되었다. 해군 장교를 사칭한 이와 결혼한 많은 희생자들은 쿠퍼의 제복과 매력에 넘어갔다.[21] 연쇄 결혼사기꾼 쿠퍼는 10년 동안 아홉 명의 다른 여성들과 만난 지 불과 몇 주 만에 결혼하거나 약혼했다.[22]

2006년 8월 8일 서른 살의 쿠퍼는 부인 크리스털 웨버의 차량 등록증 불법 변경 혐의로 기소되었고 텍사스주 해리스카운티 법원에서 15년형을 받았다.[23] 쿠퍼의 부인과 여자친구들이 재판에 나와 증언했다. 재판에서 해군 장교이자 수백만 달러의 신탁기금 상속자로 사칭한 신용사기꾼 쿠퍼의 전모가 드러났다.

쿠퍼의 전 부인, 스물넷의 크리스털은 독신자 웹사이트에서 어떻게 그를 만났는지 털어놓았다. 에릭은 해군 사관학교를 나왔고, 제트기 조종사이자 해군 특수부대 출신이라고 주장했다. 그의 폭풍 같은 구애로 그들은 라스베이거스에서 결혼했다. 다른 여성들도 그의 해군 레퍼토리를 이야기했다. 전 여자친구는 쿠퍼가 군용 M16 소총을 가지고 다닌 걸 보았다고 했고 세 번째 여성은 그가 하얀 제복을 입고 초등학교 수업에서 강연하는 걸 봤다고 했다.[24]

쿠퍼는 해군 장교 역할을 맡아 그럴듯한 매력남을 연기했다. 그의 공연에서 취약점은 여럿이 아닌 단 한 명의 출연자뿐이라는 데 있었다. 그의 연기는 독백이었고 흰색 가짜 특수부대 제복은 그 자체로 비정상적으로 튀었다. 어쨌든 동료 병사들이 전혀 없다는 점을 의심했어야 했다. 사실 동떨어진 제복, 조급한 청혼과 가짜 신탁기금은 결혼으로 돈을 벌려는 쿠퍼의 계략을 드러내는 뻔뻔하고 명확한 범죄 시그널이었다.

가장 뻔뻔한 사기꾼

거짓말은 신용사기꾼의 일용할 음식이다. 그렇다면 신용사기꾼들이 사기 범죄에서 최상위층에 속하다는 것도 그리 놀라운 일은 아니다. 20세기 최고의 거짓말쟁이 중 하나는 《하워드 휴즈 자서전》의 저자 클리퍼드 어빙이다. 그는 자신의 사기 저작물을 미국의 가장 저명한 출판사 맥그로힐에 75만 달러에 팔았다.

어빙은 맥그로힐, 〈라이프〉 잡지, CBS 〈60분〉의 노련한 진행자 마이크 월리스와 직접 대면한 자리에서 거짓말을 했고 이들을 완전히 속여 넘겼다. 어빙은 자신이 은둔한 억만장자 회고록에 대한 독점적 권리를 가졌다고 주장했다. 더 나아가 휴즈가 자서전을 써달라고 그에게 직접 요청했다고까지 했다.

어빙의 말과 태도가 너무나 믿을 만했기 때문에 1971년 12월 7일 맥그로힐은 그의 책 판권을 샀다. 그러나 출판사가 이 책의 출간을 발표하자 하워드 휴즈가 은둔에서 벗어나 아주 강경하게 항의했다. 1972년 1월 7일 캘리포니아주 노스할리우드에서 열린 기자회견에서 휴즈는 카메라 앞에 나서지 않고 바하마의 휴양지에서 전화로 진행했다. 휴즈는 "나는 어빙을 모르고 본 적도 없다. 이 일을 알기 며칠 전까지만 해도 그에 대해 들어본 적도 없다"라고 했다.[25] 이에 대해 어빙은 TV로 방송된 실체 없는 목소리는 진짜 휴즈가 아니라고 주장했다. 맥그로힐 출판사도 기자회견이 사기라고 주장했다.

1972년 1월 16일 어빙은 〈60분〉에 나와 마이크 월리스와 인터뷰를 했다. 월리스에 따르면 비록 어빙이 내내 차분하고 완벽히 믿을 만한 사람으로 보였지만 그는 휴즈의 위조 '자서전'의 모든 세부 내용에 대해 거짓말을 했다. 바로 클리퍼드 어빙의 사기는 완전히 무너졌고 궁지에 몰린 소설가는 이를 인정했다. 1972년 6월 16일 어빙과 공범인 아내 에디스는 위증, 위조, 사기 등 다양한 범죄 혐의에 대해 연방법원으로부터 유죄 선고를 받았다. 〈타임〉은 어빙을 '올해의 사기꾼'으로 선정했다. 어빙은 17개월을 복역하고 1974년 2월 출소했다.

그리고 25년이 지난 1999년 5월 19일 클리퍼드 어빙은 CBS 〈60분 특집: 사기꾼들〉에 나와 마이크 월리스와 두 번째 인터뷰를 진행했다. 〈60분〉의 첫 번째 인터뷰를 돌려보면서 월리스는 어빙이 "아주 여유 있고 자신만만해" 보인다고 했다. 어빙 자신은 첫 인터뷰에서 "심장이 쿵쾅대는 게 느껴질 정도여서 지푸라기라도 잡는 심정으로 내 원고를 가슴에 꼭 끌어안고 있었다"고 털어놓았다.[26]

두 번째 TV 인터뷰에서 클리퍼드 어빙은 자신의 거짓말이 성공했던 비밀을 밝혔다. 그는 자신이 진실을 말하고 있다고 믿었기 때문에 그렇게 침착할 수 있었다고 했다. "당신은 내가 어떻게 그렇게 천연덕스럽게 거짓말을 할 수 있었는지 궁금해했다." 어빙이 윌리스에게 말했다. "그건 어떤 단계, 당신에게 말하는 모든 것을 내가 믿는 단계에 있었기 때문이다. 나는 내가 하워드 휴즈와 만났다고 믿었다."

매혹적인 정물화

사기 기술자들은 아주 청각적이고 시각적인 세계에서 활동한다. 음성의 어조는 친근하면서도 위압적이고, 끈덕지면서도 매혹적이다. 신용사기꾼은 친한 친구나 애인처럼 당신을 유혹한다. 몸동작은 매끄럽고 노련하고 의식적이며 극적이다. 종지가 섞이고, 손짓들이 난무하고, 고대 의식이 반복된다. 비밀 게임에 당신은 서서히 빠져든다.

현대의 가장 매력적인 사기꾼 중 하나는 헝가리 위작 화가 엘미르 드 호리다. 이국적인 신사에 유럽의 '귀족'이며 부랑아 난봉꾼인 드 호리는 세련된 의상, 황금 외알 안경 그리고 브라크, 마그리트, 피카소 같은 작가들의 작품을 빠르게 위작하는 독보적인 능력으로 알려졌다. 하워드 휴즈 관련 전에 아마도 진실이었을 1969년 저서 《페이크》에서 작가 클리퍼드 어빙은 스페인 이비사 섬에 거주하는 동료 드 호리를 사랑스럽고 "매력적"이라고 묘사했다. 다행스러운 일이지만 종종 신용사기에서 매력은 약점이 되기도 한다. 세계 최고의 범죄행위 예측 전문가인 개빈 드 베커는 이렇게 지적한다. "매력이란 거의 항상 연출된 수단이고 관계 형성처럼 동기가 있다. 매혹한다는 것은 유혹이나 매력으로 강압하고 통제하는 것이다."[27]

《서늘한 신호》의 저자 드 베커는 매력을 관계에 비유한다. 친밀한 관계란 언어적, 비언어적 소통으로 확립된 상호 간의 신뢰, 친근함, 우정의 기분 좋은 느낌이다. 비언어적으로 친밀한 관계는 소통하는 몸동작과 자세, 나란히 마주 보는 상체, 서로 눈 마주치기, 손바닥을 보이며 말하는 동작, 동의하는 눈썹 움직임, 동의하는 고개 끄덕이기, 같이 웃기, 동시에 어깨 으쓱하기, 오가는 미소 등을 보여준다. 세계 어디서나 짝을 얻기 위한 구애에서 우리가 주고받는 신호들이다. 또는 고객을 끌기 위한 사업에서 주고받는 신호들이다.

엘미르 드 호리는 자신의 위조품을 살 만한 표적들과 관계를 형성하기 위해 자신의 타고난 헝가리적 매력을 이용했다. 그는 가짜 그림과 스케치를 팔기 위해 파리에서 뉴욕, 로스앤젤레스, 브라질까지 날아갔다. 카페 야외 탁자에 자리 잡고 앉아 낯선 사람들과 유창하게 이야기를 나누고 가는 곳마다 파티를 열었다.

사업가 마크 매코맥은 "감동을 만드는 세심함에는 자기인식이 필요하다"라고 했다. 드 호리가 첫 번째로 방조한 감동 만들기는 1946년 4월 파리에서 있었다. 부유한 지인 레이디 캠벨이 그의 집을 방문해서 소녀의 얼굴 스케치를 알아봤을 때였다. "피카소 아냐?" 그녀가 물었다. 범죄물 작가 브라이언 이니스는 엘미리

의 세심한 대답을 이렇게 기록했다. "그는 극적으로 한숨을 내쉬
고는 어쩔 수 없이 파는 데 동의했다. 그리고 레이디 캠벨이 문을
나가자마자 비슷한 그림 일곱 개를 순식간에 그렸다."[28]

　한숨은 지치거나 슬프고 후회될 때 나오는 길고, 깊고, 소리가
들리는 날숨이다. 1958년 언어학자들은 한숨을 감정적인 발성으
로 연구하기 시작했다. 그들이 배운 건 한숨을 쉬는 것이 인간이
라는 것이다. 청각적이고 비언어적인 한숨은 '준^準언어'의 일반적
인 형태이고 문법이 없는 발성이다. 말 끝기 '음'이나 '에' 같은 음
성 끝기, 헐떡임, 기침, 헛기침, 한숨 같은 준언어들은 말하지 않
은, 감춰지고 숨겨진 감정에 대한 의미 있는 정보를 전달한다는
연구들이 나와 있다. 드 호리의 극적인 한숨은 부당 이득에 대한
자신의 감정을 숨기기 위한 사기꾼의 전형적인 작업이었다.

　게다가 엘미리 드 호리의 그림에서 보이는 우아한 신체언어마
저 감정을 전달한다. 1955년 6월, 하버드대학교 포그미술관의 아
그네스 몬건은 앙리 마티스의 작품이라고 생각한 그림을 구매했
다. 불행히도 〈꽃과 석류를 든 여인〉은 1944년에 엘미르 드 호리
가 그린 그림이었다. 유혹자 드 호리는 구매자 아그네스를 직접 만
난 적도 없다. 인물의 직접적인 시선, 기울어진 고개와 뺨을 만지
는 생각에 잠긴 듯한 왼손 등 그림에 그려진 신체언어가 스스로
말을 했다.

　드 호리의 정교한 사기는 1976년 12월에 끝났다. 사기로 송환
될 위기에 처해 있던 엘미르는 자신의 은신처인 이비사섬 자택에
서 수면제 과다 복용으로 사망했다. 미술품 위작자로서 그의 성

공은 일부는 마음을 움직이는 그의 신체언어 덕이었고, 또 다른
일부는 정평 난 작품의 호소력 덕분이었다. 당신이 정말로 누군가
또는 무언가를 좋아한다면 당신은 연극, 소품 그리고 능숙한 손
재주에 쉽게 넘어갈 수 있다.

사기꾼 시그널

　사기꾼들의 신체언어와 태도는 흥미롭고 보통은 안전하다. 그들의 훈련된 패턴은 당신의 생명이 아니라 돈을 챙기기 위해 설계되어 있다. 당신에게 사기를 칠 수도 있는 능숙하고 음흉한 악당들로부터 당신의 돈을 안전하게 지키기 위해 다음과 같은 범죄 시그널에 주의하라.

- 웃고, 만지고, 너무 빨리 친한 척하는 낯선 이들
- 지나치게 극적이고 의식적인 버릇과 현란한 신체언어
- 연습한 듯한 연극적인 손동작
- 과시적인 의상과 허세적인 장신구
- 눈에 띄는 매력과 유난히 냉담한 태도
- 리듬이 있는 반복적인 의식

　뱀 같은 유혹자와 사기꾼들은 돈을 챙기기 전 먹잇감들을 현혹하기 위해 반복을 이용한다. 4장에서 당신은 인간의 생명을 빼앗는 뱀, 그 자체인 사람들의 신체언어를 배우게 될 것이다.

4장

살인자의 경고

스콧이 거기 있었다.
그리고 그는 다시 좀 이상했다.

앤 버드(2002년 12월 10일 레이시 피터슨의 베이비 샤워를 이야기하며)

1966년 7월 31일 친구들은 찰스 휘트먼이 달라진 걸 알아차렸다. 보통 말썽이 많던 그가 "이상하게 조용"했고 평소와 다르게 "차분하고 상태가 좋아" 보였다. 전기 작가 게리 라베르그네에 따르면 그날 아침 휘트먼은 총기 난사를 최종적으로 결정했다.

어렸을 때 휘트먼은 총과 칼에 빠져들었다. 라베르그네는 "총을 쥘 수 있게 되자마자 그는 총을 가지고 놀았다. 그 유명한 사진 하나에는 걸음마를 간신히 뗀 찰스가 소총 두 자루를 잡고 있는 모습이 담겨 있다. 하나는 노리쇠를 당기는 수동 소총이었고 다른 하나는 펌프식 자동 소총이었다"라고 썼다. 휘트먼은 내가 '무기 환상'이라고 부르는 경향을 보였고 능률적으로 설계된 무기들을 구하고, 만지고, 다루고, 소유하고, 수집하고, 진열하고, 사용하기를 욕망했다. 신경과 의사 마르셀 메술람은 전두엽이 손상된 환자들의 경우 단순히 칼이나 총기를 보는 것만으로도 "이를 사용하고 싶은 본능적인 충동이 생기는 것 같다"라고 했다.[29] 신경과학자 론 조지프는 휘트먼에게 그런 장애가 있을 수도 있다고 추측했다.

10대 때 휘트먼은 플로리다주 레이크워스의 유복하지만 문제가 많은 가정에서 컸다. 성질이 고약한 그의 아버지는 벨트, 몽둥이, 주먹으로 그를 교육했다. 1959년 6월 아직 10대였던 그는 술을 마셨다고 아버지한테 두들겨 맞다가 뒤뜰 수영장에서 빠져 죽을 뻔했다.[30] 휘트먼은 곧바로 해군에 지원해서 집을 떠나 신병 훈련소에 들어갔다. 해병대에서 사격 훈련을 받고 1등 사격수 배지를 획득했다. 그는 움직이는 표적을 맞히는 능력이 탁월했다.

1961년 9월 15일 휘트먼은 해병대 장학금을 받고 오스틴에 있는 텍사스대학교에 들어갔다. 1962년 8월 17일 결혼한 그는 그의 아버지가 어머니 마거릿을 학대한 것처럼 자신의 아내 캐시를 육체적으로 학대하기 시작했다. 이듬해 2월 해병대는 성적 부진과 동료 병사에게 "이빨을 다 날려버리겠다"고 협박하는 등의 문제 행동으로 그의 장학금을 취소했다. 7개월 후 그는 도박과 고리대금 혐의로 군사재판에 넘겨져 30일 영창에 갔다. 마침내 1964년 12월 4일 명예제대한 휘트먼은 오스틴의 텍사스대학교로 돌아왔다.

점점 우울증이 심해지는 휘트먼의 상태를 눈치챈 캐시 휘트먼은 그에게 정신과 상담을 권했다. 1966년 3월 29일 한 의사는 그에게 신경안정제 발륨을 처방했다. 다른 의사에게 휘트먼은 살인

환상을 털어놓기도 했다. 그중에는 텍사스대학교 타워를 오르는 것도 있었다. 하지만 몇 년이나 계속 이런 이야기를 해왔기 때문에 아무도, 심지어 의사조차도 이를 심각하게 여기지 않았다.

정신과 상담 전후로 휘트먼의 정신 상태는 심각하게 퇴보했고 강력한 각성제 덱세드린을 사용하기 시작했다. 그리고 1966년 7월 22일 휘트먼은 형 존과 함께 타워 전망대를 찾았다. 범죄 시그널들이 차곡차곡 쌓이고 있었다.

1966년 7월 31일 범행 몇 시간 전, 나날이 불안정해지던 찰스 휘트먼이 친구들이 눈치챌 정도로 갑자기 차분해졌다. "그때부터 그는 평소와 달리 이상한 집중력을 보였다. 살인에 대한 집중력이었다"라고 라베르그네는 썼다.[31] 휘트먼은 마지막이 될 타워 여행을 위해 칼집이 있는 사냥용 칼, 쌍안경과 식량을 구입했다. 악을 향한 현실적 단계들을 밟아가며 범행에 몰두했다. 더욱이 인생은 살아갈 가치가 없다고 느낄 정도로 그의 우울증은 심했다. 8월 1일 자정이 되자마자 휘트먼은 사냥용 칼로 자신의 어머니를 살해했다. 그의 피해망상적 계획에 의하면 타워에서 예정된 자신의 사망 이후 그녀가 "고통받지" 않도록 하기 위해서였다. 그다음 같은 날 새벽 2시가 넘어 잠자고 있던 아내를 칼로 찔렀다.

침착하게 아내의 직장 사장에게 전화를 걸어 그녀가 출근하지 못한다고 전했다. 수표를 현금으로 바꾸고 추가로 필요한 물품들을 구입한 뒤 휘트먼은 오전 11시 35분 타워에 들어섰다. 28층 전망대에 도착하자마자 살인이 시작되었다. 전망대로 가는 길에 사람이 보이는 대로 공격했다. 그 후에 총격이 시작되었다. 그는

타워 아래 노출된 평지에 서 있거나 걷고 대화하는 사람들을 차
례차례 총으로 쏘았다. 수많은 희생자들이 유일하게 감지한 위험
신호는 자신의 몸에 박히는 총알의 충격이었다.

마침내 오스틴 경찰이 타워에 진입해 오후 1시 24분 휘트먼을
사살했다. 14명이 사망하고(그의 어머니와 부인, 휘트먼 자신을
제외하고) 수십 명이 부상당한 미국 역사상 가장 큰 동시 대량 살
상 사건이었다.

2006년 4월 나는 오스틴 메리어트호텔 방에서 나와 주 정부
청사 경내를 지나 텍사스대학교 교정으로 걸어갔다. 교정의 떡갈
나무 조성지에서 위를 올려다보니 성채 같은 석회암 타워가 보였
다. 텍사스대학교 타워는 여전히 상점이나 도시 벽을 장식하는 그
림 소재로 인기를 누리고 있다. 심지어 내 호텔 방에도 타워 그림
이 있었다. 그림에서 타워는 웅장하지만 직접 보면 오싹하고 불길
한 느낌이다. 그해 4월에는 휘트먼의 끔찍한 행위를 기록한 추모
명판은 없었다. 찰스는 자신이 절대 살아서 내려오지 못하리라는
걸 알고 있었다. 타워 주위를 걸으면서 나는 그런 느낌이 강렬하
게 들었다.

살인이 발생하기 전에 살인자가 되려는 사람의 행동과 태도,
그리고 감정적인 표현에 현저한 변화가 나타난다. 끔찍한 결정이
내려진다. 정신은 온통 범행에만 집중되고 이제 돌이킬 수 없다.
모든 육체가 살인에 동원되고 신체언어가 변한다. 그러면 우리는
찰스 휘트먼이 그런 살인자가 되리라고 예측할 수 있었을까? 나는
그렇다고 믿는다. 그의 행동을 지켜본 이들은 다음과 같은 경고

신호들을 보았다.

- **신체적 학대**
- **무기 환상**
- **선행 범죄**
- **우울증**
- **일상적 분노**
- **배우자 학대**
- **약물 남용**
- **눈에 띄는 태도 변화**

종합해보면 이 경고 신호들이 높은 살인 가능성을 암시하고 있었다. 문제는 이를 간과하고, 경시하고, 완전히 무시하는 우리의 별난 능력이다. 다음에 살펴보겠지만 배우자 살인사건에서 범죄 시그널에 대한 우리의 무지만큼 더 위험한 것은 없다.

안개 속의 살인자

산악용 칼로 두 명을 살해하기 몇 년 전, 살인자는 이미 폭력으로 체포된 적이 있다. 1989년 1월 1일 그는 자신의 최고급 자택에서 체포되었고 이어 배우자 폭행 혐의로 유죄 선고를 받았다. 새해 첫날 그는 이미 이전에도 경찰이 그의 집에 여덟 차례나 출

동했었다고 시인했다.[32]

　1993년 5월 캘리포니아주 허모사 해변에 있는 초밥집에서 그의 지인은 그가 미친 듯이 화를 내며 폭발하는 것을 목격했다. "주체할 수 없을 정도로 얼굴이 떨리고 신체 움직임은 극도로 공격적이었다. 나는 겁에 질려 그의 얼굴에서 땀이 뚝뚝 떨어지는 것을 지켜보았다. 목의 정맥들이 튀어나오고 광대뼈가 뭉쳐져 피부 아래서 경련이 일었다."[33] 그는 전처에게 너무 화가 나서 식당 밖으로 그녀를 따라 나가 씩씩거리며 소리소리 지르고 심한 욕을 퍼부으며 주도권을 쥐려고 했다.

　1993년 10월 25일 또 다른 사건이 있었다. 뒷문을 부수고 집에 들어온 전남편에게 구타당한 부인이 911에 신고했다. 그녀는 살려달라고 필사적으로 경찰관들에게 애원했다. 미래의 살인자는 그녀를 번쩍 들어 벽에 던졌다. 이 폭력 사건 이후로 그녀는 남편의 살인 위험성에 대한 증거를 모으기 위해 자신의 부상 사진을 금고에 보관했다.

　안개가 자욱했던 1994년 6월 12일 밤, 짧은 검은 드레스를 입은 니콜 브라운 심프슨이 집 앞 진입로에서 심하게 칼에 베이고 찔렸다. 그날 이른 저녁 그녀는 O. J. 심프슨에게 딸 시드니에 대한 면접교섭권을 제한하겠다고 말했다. 심프슨은 집에 와 있던 카토 케일린에게 전 부인이 지금 "빡빡하게 군다"라고 불평했다.

　연한 갈색 셔츠와 리바이스 청바지를 입은 니콜의 일행 로널드 골드먼도 역시 치명상을 입었다. 로스앤젤레스 경찰은 자신의 몸에서 방금 쏟아져 나온 피 웅덩이에 누워 있는 두 명을 발견했다. 니콜은 집 앞 진입로 위였고 골드먼은 근처에 있었다. 카토 케일린에 의하면 두 건의 살인이 있던 밤, 니콜의 전남편은 짙은 색 땀복을 입고 있었다. 짙은 청색 니트 모자와 혈흔이 남아 있는 왼쪽 가죽 장갑이 살인 현장에서 발견되었다.

살인에 대한 두 번의 기나긴 법정 다툼이 지나간 후, 1997년 2월 4일 민사재판 배심원들은 유명한 미식축구 선수이자 스포츠 방송 진행자, 영화배우인 O. J. 심프슨에게 불법 행위에 의한 사망으로 유죄를 선고했다. 심프슨은 850만 달러의 보상금과 2500만 달러의 징벌적 손해배상금을 피해자 가족에게 지급하라는 명령을 받았다.

민사재판에서 검사들은 심프슨이 니콜을 스토킹하다가 홧김에 그녀를 죽였다고 주장했다. 이례적인 경우는 아니었다. 사실 통계적으로 자신의 부인을 죽인 남편 대다수가 먼저 스토킹으로 시작한다. 스토킹에는 시각적 감시, 미행, 전화로 괴롭히기와 원치 않는 선물 보내기 같은 행동들이 포함된다. 니콜은 수풀에 숨어 자신을 염탐했다고 O. J.를 고소했다. 카토 케일린은 니콜이 다른 남자와 섹스할 때 창문으로 훔쳐봤다고 심프슨에게 직접 들었다고 했다.

> 스토킹은 이성적인 사람이 두려움을 가질 만한
> 특정인을 겨냥한 행동의 연속 과정이다.
> 스토커의 약 90퍼센트가 남성이다.
> ─국립범죄피해자센터

　이전 형사재판에서 심프슨은 무혐의로 1995년 10월 3일 석방
되었다. 부분적으로 이 판결은 그가 손으로 한 교묘한 손장난 덕
이었다. 피 묻은 장갑이 실제 그의 것인지 확인하기 위해 심프슨
은 장갑을 껴보라는 명령을 받았다. 《살의의 방식》에서 법의학자
마르크 베네케는 "피고가 직접 손에 껴보게 했기 때문에 그가 엄
지손가락과 새끼손가락을 최대한 넓게 벌려 장갑이 아주 작게 보
이도록 하는 것은 어렵지 않았다"라고 했다.[34]

　심프슨의 교묘한 속임수는 변호사 조니 코크런의 교묘한 말장
난인 "장갑이 맞지 않으면 무죄다"와 맞아떨어졌다. 사기꾼의 야
바위판처럼 O. J.의 형사재판은 결국 연극과 소품 그리고 손장난
으로 전락했다.

　우리 누가 이 국제적인 유명인 O. J. 심프슨이 살인자가 될 것
으로 짐작이나 할 수 있었을까? 다음과 같은 경고 신호들로 판단
해보면 대답은 '그렇다'이다.

- 때때로 주체하지 못하는 화
- 지배하려는 특성
- 심해지는 폭력 성향
- 배우자 학대
- 스토킹
- 극심한 분노 폭발

이 사건과 관련 없는 한 시카고 경찰은 모든 경찰관이 너무나

잘 알고 있는 사실 하나를 이야기해주었다. "가족 내 살인에 관한 한 항상 폭력의 역사가 있다. 누군가 그냥 돌진하는 일은 거의 없다. 그냥 화장대에 가서 권총을 꺼내 〈트리뷴〉지를 대고 남편을 쏘지는 않는다. 그렇게 그냥 일어나지 않는다. 보통 '기나긴' 폭력의 역사가 있기 마련이다."[35] 심프슨의 공판 검사인 스콧 고든은 이를 더 간결하게 표현했다. "심프슨이 니콜을 수년간 서서히 죽여오다 결국 6월 12일에 끝냈다."

살인 발생 다음 날인 1994년 6월 13일 녹음된 O. J.의 경찰과의 인터뷰에 대해 로스앤젤레스 지방검사 빈센트 부글리오시는 유죄로 들린다고 했다. "무엇보다 이 살인사건에서 용의자로 취급받고 있는 것에 대해 그는 전혀 억울해하거나 분개하지 않았고 심

‹ 니트 모자 이야기 ›

법정에서 일련의 심문들이 바뀔 때 동시에 일어나는 비언어적 행동 변화에 주목하라. 9개월간의 살인사건 재판에서 어떻게 심프슨이 굳건하게 침묵하며 앉아 있었는지 기억하라. 짙은 청색 니트 모자의 위치에 대한 증언을 듣자 그는 자신이 거짓임을 알고 있는 것에 대해 고개를 앞뒤로 격렬하게 흔들며 항의했다. 그러나 아내를 살해했다고 고발하는 증언을 들을 때는 가만히 있었다. 스콧 피터슨처럼 그는 거의 항변하지 않았다. 심프슨은 가끔 펜으로 낙서를 할 뿐 자리에서 전혀 움직이지 않았다. 그의 태도가 왜 이렇게 심하게 대조적인가? 당신이 판단하라.

후에 빈센트 부글리오시 검사는 이렇게 기록했다. "가장 중죄인 살인죄로 기소되었는데 피고가 증인석에서 이를 부인하지 않으면 법정에서 피고의 침묵만큼 크게 울리는 소리는 없다."

지어 놀라지도 않았다"라고 했다.[36]

실종된 감정

찰스 휘트먼과 심프슨의 경우는 범행 전에 감정이 신체언어로 뚜렷하게 드러났다. 두 명의 살인으로 유죄를 받은 스콧 피터슨의 경우 범죄 후에 신체언어나 분명한 감정 표현이 거의 없었다. 1장에서 말했듯이 배심원들은 피터슨이 재판 내내 냉담하고 무심하고 이성적으로 보였다고 평했다. 그의 신체언어는 숨겨진 감정에 대해 무슨 말을 했는가?

동물 본능에서 감정은 그 뿌리가 깊고 복잡하게 꼬여 있다. 감정은 신경학자들이 '포유류의 오래된 뇌'라고 부르는 변연계에 형성된 유쾌하거나 불쾌한 정신 상태를 말한다. 회백질 위쪽 의식적 사고 중추 아래에 있는 이 고대 뇌 영역은 우리의 모든 기분과 감정을 활성화한다. 감정은 척추동물 각성 형태의 포유류적 완성판으로 도파민, 노르아드레날린, 세로토닌 같은 신경화학 물질이 뇌 활동 단계를 높이거나 줄이는 것이다.

신체 움직임으로 드러나기 때문에 우리는 비교적 쉽게 서로의 감정을 보고 읽을 수 있다. 우리는 동의, 분노, 확신, 자제, 불화, 혐오, 비호감, 당황, 공포, 행복, 미움, 관심, 호감, 사랑, 슬픔, 수치, 놀라움과 자신 없음 등의 감정을 명확히 감지하고 해독할 수 있다. 각각의 감정은 언어와 독립적으로 자신을 표현한다.

　용의자가 자신의 감정을 속이거나 전혀 드러내지 않아도 메시지는 전달된다. 인류학자 레이 버드휘스텔은 신체언어를 과학적으로 연구한 동작학kinesics의 창시자였다. 그는 "당신은 행동할 수밖에 없다"라고 했다. 동작의 부재는 동작 자체만큼이나 감정에 대해 많은 말을 한다.

　가족들에 따르면 살인이 있기 전 스콧 피터슨과 그의 아내 레이시는 "완벽한 부부"였다. 하지만 아내가 첫아이를 임신하자 스콧이 달라졌다. 그는 아내에게 자기 삶에서 아기는 환영받지 못할 존재라고 말했다. 레이시는 엄마에게 울면서 "그가 아이를 원하지 않아요"라고 했다.

　2002년 11월 20일 캘리포니아주 프레즈노의 엘리펀트 바에서 스콧은 엠버 프리를 처음 만났다. 그날 밤 둘은 일식집에서 저녁을 먹었다. 스콧은 머데스토에 살면서 비료 판매상으로 일했지만 엠버에겐 터무니없는 거짓말을 했다. 새크라멘토 대저택에 혼자 살고, 일로 "카이로에서 파리까지 전 세계를 돌아다녔다"고 했다.[37] 그들은 첫 데이트에서 성관계를 했다.

　스콧의 행동이 달라졌다. 이복누이 앤 버드는 이복동생의 태도가 확연히 변한 걸 알아차렸다. 2002년 11월 말 디즈니랜드 가족여행에서 임신한 레이시는 행복해 보였지만 앤이 보기에 스콧은 겉돌았고 "이상하게 기분이 가라앉아" 있었다. 그는 내내 핸드폰만 보고 있었고 부인이나 가족에게는 별 관심이 없어 보였다.

　앤 버드는 디즈니랜드 여행에서 또 다른 이상한 신호를 보았다. 스콧은 계속 고개를 숙이고 있었다. 앤의 세 살 난 아들이 사라져 4층 호텔 방에서 온 가족이 공황 상태였다. 아이를 찾을 때까지 일시적인 대혼란 중에도 스콧은 냉정하게 계속 핸드폰만 들여다보며 "시선 한 번 들지 않았다."

그 뒤 2002년 12월 10일 레이시의 베이비 샤워에서 앤 버드는 스콧이 또 기분이 가라앉아 "다시 좀 이상"하다는 걸 눈치챘다. 레이시를 살해하기 전에 스콧의 행동, 태도, 감정적인 표현에는 뚜렷한 변화가 있었다. 이미 끔찍한 결정을 했을 수도 있다. 신체가 살인에 동원되면 이미 신체언어가 변화한다.

하지만 어떻게 남편이 임신한 부인을 죽이겠다는 생각을 할 수 있었을까? 이 질문에 대한 대답은 스콧의 살인이 있기 거의 2년 전인 2001년 3월 21일 나왔다. 권위 있는 〈미국 의학협회 저널〉에 예언적인 연구가 발표되었다. 다이애나 쳉과 이사벨 호론은 〈임신 관련 사망률에 대한 감시강화, 메릴랜드 1993-1998〉이란 논문에서 그 전엔 알려지지 않았던 살인 유형을 새로이 주목했다. 임산부들의 주된 사망원인이 살인이라는 걸 발견했다.

이후에 발견된 일반적인 패턴에 따르면 남성은 양육 비용을 들이지 않고 경력에 방해받지 않고 구속당하지 않기 위해, 즉 자신의 자유를 지키기 위해 임신한 아내를 죽인다. 범죄 프로파일러이자 미니애폴리스 성적 살인 연구소 대표인 패트 브라운은 여성들에게 네 가지 경고 신호를 주의하라고 말한다. (1)당신의 행복과 평온에 관심이 없는 남자, (2)조작에 능한 남자, (3)과대망상적 사고를 보이는 남자, 그리고 (4)거짓 경력이 있는 남자와 아이를 가지는 걸 조심하라.

레이시 피터슨은 2002년 12월 23일에서 24일 사이에 살해되었다. 가장 유력한 시나리오에 따르면 그녀는 집 뒷마당 수영장에서 익사당했고 시신은 스콧이 새로 구입한 알루미늄 낚싯배에 숨겨졌다 미리 만들어놓은 콘크리트 덩어리에 묶여 샌프란시스코만에 유기되었다고 한다. 아들이 시신으로 발견된 지 하루 후인 2003년 4월 14일 레이시의 시신이 캘리포니아주 리치먼드 인근의 같은 해안가로 밀려왔다.

찰스 휘트먼의 무기 환상이나 심프슨의 분노 폭발과 다른 온순한 태도의 스콧 피터슨이 1급 살인을 저지를 가능성이 있다는 걸 우리가 예측할 수 있었을까? 범행 전 그의 비언어적 신호에 근거하면 가능한 대답은 '그렇다'이다.

- 조작에 능한 매력자
- 과대망상
- 고질적이고 공격적인 거짓말쟁이
- 자유 상실에 대한 강박적 두려움
- 다른 여자에 대한 심각한 성적 탐닉

안면 인식

살인사건 수사의 첫 단계는 범죄현장에서 목격자를 찾는 일이다. 목격자들이 가장 쉽게 알아보는 신체 부위는 용의자의 얼굴이다. 얼굴은 모든 인간의 개인적 서명이자 독점적 상표이다.

오른쪽 얼굴 아래까지 잭나이프에 찢어진 흉터가 있는 알 카포네는 바로 눈에 띄는 사람이었다. 1920, 30년대 시카고 출신의 갱 두목 카포네는 다른 조직원 7명이 살해된 1929년 성 밸런타인데이 학살을 주도했다고 알려졌다. 그의 외모는 '스카페이스 scarface, 얼굴에 흉터가 있는'라는 단어면 충분했다.

보통의 얼굴은 그렇게 간단히 언어적인 딱지를 붙이기 힘들다. 살인 용의자의 얼굴을 인식하는 우리 뇌의 타고난 능력은 이를 묘사하는 어떤 말보다 훨씬 더 뛰어나다. 우리는 뇌의 측두엽으로 범죄현장에서 본 얼굴들을 식별한다. 그러나 우리는 '얼굴'에 특화된 단어로 충분할 만큼 어휘력이 뛰어나지 않기 때문에 언어적으로 얼굴을 묘사하는 능력은 떨어진다. 시카고 경찰이 사용하는 식별 코드는 튀어나온 이마, 평평한 이마, 좁은 이마; 매끄러운 피부, 손상된 피부, 주름진 피부; 높은 코, 펑퍼짐한 코, 납작한 코, 들창코, 매부리코; 넓은 콧구멍, 좁은 콧구멍, 벌어진 콧구멍; 꺼진 볼, 빵빵한 볼, 푸석푸석한 볼, 번들거리는 볼, 주름진 볼; 돌출된 광대뼈, 높은 광대뼈, 넓은 광대뼈, 투실투실한 광대뼈; 꼬리가 올라간 입, 내려간 입, 일자 입; 가는 입술, 중간 입술, 두터운 입술; 이중 턱, 두드러진 목젖, 늘어진 턱살, 둥근 턱, 뾰족한 턱, 사각 턱, 작은 턱, 이중 턱과 같은 일반적이고 흔히 쓰는 단어들로 구성되어 있다.

인간 관찰자에게 안면 인식은 과학이 아니라 기술이다. 2002년 볼티모어 경찰은 목격자가 사진 목록에서 골라낸 살인 용의자가 살인사건 1년 전에 사망했다는 사실을 알게 되었다.[38] 브라이언 커틀러와 스티븐 펜로드는《잘못된 식별》이라는 저서에서 미국에서 백만 건당 5천 건이 부당한 오인으로 유죄를 받는다고 추정한다.[39]

자신과 다른 민족이나 인종의 얼굴을 인식하는 것은 더 어려울 수 있다. 이름을 잘못 붙였지만 유효한 현상인 소위 크로스레이스 효과 같은 인종의 구성원을 더 쉽게 알아보는 경향 조사에서 흑인 목격자들이 백인 용의자를 오인할 확률이 50퍼센트 더 높고 백인 목격자들이 흑인 용의자들을 오인하는 확률이 50퍼센트 더 높다고 나왔다. "다 비슷해 보이기" 때문이다.[40] 파리 르네데카르트대학교 신경과학자 스카니아 드 쇼넨이 말했듯이 인간의 안면 인식 능력은 출생부터 아홉 살까지, 즉 어느 정도 어린 나이에 발달하기 때문이다. 백인 아이는 가족의 하얀 얼굴에 대한 식별력이 발달하기 때문에 성인이 되어 사진 목록에서 아프리카계 미국인이나 아시아인, 아랍인의 얼굴을 식별하는 능력이 떨어질 수 있다.

나중에야 대표적인 크로스레이스 효과가 그 유명한 1971년 '퀸시 파이브' 살인사건에서 일어났다는 걸 알게 되었다. 플로리다주 탤러해시시에서 발생한 보안관 대리 코머스 레블스 살인사건에서 5명의 백인 목격자들이 흑인 남성 5명을 범인으로 잘못 지목했다. "그들은 진짜 범인 세 명이 잡힌 뒤에야 혐의를 벗었다."[41] 목격자들의 시선에 인종적 편견 이상이 있었을지도 모른다. 분노와 무의식적인 두려움이 있었을 수도 있다. 같은 인종 그룹의 얼굴보다 다른 인종이나 민족 그룹을 볼 때 뇌의 공포 중추인 편도

체가 최대로 활성화된다는 최근 연구 결과도 있다.[42] 낯선 얼굴이
혐오를 키울 수 있고 그러는 것 같다.

　신원확인 분야 전문가인 아이오와주립대학교의 심리학자 게
리 L. 웰스는 목격자들이 얼마나 확신을 갖고 일렬로 서 있는 사
람들 중에 용의자를 지목하는지 배심원들이 알 수 있게 영상으로
촬영할 것을 권한다. 줄을 세우는 것의 문제는 목격자들이 보통
줄에 있는 다른 사람보다 범인처럼 보이는 사람을 선택하는 경향
이 있다는 것이다. 그나 그녀가 범인이란 확신은 없지만, 목격자는
추리는 과정을 통해 그 그룹에서 가장 유력해 보이는 사람을 지
목하는 경향이 있다.

　범인의 신원을 알고 있는 경찰들이 자신도 모르게 목격자들에
게 영향을 줄 수 있기에 웰스는 모인 그룹에서 경찰들도 누가 용
의자인지 알 수 없도록 '이중맹검법'으로 줄을 세우라고 권한다.

　전통적인 '일렬' 줄 세우기의 오인 사례들을 최소로 하기 위
해 미네소타주 경찰은 '차례로 지나가는' 방식을 시험했다. 살인
용의자를 그룹으로 함께 보는 것보다 개별로 보는 것이 실제 오인
사례를 감소시킨다는 실험 결과가 나와 있다.

살인자의 얼굴

　안면 인식은 전에 보았던 얼굴을 식별하는 행위다. 인식이란
그나 그녀 얼굴의 특징적인 외모를 떠올려 그를 봤거나, 만났거

나, 알고 있거나, 안다고 들었다고 인지하는 것이다. 수천 명의 얼굴을 한눈에 인식하고 떠올리는 능력은 인간만이 가진 특별한 재능이다. 연구에 따르면 우리 눈이 얼굴을 훑어볼 때 보통 입술과 눈에서 멈춘다고 한다. 측면에서 볼 때는 코의 윤곽, 눈, 귀, 입술 근처에 머물러 있다. 안면 인식은 아무것도 없는 곳, 구름 속, 암벽, 안전문, 장막 그리고 심지어 달 표면에서도 얼굴을 인식하는 적극적인 공정이다.

빅토리아 시대에는 많은 이들이 살인자의 얼굴은 바로 알 수 있는 이미지로 피해자의 눈에 지워지지 않게 각인된다고 믿었다. 정말 그랬다면 경찰이 살인범을 잡기 위해 신체적 인상서, 용의자 일렬로 세우기. 범인 식별 사진 등을 필요로 하지 않았을 것이다. 지금은 CCTV나 안면 인식 프로그램 같은 전자 보조 장치를 사용하긴 하지만 아직은 직접 얼굴을 보는 것 이상의 대안은 없다. 신원확인과 피해 방지를 위해서는 얼굴 생김새를 살펴보고 그들의 움직임을 지켜볼 필요가 있다.

살인자의 얼굴은 인상이 아니라 표현적인 움직임, 아니면 똑같이 표현적인 움직이지 않음으로 위협한다. 각각의 행위가 전하는 이야기가 있다. 캘리포니아 해변 초밥집에서 심프슨의 얼굴이 분통을 터트렸을 때, 또 법정에서 스콧 피터슨의 얼굴에 아무 표정이 없었을 때 의심이 들었다. 두 개의 얼굴 표현 모두 평소와 다르고 이상하고 이례적이었기에 의미가 있었다. 살인의 맥락에서 둘 다 무언가 끔찍한 일이 일어나려 하거나, 이미 일어났다는 분명한 신호였다. 물론 그 무언가는 살인이었다. 죄 없는 두 명의 여자가 두 명의 나쁜 남자 손에 죽었다. 두 명의 남자가 거짓말을 할 때 그들의 몸은 진실을 말했다.

범죄 시그널은 누군가 법을 어겼거나 어기려 한다는 것을 보여주는 명백한 경고 신호이다. 텍사스의 저격수처럼 무자비하든 스콧 피터슨처럼 교활하든 살인자들은 범행을 저지르기 전에 분명한 신호를 보낸다. 하지만 모든 피해자가 그 신호를 보거나, 알아차리거나, 주의하는 건 아니다.

토머스 에크먼은 지상에 있던 텍사스 타워 피해자였다. 휘트먼은 경고도 없이 위에서 그를 쏘아 죽였다. 에크먼은 총격 전에 휘트먼을 전혀 보지 못했다. 레이시 피터슨은 스콧이 이상하다고 느꼈어야 했지만 그의 수상쩍은 행동에서 위험 신호를 감지하지 못했다. 니콜 심프슨은 O. J.의 공격적인 신체에서 위험을 느꼈지만 충분히 조심하지 않았다. 명백히 경찰도 그랬다.

살인 경고 시그널

'섬뜩하거나', '이상하게 조용하거나', '극단적으로 공격적이거나', '이상하게 침울하거나', 누군가의 행동이 평소와 다르게 보일 때 시그널을 살펴라. 그 사람의 비언어적 신호가 위험을 알린다면 거기에 대비하라. 우리가 살펴본 것처럼 범죄 시그널은 아주 폭넓다. 정해진 공식은 없다. 그래도 여기 특별히 경계해야 할 몇 가지 경고 신호가 있다.

- 신체적 폭력이나 배우자 학대 경력
- 무기 환상
- 순간적인 격분
- 스토킹
- 과대망상과 거짓말
- 교활한 성격
- 심한 분노 폭발

다음 장에서는 급작스러운 습격의 경고 신호를 읽는 법을 배울 것이다. 육체적 공격이 있기 전 신체언어는 어떨까? 반복해 말하지만 우리는 진짜 범죄 세계를 다루고 있다.

5장

습격의
전조

> 던디는 벌떡 일어나 구부린 손가락 끝으로
> 스페이드의 가슴을 톡톡 쳤다.
> "빌어먹을 놈의 앞발을 내게서 치워."
>
> 《몰타의 매》(샘 스페이드가 샌프란시스코 경찰 던디 경위에게)

범죄 세계는 위험한 곳이다. 갑작스런 육체적 공격을 받을 수도 있다. 하지만 사전 경고가 있을까?

아내와 같이 붐비는 이탈리아 볼로냐의 거리를 걸어가는데 키가 큰 검은 머리 청년이 갑자기 내 눈앞에 불쑥 나타났다. 아무런 경고도 없이 그는 오른손 집게손가락으로 내 가슴을 세게 찔렀다. 반응할 시간이 없었다. 칼이나 장전된 총이었다면 나는 지금 여기 없었을 수도 있다.

볼로냐는 관광지가 아니다. 하지만 아내가 푸른 눈에 금발이라 우리가 관광객으로 보였을 수도 있다. 어쩌면 나는 구걸의 목표물이었을 것이다. 우리는 절대 알 수 없을 것이다. 그 남자는 그냥 내 눈을 똑바로 보며 내 가슴을 탁 치고 가던 길로 내려갔다.

일리노이주 시카고의 한 술집을 털던, 키가 작고 어려 보이는 반반한 얼굴의 한 청년이 주인, 웨이터, 손님에게 손을 들라고 명령했다. '동안' 넬슨으로 알려진 그 청년은 전혀 예고도 없이 산탄총을 한 손님의 가슴에 발사했고 그는 사망했다.

다행히도 나머지 손님들은 목숨을 건졌다. 하지만 동안 넬슨은 왜 그를 죽였을까? 단서는 손님의 얼굴 표정에 있었다. 주인이나 웨이터와는 달리 에드윈 톰프슨이라는 그 주식 중개인은 신경질적인 웃음을 지었다. 일촉즉발 상황에서 씩 웃는 얼굴은 조롱을 뜻할 수도 있다. "웃지 마." 동안 넬슨은 그렇게 위협하며 결국 방아쇠를 당겼다.[43]

하나는 가볍게 웃어넘길 수 있고, 하나는 치명적이고 심각한 이 두 사례에서 공격적인 행동에 앞서 어떤 경고 신호도 없었다. 총이란 단서가 있었지만 누가 맞을지는 정해져 있지 않았다. 동안 넬슨은 대공황 시대의 갱 동료들보다 더 살인을 개의치 않은 것으로 알려졌다. 사전에 명확한 신호를 보이지 않았던 넬슨은 경고 없이 공격하는 소수의 동물 중 하나인 북미 회색곰 같았다. 인간을 포함해 동물 대부분은 공격하기 전에 공격하겠다는 신호를 보낸다.

4장의 캘리포니아 해변 초밥집에서 심프슨이 니콜 브라운에게 분노했을 때 이를 지켜보던 페이 레스닉의 설명을 떠올려보자. "나는 겁에 질려 그의 얼굴에서 땀이 뚝뚝 떨어지는 것을 지켜보았다. 목의 정맥들이 튀어나오고 광대뼈가 뭉쳐져 피부 아래서 경련이 일었다." 심프슨이 난리를 치자 니콜의 얼굴이 공포로 굳어졌다. "당신이 이럴 때마다 나는 정말 무서워!" 니콜은 소리소리

질렀다.

　뇌가 공격 준비에 들어가면 생리적 흥분이 몸 전체에서 표출된다. 페이 레스닉이 심프슨의 얼굴에서 봤던 것은 아주 흔한 현상이다. 피부 표면에 땀이 흥건하고 혈관이 맥동하며 턱에 힘이 들어가 조여진다. 이 각각의 단서들은 신경계가 위험 수위에 도달했다고 선언하는 신호다. 분노의 맥락에서 이런 단서들은 생존을 위한 경고 신호일 수도 있다.

피부 시그널

　일광욕하거나, 운동하거나, 열을 식히는 게 아니라면 얼굴은 비교적 건조해야 한다. 그렇지 않은데 다른 이의 이마나 관자놀이, 윗입술 위, 귀 주변이 습기로 번들대는 게 보이면 의문이 생긴다. "왜?" 1장에서 우리는 셜록 홈즈와 함께 땀에 젖은 얼굴이 속임수의 신호로 읽힌다는 걸 배웠다. 그러나 감정 충돌 상황에서 얼굴에 땀이 나는 것은 다른 종류의 신호일 수 있다. 일촉즉발의 분노가 더는 통제할 수 없는 상황이라는 걸 보여주는 것일 수 있다.

　어떻게 땀에 젖은 이마가 공격성과 속임수 둘 다의 시그널일 수 있는지 궁금할 것이다. 그것은 외분비 또는 내분비 땀을 배출하는 땀샘 세포가 같은 신경 섬유에 연결되어 있기 때문이다. 간단히 당신이 공격 중일 때, 또는 거짓말로 비난받을까 두려워할 때 피부에 땀이 난다. 싸우는 중이든 도망치는 중이든 땀이 나는 얼굴은 똑같다. 어느 쪽이든 눈썹이나 윗입술 위에 땀이 나는 것은 자극을 의미한다.

땀과 함께 피부색을 살펴야 한다. 입 주위의 땀방울처럼 갑자기 안색이 창백해지거나 벌게지는 것은 투쟁-도피 반응으로, 본능적 감정의 압력이 높아진 신호일 수 있다.

투쟁-도피는 인간의 오래된 교감신경계의 반응이다. 인간의 원시 선조인 턱이 있는 물고기는 심장박동수를 빠르게 하고, 혈당을 올리고, 부신에서 호르몬 양을 늘려 몸을 준비시킨다. 그렇게 각성된 물고기는 쫓아가서 물거나 꼬리를 돌려 도망간다. 오늘날 인간의 부신도 같은 방식으로 작동한다.

분노로 창백해지는 것은 얼굴 표면 인근의 작은 혈관들이 수축해 나타난다. 창백하고 잿빛인 피부색은 아드레날린과 노르아드레날린이라는 두 가지 호르몬이 다량으로 분비될 때 나타난다. 당황하거나 살짝 화가 날 때 붉어지는 얼굴은 아드레날린에 자극된 혈관이 팽창되어 나타난다. 보통 귀 위쪽이 살짝 붉어지는 것으로 시작된다. 현재까지 공포와 분노의 생리적 차이는 명확히 구분되지 않지만 빨갛던 얼굴이 창백하게 변하는 것은 경각심을 가져야 하는 결정적 근거이다.

맥동하는 동맥

페이 레스닉이 O. J.의 목에 붉거진 "정맥들"을 보았을 때 그녀는 사실 동맥을 말하고자 했다. 정맥과 동맥은 둘 다 속이 빈 피가 움직이는 관이지만 구조와 기능은 서로 다르다. 정맥은 혈액을 몸에서 다시 심장으로 흘려보내기 때문에 더 얇고 맥동하지 않는다. 따라서 정맥은 잠재적 살인의 느낌과 감정에 대해 거의 '할 말'이 없다.

반면에 동맥은 많은 것을 말해준다. 동맥은 심장과 함께 혈액을 심장에서 몸으로 내보내기 위해 위아래로 밀어낸다. 그래서 근육질의 두꺼운 내벽을 가지고 있다. 동맥 근육은 수축하면서 눈에 띄게 맥동한다. 극도의 분노와 흥분 상태에서는 붉거진 맥박이 얼굴과 목에 확연히 드러난다. 가장 잘 보이는 맥박은 귓불 아래쪽 목 부위인데 그 두드러진 경동맥이 그의 마음을 전한다. 경동맥이 신호하면 경찰과 세관원들은 그 부름에 귀를 기울인다. 누군가 뭔가를 숨기고 있는 것이다.

눈에 덜 띄지만 동일하게 마음을 전하는 것은 경동맥에서 얼굴 쪽 위로 뻗어 나오는 작은 동맥들의 망이다. 감정이 고조되면 얼굴 동맥들이 아래턱 뒤에서 맥동한다. 아래턱 뒤는 얼굴 동맥 그 자체이다. 귀 바로 앞 관자놀이 표면의 관자동맥, 입술 위아래 상·하순동맥, 코 옆의 안각동맥, 광대뼈에 있는 가로얼굴동맥, 눈썹 위에서 이마 중앙으로 수직으로 뻗은 안와상동맥 같은 얼굴 동맥들이 맥동한다.

‹ 안전한 어깨 으쓱 ›

이 장에서 다루는 대부분의 신호는 위험 경고이지만 몇몇은 안전 신호이다. 분노의 맥락에서 '안전'의 외적 표현, 동작, 태도 중에 우리에게 가장 든든한 것은 어깨 으쓱이다. 기본적으로 어깨를 으쓱하는 사람은 자신이 싸울 마음이 없다는 걸 전달하고 있다.

1872년 찰스 다윈은 어깨 으쓱하기라고 불리는, 세계적으로 공통된 몸동작 표현을 발견했다. 이 표현은 머리부터 발끝까지 열 가지 신체 움직임이 연결된 것으로 심리적인 무력감이나 체념, 자신 없음을 표현하기 위해 사용된다.

따로따로 하든 동시에 하든 고개를 옆으로 기울이고, 어깨를 올리고, 발끝을 안쪽으로 향하는 것을 포함한 어깨 으쓱하기의 비언어적 신호는 단념과 승복의 느낌을 암시한다. 공격적이지 않다는 걸 보여주기 때문에 누군가 어깨를 으쓱하는 걸 보면 좋은 소식이다. 특히 화가 나 있거나 흥분한 사람이 이를 보이면 더욱 그렇다. 어깨 으쓱하기는 몸 전체를 방어적이고 보호적으로 웅크리고 조인다. 다윈의 처음 설명대로라면 이 표현은 (1)위로 들어 올린 어깨(2장의 브래드 잭슨 사례를 생각해보라), (2)옆으로 기울어진 고개, (3)굽혀서 몸 옆에 붙인 팔꿈치, (4)펼친 손바닥을 위로 해서 내뻗은 손, (5)치켜올라 간 눈썹과 (6)벌린 입 등으로 형성된다. 한 세기 후에는 (7)삐죽 나온 입술, (8)안짱다리 (9)허리 앞으로 숙이기와 (10)안쪽으로 향한 발끝이 추가되었다.

어깨 으쓱하기는 웅크리는 동작에서 나온 촉각 수축 반응에 의한 우리의 오래된 자기방어 자세이다. 피부에 내키지 않는 접촉이 생기면 우리는 자동으로 몸을 움츠린다. 사회적 환경에서 우리에게 해를 끼칠 것 같은 공격적인 사람으로부터 몸을 움츠린다. 굴복하는 감정은 동시에 다양한 신체 부위를 굽히고 구부리는 근육 수축의 외형으로 드러난다. 시각적으로 골격을 '움츠려' 위험하지 않은 '저자세'의 모습을 보여준다. 으쓱하는 신체 동작은 자기방어, 즉 공격보다는 방어를 위해 고안된 것이기 때문에 투쟁보다는 도피 가능성이 더 높다.

해부학으로 들어가면 복잡하지만 얼굴 동맥들은 쉽게 눈에 띈다. 누군가 전투 준비에 들어가면 이 혈관들이 움직이는 붉은 발진처럼 얼굴에 나타난다. '그냥 화가 난' 것처럼 보이는 사람에게 얼굴 동맥들이 두드러져 보이면 그는 '진짜 화가 난' 사람의 위험한 흥분을 시작한 것일 수 있다.

이로 물기 사례

"그의 광대뼈가 뭉쳐져 피부 아래에서 경련이 일었다." 이번엔 레스닉의 묘사가 해부학적으로 정확했다. 당신은 손끝으로 턱이 뭉쳐지는 걸 느낄 수 있다. 이를 악물고 손으로 뺨 위쪽을 만져보라. 두개골과 연결된 아래턱 근처에서 느껴지는 뼈의 움직임은 물기의 눈에 보이는 신호이다. 물 때 턱은 이로 자르거나, 잡거나, 끌어당기거나, 뜯기 위해 꽉 맞물린다. 우리는 음식을 씹거나 분노와 좌절감에 턱을 조이거나 상처를 입히기 위해 이로 문다. 적을 물고 싶은 욕망에서 우리의 동물성이 분명히 드러난다.

> 뉴욕시 통계에 따르면 매년 1500명이 사람에게 물린다.
> 이는 쥐에 물리는 수치의 5배에 달한다.

쥐와 인간 모두 물기 위해 기본적으로 교근을 사용한다. 우리가 느끼는 감정에 따라 웃거나 찡그리게 해주는 표정 근육처럼 교근은 아주 예민한다. 삼차신경(5번 뇌신경)이 이를 조절한다. 삼차신경은 감정에 민감한 특수 교감신경이기 때문에 강한 분노는 턱 근육을 수축시켜 무는 행동을 제어할 수 없게 되기도 한다. 비언어적 신호로 봤을 때 캘리포니아 해변 초밥집에서 O. J.는 물고 싶은 상태였다.

1981년 5월 28일 나는 워싱턴주 시애틀의 '노스웨스트 지적장애인센터'의 재니스 굿맨 상담사와 인터뷰를 했다. 그녀는 사무실 바로 앞에서 물리는 작은 사고를 당했다. 나는 유일한 통로인 작은 문으로 사무실에 들어갔다. 재니스의 책상은 바로 왼쪽에 있었고 방문객용 소파는 책상 뒤에 있었는데 문에서 3미터쯤 떨어져 마주 보고 있었다.

재니스는 그 사건을 또렷이 기억했다. 누군가 공격을 받으면 시간이 그때에서 멈추고 세세한 것들이 마음에 지울 수 없는 흔

‹ 통제 불능의 턱 ›

아주 오래전부터 우리의 턱과 이, 턱 근육은 씹고 먹는 역할뿐 아니라 적을 방어하는 역할도 했다. 즉 얼굴이 무기로 사용되었다. 오늘날 악어, 고릴라, 회색곰 그리고 인간에게 더욱 극적으로 드러난다.

1997년 6월 28일 TV에서 방영된 권투시합에서 헤비급 선수 '핵주먹' 마이크 타이슨이 에반더 홀리필드의 오른쪽 귀를 2센티미터 이상 물어뜯어 링 바닥에 뱉는 엄청난 반칙을 저질렀다. 2점이 감점됐지만 타이슨은 오히려 3라운드에서 홀리필드의 왼쪽 귀마저 물려다 실격 처리됐다. 명확히 타이슨은 자신의 얼굴을 무기로 사용했다.

적을 남긴다. 그녀는 스물다섯의 덩치 큰 남자 고객 레오와 상담이 잡혀 있었다. 고객이 사무실로 들어와 안쪽 소파에 앉으면서 상담이 시작되었다.

재니스는 레오가 "흥분한" 것처럼 보였다고 했다. 그녀는 그가 사무실로 걸어 들어온 것이 아니라 뛰어왔다는 걸 알아차렸다. 그녀가 말을 건네자 그는 얼굴을 옆으로 돌리고 한마디도 하려고 하지 않았다. 고개를 한쪽으로 완전히 돌린 시선 피하기의 한 형태로 또 다른 차단 사례였다. 레오의 고집스러운 차단은 강한 혐오감을 표현했다.

재니스가 상담의 목적인 '문제행동' 얘기를 꺼내자 레오는 얼굴을 그녀 쪽으로 돌리고 벌떡 일어나더니 재빨리 책상으로 와 신체적으로 근접했다. 그리고 주먹을 그녀의 머리 위로 휘둘렀다. 의미가 담긴 시그널이었다.

분노의 맥락에서 볼 때 주먹을 쥐어 보이는 것은 공격의 일반적인 신호이다. 주먹은 손가락을 구부려 지문을 손바닥에 견고히 대고 손을 닫는 동작이다. 꽉 쥔 주먹은 분노나 흥분, 두려움 같은 각성된 감정 상태를 전달한다. 파키스탄에서 다른 사람에게 주먹을 내미는 것은 "외설적인 모욕"이다.[44] 아돌프 히틀러, 니키타 흐루쇼프와 마누엘 노리에가는 수사적 논점을 강조하기 위해 공격적인 주먹 동작을 사용하곤 했다.[45]

유아원 아이들에게 때리는 동작은 "느슨하게 주먹을 쥐고 손바닥으로 위에서 내려치는 타격이다. 팔이 팔꿈치에서 완전히 구부러져 수직이 된 상태로 세게 힘을 주어 사정거리 안 상대의 신체 일부를 친다."[46] 선천적으로 보이지 않고 들리지 않는 아이들도 화가 나면 주먹을 쥔다.[47] 행동생물학자 데스몬드 모리스가 얘기했듯이 꽉 쥔 주먹은 강압과 위협에 사용되는 전 세계 공통의 신호이다.

> { **클라스크, 그것은 손으로 일격을 가하는 것으로**
> **지팡이를 휘두르는 것보다 50배는 더 야만적이지.**
> **삶을 모욕하는 것은 살아 있는 것들이지, 친구.** }
>
> **—허먼 멜빌, 《모비 딕》**

재니스는 레오의 "큰 눈"과 다문 입, 긴장된 입술 그리고 "찌푸린" 얼굴을 설명했다. 그는 어떤 음성이나 소리도 전혀 내지 않았다. 주먹 쥔 손을 허공에 휘두르고는 돌아가 다시 자리에 앉았다. 나중에 이 장의 뒷부분에서 보겠지만 신체 폭행이 일어나기 전에 종종 침묵의 순간이 먼저 온다.

그 후에 레오의 여자친구 마이러가 사무실에 들어와 그의 옆에 앉았다. 서로의 존재에 힘을 얻은 그들은 재니스에게 소리를 지르기 시작했다. 생물학자들은 이를 '의식화된 무리 짓기' 또는 '공격성의 발현'이라고 부른다. 재니스를 함께 공격하며 둘은 더 결속된 한편이 되었다. 두 명의 분노를 감지한 재니스가 뒷걸음질쳐서 문 앞에 섰다. 그러자 레오와 마이러가 일어나서 문으로 바로 쫓아왔다. 레오가 나가면서 재니스의 손목을 잡아 흔들고는 그녀를 벽에 있는 식수대로 밀쳤다.

재니스는 복도의 벽에 엉덩이를 부딪치며 벽과 식수대 사이에 끼였다. 그리고 레오는 공격행위의 마무리로 재니스의 팔을 잡고 코르덴 재킷과 블라우스 위로 그녀의 팔뚝을 "아주 잠깐" 이로 물고 있었다. 그러고 나서야 그녀를 놓아주고 복도를 따라 도망쳤다. 결국 재니스의 신체적 상처는 비교적 가벼웠지만 레오에게 물린 정신적 상처는 몇 년이나 갔다. 그것은 상해라기보다는 비언어적인 모욕이었다.

이 사례는 수백만 년 전에 그랬던 것처럼 지금도 유효한 원칙 하나를 실례로 보여준다. 즉 가장 즉각적으로 공격을 유발하는 경우는 탈출로를 막는 것이다. 구석으로 몰리면 쥐는 자신보다 훨씬 큰 고양이라 해도 물게 된다. 생물학자들은 이를 '임계거리' 원칙이라고 부른다. 호모사피엔스를 포함한 모든 동물은 다른 동물이 너무 가까이 오거나 탈출로를 막으면 본능적으로 공격하는 특정한 거리가 있다. 재니스가 무심코 출구를 막아서자 레오의 얼굴이 그의 무기가 되었다. 그에게 칼이나 장전된 총이 있었다면 재니스는 지금 여기 없었을지도 모른다.

프랑스의 수의사 클로드 베아타는 "탈출로가 없는 동물에게 '임계거리'라는 가상의 선을 넘는 것은 두려움과 반사적 행동 그리고 아주 폭력적인 연속된 공격성이 합쳐져 갑작스러운 습격의 방아쇠가 될 것이다. 경고도 없이 물리거나 폭력성이 폭발해 조직이 손상될 정도로 심한 상처를 입을 수도 있다"라고 했다.[48] 심하게 다치지는 않았지만 레오의 턱에 잡힌 상태에서 재니스가 느꼈던 두려움은 충분히 강렬했다.

턱과 이로 공격하는 것은 '간헐적 폭발성 장애IED' 증상일 수 있다. IED는 충동적으로 물건을 던지거나 깨거나 부러뜨리거나 사람의 신체를 공격하는 것 같은 격렬한 적개심이 폭발하는 증상을 보이는 심각한 정신질환이다. 2006년 6월호 〈일반 정신의학 기록관〉에 실린 한 연구는 IED에 시달리는 미국인이 1600만 명 가까이 된다고 추정했다. IED는 생명이 없는 사물을 부수는 것에서 인간을 해치는 것으로 빠르게 발전할 수 있다. 사물에서 사람으로 이어지는 연쇄적인 사건들로 죽음과 맞닥뜨릴 수도 있다. IED의 첫 번째 신호에서 그 연결을 끊고 조심해서 떠나라.

심리학에서 말하는 '행동 사슬'은 일련의 연관된 행동으로 각각이 다음에 오는 행동을 강화하고 그 방아쇠가 된다. 2006년 10월 1일 스포캔에서 열아홉의 조시는 스무 살인 여자친구 레이철의 작은 아파트에서 분노로 폭발했다. 그가 부엌칼로 가죽 의자를 난도질하고 TV를 창문 밖으로 차버렸을 때(사물 사건), 레이철은 걸어 나왔어야 했다. 불행히도 그녀는 그대로 있었고 조시는 예정대로 가구를 공격하는 것에서 여자친구를 공격하는 것으로 수위를 높였다. 그는 레이철을 벽에 던져 코피를 터뜨리고 그녀의 어깨를 물었다.

이웃들에 따르면 조시는 레이철을 차 안으로 밀어 넣고 도망치지 못하게 그녀의 머리카락을 움켜잡고 차를 몰았다. 납치된 여자친구는 달리는 차에서 간신히 뛰어내렸다. 그녀가 탈출하지 않았더라면 행동 사슬에서 다음에 무슨 일이 일어날지 누가 알겠는가? 아마도 다음 단계는 심한 구타나 더 끔찍한 것일 수도 있었

다. 그녀는 죽을 수도 있었다. 2006년 12월 9일 조시는 불법감금
과 2급의 고의적 기물손괴에 대한 유죄를 인정했고 90일의 징역
형을 선고받았다.

잔디밭 광기

범죄 세계에서는 공간과 영역에 대한 논쟁이 순식간에 폭력
으로 발화될 수 있다. 그 흔한 예가 보복 운전이다. 차선 변경 같
은 작은 다툼이 위험천만한 고속도로 추격전으로 이어지곤 한다.
인간은 아주 영역적 동물이라 보이지 않는 경계를 넘어가면 공격
을 불러올 뿐이다. 개인적인 공간에 대한 가장 중요한 지침은 우
리가 내키는 대로 아무 데나 드나들 수 없다는 것이다. 모든 곳에
적용되는 미묘한 경계뿐 아니라 명확한 문화적 예법이나 생물학
적 경계도 있다.

우리가 개인적, 공공적 공간에서 어떻게 소통하는지에 대한
과학적 연구는 19세기에서 20세기 초 동물의 영역 연구에서 시
작되었다. 1959년 인류학자 에드워드 홀은 자신의 대표적 저서
《침묵의 언어》에서 '근접학'을 소개했는데 '근접학'이란 인간의
'공간 인식과 사용'에 관한 연구이다. 보이지 않는 경계선을 넘는
건 공격을 유발할 수 있기에 근접으로 인한 범죄 시그널은 가장
주의해서 살필 필요가 있다.

"방금 한 아이를 죽였소." 찰스 마틴이 911 교환원에게 말했

다. "내가 염병할 410구경 산탄총으로 두 번이나 쏘았소."**49** 2006년 3월 19일 예순여섯의 애국 시민 마틴은 정성스레 가꾼 자신의 잔디밭을 밟고 건너간 죄로 이웃집 열다섯 살 소년 래리 머그리지를 총으로 쏴 죽였다. 경찰 수사에 의하면 마틴은 먼저 자신의 집 안에서 총을 쏜 뒤 다친 소년에게 다가가 추가로 근거리사격을 했다고 한다. 소년의 집 앞 잔디밭에 시신을 남겨두고 총격 살인 용의자는 침착하게 집으로 돌아와 911에 전화를 걸었다.

오하이오주 유니언타운십의 이웃들에게 찰스 마틴의 '잔디밭 광기' 신호는 이전부터 명백한 사실이었다. 이웃들은 마틴을 조용히 혼자 사는 사람이라고 했다. 그는 미국 국기와 해군 깃발을 걸고 그 밑에 앉아 조용히 자신의 잘 가꿔진 잔디밭을 즐기곤 했다. 이웃들에게 우호적이었지만, 그들이 자신의 잔디밭을 밟거나 보이지 않는 이웃집 잔디와의 경계선을 넘으면 분노가 폭발했다고 한다. "그는 정말 그 부분에 있어 꼬여 있었다." 한 이웃은 이렇게 기억했다. 2007년 4월 26일 배심원단은 찰스 마틴에게 이웃 소년 래리 머그리지의 살해로 유죄를 선고했다.

> 염병, 평생을 이 잔디밭에 쏟아부었어. 내 영혼과 열정,
> 내 가족들에게는 보여주지 못했던 다정함까지….
> 봐, 누군가는 조국을 사랑하는 마음을 보여주기 위해
> 깃발을 걸지. 음… 내 잔디밭이 내 깃발이야.
> -행크 힐, 《별난 가족 힐》

'잔디밭^{lawn}'이라는 단어의 영역 감각은 '공개된 땅'이라는 의미의 고대 인도-유럽어 'lendh'까지 거슬러 올라간다. 《비언어 사전》에 따르면 잔디밭은 '정성스레 손질된 잔디와 그 위에 하얀 팻말이나 분홍 플라스틱 홍학 모형 같은 몇 가지 인공 장식물이 놓인 작은 구역이다.'[50] 기호론적으로 잔디밭은 정원 이상이다. 잔디밭은 소통하고 영역을 표시하고 사회적 지위를 나타낸다. 잔디밭의 면적과 장식은 구역 공간을 정의하고 '이 땅이 내 것'이라는 실체적인 증거를 제공한다.

총격에 앞서 마틴과 머그리지는 서로 말이 오갔다고 한다. 그러나 이 경우에 말다툼보다 분노에 더 불을 지핀 것은 경계를 넘어 들어왔던 소년의 비언어적 행동이었다. 머그리지가 마틴의 잔디밭에 대한 비이성적 광기의 깊이를 이해했더라면 더 안전한 길을 택했을 것이다. 때로는 보이지 않더라도 경계는 심리적 현실이다. 보복 운전과 잔디밭 광기의 영역적 뿌리는 같다.

호전적 시선

1969년 12월 19일자 〈라이프〉지 표지를 보면 찰스 맨슨의 얼굴이 악의적으로 노려보고 있다. 그의 눈빛은 1931년, 1973년, 1979년판 드라큘라 영화를 생각나게 한다. 이 영화들에서 벨라 루고시, 잭 팰런스 그리고 프랭크 란젤라는 피를 얻기 위해 희생자의 목을 물기 직전 의식적으로 눈을 크게 떴다.

무차별 총격범, 유명인 살인범 그리고 맨슨 패밀리로 알려진 1960년대 악명 높은 조직의 리더 맨슨의 이 유명한 사진에서 그의 크고 매혹적인 눈이 거의 보이지 않는다. 오른쪽 홍채 위에 흰자가 보이고 윗눈꺼풀 아래로 왼쪽 홍채의 위쪽 반이 보인다. 이런 눈은 '정상'이 아니다.

정상적인 경계-휴식 상태에서는 아래 눈꺼풀이 홍채에 거의 닿지 않거나 홍채의 아래쪽 테두리 4분의 1미만이고 윗눈꺼풀이 홍채의 3분의 1에서 반까지 내려온다. 흥분하면 눈이 크게 열리고 위험을 느끼면 눈이 닫힌다. 갑자기 눈꺼풀을 닫는 것은 놀람 반사에 의한 방어적 반응으로 포유류의 얼굴 찌푸림의 일부이다. 갑자기 커진 눈은 투쟁-도피 반응의 감정적 반영이다.

드라큘라를 연기하는 배우들의 크게 뜬 눈처럼 〈라이프〉지 찰스 맨슨의 눈은 일부러 크게 뜬 것이다. 맨슨은 카메라 앞에서 허세를 부리며 일부러 눈을 그렇게 뜨고 의도한 표정을 지었다. 경계-휴식 상태처럼 그의 아래 눈꺼풀이 홍채 테두리의 끝을 일부 덮고 있기 때문에 우리는 이를 알 수 있다.

사진에서는 악당처럼 보이지만 맨슨의 눈은 호전적이지 않다. 공격 자세로 보이지 않는다. 그의 눈이 최대한 열려서 홍채 위아래로 흰자위가 전부 드러난다면 경각심을 가져야 한다. 그가 소위 '섬광전구' 눈이라면 조심스레 숨어야 한다.

섬광전구 눈은 격한 분노나 공포같이 감정이 아주 고조된 상태에서 일어나는 무의식적이고 극적인 양쪽 눈의 확장이다. 눈꺼풀이 최대로 개방되면 안구의 둥근 원과 굴곡, 돌기가 드러난다.

대화하면서 외견상 감정을 속일 수 없을 정도로 진짜 화가 나면 눈꺼풀에 있는 두 개의 자율적인 내장근이 눈 사이를 벌려 안구는 두드러지게 더 크고 둥글고 하얘진다.

감정의 또 다른 본능적 신호처럼 확장된 동공과 섬광전구 눈은 척수의 목신경절에서 작용하는 신경계의 투쟁-도피 결정에 의한 자극으로 일어난다. 본능적 신호인 진짜 섬광전구 눈은 의도적으로 또는 의지대로 만들어내기 어렵다. 그래서 비언어적 단서로서 가장 신뢰할 만하다. 특히 공포와 분노의 경우는 더욱 그렇다. 화가 난 남자나 여자에게 섬광전구 눈이 보이면 급작스러운 신체 공격에 대한 위험 신호로 해석될 수 있다.

‹ 호전적인 동공 ›

1969년 12월 19일 <라이프>지 찰스 맨슨 표지 사진에는 작고 수축된 안전한 동공이 보인다. 이는 그의 교감신경계가 안정적이거나 휴식 상태라는 좋은 소식이다. 그는 차분하고 어느 정도 편해 보인다. 누군가의 동공이 뚜렷하게 팽창되거나 확장되면 불길하다. 그는 무슨 짓을 할지 모르는, 공격할 준비가 된 위험한 사람일 수 있다. 수축의 경우에는 동공을 수축하기 위해 휴식-소화 신경섬유가 동공의 조임근을 활성화한다. 팽창의 경우에는 동공의 지름을 확대하기 위해 상부 목신경절의 투쟁-도피 신경섬유가 확장근을 활성화한다. 누군가 화를 낼 때 보이는 확장된 동공은 터트릴 준비가 된 분노의 시그널일 수 있다.

교전 중인 눈 깜박임

상황이 나빠지면 눈꺼풀이 먼저 나선다. 거짓말 탐지기 조사에서 눈 깜박이는 횟수는 심리적 흥분 상태를 반영한다. 편한 상태에서 인간의 정상적인 눈 깜박임 횟수는 분당 20번이고 평균적인 속도는 4분의 1초이다.[51] 뚜렷하게 빠른 횟수는 투쟁-도피 반응으로 흥분한 감정적 스트레스가 반영된 것일 수 있다.

보스턴대학교의 심리학자 조셉 J. 테체는 미국 대선 후보들의 치열한 경연 무대에서의 눈 깜박임을 연구해왔다. 대통령 후보자들은 TV 토론이라고 불리는 언어 논쟁에서 표를 얻기 위한 정면 대결에 나서야 한다. 1996년 대선 토론에서 밥 돌 후보는 보통 때의 7배에 달하는 분당 평균 147번을 깜박였다. 빌 클린턴 대통령은 분당 평균 99회 깜박였으며 그날의 민감한 사안인 10대의 마약 사용 증가에 대한 질문을 받았을 때는 117회나 깜박였다.[52] 일반적으로 TV에 나오는 사람의 평균 눈 깜박임 속도는 분당 31에서 50회로 편안할 때의 2배다.

우리는 신경계가 흥분할 때 더 빨리 깜박이고 차분할 때 느려진다. 눈꺼풀의 움직임은 두개골 밑의 원시적인 후뇌에서 담당하는 신체적 흥분도를 반영한다. 후뇌는 진화적으로 오래된 우리의 뇌 영역이다. 후뇌의 망상 활성화 시스템RAS은 독특한 구조를 가지고 있다. 변연계에서 나온 감정은 RAS를 자극하여 흥분성 화학물질인 도파민을 중뇌 위쪽의 오래된 시각 중추로 방출한다.

{ **우리는 누군가로부터 도망치거나 싸우기 전에
눈꺼풀을 더 빨리 깜빡인다.** }

생물학자 니코 틴버겐은 〈사이콜로지 투데이〉지에서 "눈 깜박임은 잘 알려진 또 다른 영장류 특유의 동작"이라고 했다. "아주 작은 스트레스에도 눈꺼풀은 쿵! 쿵! 쿵! 깜박인다." 흥분하거나 화난 것처럼 보이는 사람이 빠르게 눈을 깜빡이면 사정거리를 벗어나 한 걸음 뒤로 물러서야 할 때다.

호전적인 호흡

얼굴의 땀, 피부색, 동맥의 맥동, 무는 동작, 섬광전구 눈과 빠른 깜빡임이 전달하는 공격 경고와 함께 숨 쉬는 것이 눈에 보이고 귀에 들리게 변화한다. 감정이 고조되면 바로 호흡이 빨라진다. 뇌의 시상하부에 있는 신경세포가 호흡 중추에게 속도를 높이라고 지시한다. 임박한 싸움에 에너지를 공급하거나 위험에서 벗어나려면 더 많은 산소가 필요하다.

숨을 들이마시면 가슴을 넓히기 위해 갈비뼈 사이의 횡격막과 근육들이 수축하기 때문에 숨 쉬는 것이 눈에 보인다. 숨을 내쉬면 이런 근육들이 이완되며 흉강이 작아진다. 숨을 쉴 때마다 이 과정이 반복된다. 화가 난 상황에서 누군가의 호흡수가 두드러지게 증가하면 주의하라.

위험한 침묵

미연방 지방법원, FBI, 시애틀 경찰청 및 다른 기관의 협조를 얻어 워싱턴주 시애틀에서 진행한 공격 경고 조사에서 나는 사람들이 가장 흔하게 인식하는 위험 신호가 침묵이라는 걸 알게 되었다.

침묵은 소리 없이 걷고, 비명을 삼키고, 신체 소음을 줄이고, 말을 참는 것처럼 듣기 어렵거나 들을 수 없는 조건, 상태이다. 침묵의 유의어에는 '비밀', '보류', '입 다물기' 등이 있다. 특히 무엇보다 정보를 주지 않겠다는 의식적인 결정을 의미한다.

파충류부터 인간에 이르기까지 동물들은 들키지 않으려 침묵하는 정교한 수단들을 고안해왔다. 2001년 8월 27일 〈USA 투데이〉 사설 '침묵은 많은 것을 말한다'에서 게리 콘딧 의원이 실종된 의회 인턴 찬드라 레비와의 관계에 대한 진술을 완강히 거부한 것을 비난했다. 콘딧은 침묵이라는 생물학적 권리를 행사하면서 아무것도 말하지 않았다.

{ **침묵이 황금이라면 이는 일종의 조작이고
나쁜 일이 일어나거나 드러나려는 신호이다.** }

내 현장 노트에 있는 전형적인 공격 사례로 시애틀 경찰이 총소리를 들은 이웃들의 신고를 받고 출동한 사건이 있다. 두 남자가 사냥용 소총으로 자신의 집 뒤뜰에서 토끼에게 총을 쏘고 있었다. 경찰들이 도착해서 현관문을 두드리자 남자 하나가 나왔다.

바이어스와 햄릿 경관이 총격에 관해 물어보려고 거실로 들어갔다. 햄릿은 그들에게 문을 열어준 남자를 "적대적이고 불쾌한 기색에 백인을 싫어하는"이라고 설명했다. 그리고 두 번째 남자는 경찰 지시대로 말없이 계단을 내려가 거실 소파에 앉았다. 2~3미터쯤 떨어져 있던 햄릿은 그가 "흥분한 듯 보였지만" 말은 없었다고 했다.

그때 소파에 앉아 있던 남자가 "경고도 없이" 갑자기 일어서서 "두 걸음"에 햄릿에게 "달려들어" 그의 배지를 움켜쥐었다. 경찰관의 눈을 똑바로 보고 덤벼들며 "나가! 내 집에서 당장 나가!"라고 소리쳤다. 햄릿은 그의 입을 주먹으로 치며 대응했다. 그는 손에 아직도 남아 있는 이빨 자국을 내게 보여주었다.

햄릿 경관은 그 남자가 계단을 말없이 내려갔기 때문에 뭔가 잘못됐다는 느낌이 들었다고 했다. 마치 기척을 숨기는 호랑이처럼 어떠한 경고음도 없이 그는 소파에 조용히 있었다. 내 시애틀 보고서에 있는 다른 공격들처럼 이 공격도 휴면 상태의 정지된 몸에서 말없이 갑자기 일어났다. 얼굴의 땀과 뛰는 동맥, 섬광전구 눈처럼 이상한 침묵이 몸과 마음이 전투 상태라는 신호가 되기도 한다.

워싱턴주 가석방 사무소의 게리 바르가스 경관은 스물한 살인 톰의 가석방 건으로 그 집을 방문했던 사례에 대해 자세히 설명했다. 톰이 크게 눈을 치켜뜨고 노려볼 때 바르가스는 그의 이마에서 땀이 나는 걸 알아챘다. 가석방자는 천천히 뒤로 물러나 조용히 거실 소파에 앉았다. 그의 태도가 유순해졌고 머리와 상체가 앞으로 기울며 경관의 시선을 피했다.

바르가스는 그가 날카로운 가위가 있는 벽난로 선반 쪽으로 급작스럽게 움직이는 걸 눈치챘다. 갑자기 그 조용한 청년이 일어서서 소리를 지르며 가위를 움켜쥐고 날을 자신의 목에 들이댔다. 바르가스는 톰이 마약을 했다고 생각해 뒤로 물러났다. 그때 신호를 받은 것처럼 가위가 바닥에 떨어졌다. 바르가스는 뒤로 물러남으로써 톰에게 그의 임계거리가 침범당하지 않을 거라고 안심시켰다. 자해 공격은 시작될 때처럼 갑자기 중단되었다.

습격 시그널

두려움은 순식간에 공격성으로 변할 수 있고 그 반대도 성립한다. 경찰관들은 공격자들을 심리적, 육체적으로 무장해제하는 훈련을 받지만 우리는 그냥 물러나야 한다. 폭풍 경보처럼 공격 경보도 최악의 사태에 대비하라고 얘기한다. 우리가 검토했던 경고 신호 몇 가지는 아래와 같다.

- 분노의 맥락에서 보이는 얼굴의 땀
- 상기된 얼굴이 급격하게 창백해짐
- 맥동하는 경동맥과 얼굴 동맥
- 꽉 물린 턱 근육
- 분노 후 침묵
- 꽉 쥔 손
- 빠른 눈 깜빡임
- 섬광전구 눈

1976년 고전 《경찰 코드3》에서 피어스 브룩스는 이렇게 조언한다. "손과 손바닥을 조심하라. 손은 싸우고, 무기를 잡고, 이를 숨기는 주범이기 때문에 당신은 항상 손가락과 손,

손바닥을 조심해야 한다. 이 부위의 준비 동작은 공격이 시작되기 전에 공격이 일어나려 한다는 것을 미리 알려줄 수 있다.

다음 장에서는 다른 종류 범법자들의 신체언어를 해석하는 법을 배울 것이다. 이들은 모든 연령대의 사람을 표적으로 삼지만 특히 아주 어린 사람을 선호한다.

6장

성착취자의
모습

잘 차려입어라. 조금도 공격성이 없는
부드러운 손동작을 사용하라.

악명 높은 소아성애자가 아동 성추행범에게 하는 조언

"뭔가 이상하다고 느꼈어요. 그는 너무 친절했어요." 열두 살
미켄지 스미스는 이렇게 말했다.[53] '그'는 2005년 7월 26일 미켄
지와 아홉 살 된 남동생 케이든이 유타주 웨스트헤이븐에 있는
집 근처 흙길에서 말들에게 풀을 주고 있을 때 은색 4인용 픽업
트럭을 세우고 다가왔던 스물두 살의 데이먼 빅터 크리스트다.
너무 친절한 이 낯선 사람은 동물들에게 제대로 풀을 먹이는 방
법을 얘기해주면서 '잃어버린' 자신의 개를 찾는 걸 도와달라고
했다.

낯선 사람이 조금이라도 이상해 보인다면 그는 뭔가 감추고
있는 것일 수 있다. 미켄지가 개 사진을 보여달라고 하자 크리스
트는 사진이 하나 있지만 보여줄 순 없다고 했다. 휴대폰 배터리가
떨어졌다고 했지만 미켄지는 그의 트럭에서 휴대폰이 울리는 소

리를 들었다. 이 '친구'가 그냥 얘기 말고 진짜 원하는 것이 있다는 의심이 커졌다.

친구는 당신이 알고, 좋아하고, 신뢰하는 사람이다. 미켄지에게 위험 신호는 남자의 너무 빠른 친근감이었다. 그의 무례하고 불쾌하고 내키지 않는 신체 접근은 그야말로 너무 앞서고 빨랐다. 그리고 그가 자리를 뜨지 않고 그녀의 길을 몸으로 막았을 때 미켄지는 자신의 직감을 확신했다.

친구인 척하는 낯선 사람은 사실 악마였다. 도망치려고 미켄지와 케이든은 자전거에 올라탔지만 그는 그들을 막고 미켄지를 잡아 그의 포드 트럭 안으로 내던졌다. 그녀는 저항했다. 발길질을 하고 잡아 뜯고 소리치고 그의 머리와 팔, 어깨를 쳐댔다. 그리고 효과가 있었다. 그는 100미터도 못 가서 차를 세우고 그녀에게 내리라고 소리쳤다.

몇년 전 심리학자 에드워드 손다이크는 낯선 사람의 침입에 대한 우리의 혐오는 선천적이라고 했다.[54] 미켄지는 오늘날 심리학자들이 말하는, 모르는 사람에 대한 본능적인 두려움인 '낯가림'에 자연스럽게 충실했고 자신의 본능을 믿었다. 처음에 그녀는 도망치려 시도했고 잡혔을 때는 저항했다. 경찰은 미켄지의 유괴 사건을 궁지에 몰렸을 때 우리가 어떻게 해야 하는 지에 대한 모범 사례로 꼽는다. 싸울 것.

2005년 8월 1일 너무 친근한 낯선 사람이자 여러 중범죄 사건의 범인인 데이먼 크리스트가 미켄지 스미스의 납치 미수 사건에서 유괴 혐의로 기소되었다. 2006년 2월 16일 그는 징역 10년을 선고받았다. 아동 성추행범들의 야만적 세계에서 크리스트의 사례는 전형적인 부모들의 원칙을 입증했다. "조심해, 낯선 사람과 얘기하지 마."

하지만 전형적인 성착취자는 열여덟에서 예순 살 사이의 성인 남성으로 추행이 일어나기 전부터 희생자를 잘 알고 있는 사람이다. 그는 가족의 친구일 수도, 실제 가족일 수도 있다. 성추행범들은 아는 사람, 따르는 삼촌, 부모님의 사업 동료나 아랫집 이웃인 경우가 더 많다. 그는 코치, 교사 또는 인터넷에서 만난 '친구'일 수도 있다. 때로는 지역 교회 목사일 때도 있다.

성착취자의 신체언어

성착취자들은 가장 음흉한 범죄자들이다. 무엇보다 그들은 자신의 신호를 관리하고 다른 이들의 신호를 읽는 신체언어적으로 가장 교활하다. 신체적으로 볼 때 착취자들은 매력적이거나 매력적이지 않거나 보통의 외모를 가진 사람들일 수 있다. 하지만 그들의 얼굴이, 신체가 어떤지는 별 중요하지 않다. 그보다 그들이 어떻게 행동하는지가 중요하다. 무엇을 찾아야 할지 알게 되면 행동을 통한 경고 신호들을 쉽게 식별하고 해석할 수 있다. 성착취자의 범죄 신호를 읽으면 성적 학대가 시작되기 전에 이를 멈출 수 있다.

소아성애자는 자신의 먹이를 찾기 위해 취약함을 드러내는 비언어적 단서들을 살핀다. 손으로 먼저 탐색해보기도 한다. 언뜻 평범해 보이는 팔뚝이나 목, 어깨를 만지는 걸 아이가 받아주는가 아니면 밀어내는가? 동시에 자신의 시커먼 의도를 숨기려는 성착취자는 정직하고, 예의 바르고, 도덕적으로 보이는 신호를 발산하다. 그는 보이스카우트 리더, 경찰이나 신부처럼 믿을 만한 사람의 제복을 입고 있을 수도 있다. '도덕적 리더'로 차려입은 양의 탈을 쓴 늑대는 아이를 꾀어내기 전에 가장 저항이 적은 전조들을 살핀다.

{ **소아성애자는 자신의 먹이를 찾기 위해 취약함을 드러내는 비언어적 단서들을 살핀다.** }

우리는 캘리포니아주에서 있었던 마이클 잭슨의 2005년 아동학대 재판에서 착취적 행위에 대해 많은 것을 배웠다. 잭슨이 성추행으로 유죄를 받지는 않았지만, 그 사건은 아동 성범죄의 지침서가 되었다. 증인으로 나선 전문가들로부터 우리는 소아성애자들이 선물이나 호의, 개인적인 소장품들의 과시를 통해 친밀한 관계를 구축한다는 것을 알았다. 동시에 어떻게 착취자들이 아이들을 위한 티 나는 선행으로 부모들을 속이는지도 배웠다.

다시 말해 우리는 어떻게 이 착취자들이 믿을 만한 태도, 확신 있는 표정, 자상한 음성으로 먼저 신뢰를 얻고 그 후엔 얼마나 능숙하게 자신의 흔적을 지우는지 배웠다. 이 장에서는 성적 학대의 비언어적 측면을 탐색해 그 시그널의 모습, 소리, 느낌이 어떤지 알아볼 것이다.

많은 경우 성범죄자의 행동은 연애 중인 커플의 행동과 비슷하다. 그러나 보통의 연애와 달리 착취자 버전은 곧바로 비밀과 요구가 많아지고 강압적이고 추악하게 변질된다. 우리는 착취자의 이기적인 거미줄에 걸린 어린 희생자들에게 우울증과 불안, 두려움의 눈에 띄는 신호를 보게 될 것이다.

선제적 접촉

구애하는 보통의 성인들처럼 아동 성범죄자도 예측 가능한 일련의 과정을 거친다. 콜로라도주 트라우마 치료센터의 심리학자 리 베이커는 성범죄자의 학대 행위가 진행되는 과정을 (1)탐지, (2)접근, (3)복종, (4)길들이기, (5)학대의 다섯 단계로 정리했다. 무엇을 찾아야 할지 알게 되면 각각의 단계별 경고 신호를 보는 데 도움이 될 것이다.

탐지 단계에서는 성착취자가 새로운 먹이를 탐색한다. 그는 아이들을 책임지는 사람처럼 체험 활동이나 노는 시간에 누가 더 대담하고 누가 더 고분고분 순종적인지를 파악하기 위해 그들의 행동을 지켜본다. 그는 삐죽대기, 칭얼대기, 소심하게 어깨 으쓱이기, 시선 내리깔기 같은 비언어적 신호에서 순종적임을 감지할 수 있다. 순종적인 아이는 자신감 있는 아이보다 '부모 같은' 지시를 듣고 착취자의 말을 따를 확률이 높다.

이 단계에서 가장 명확한 경고 신호는 '선제적 신체 접촉'이다. 사업적으로 '선제적'이란 재산에 대한 사전청구를 진행하는 것을 말한다. 소아성애에서 선제적 접촉은 아이에게 비언어적인 사전청구를 하는 것이다. 성범죄자는 공격을 시작하기 전에 신체적 반응을 시험하기 위해 탐색하는 손을 뻗친다. 우리 모두 애정을 표현하기 위해 어린아이들을 만지기도 하지만 성범죄자의 손길은 다정하지도 순수하지도 않다. 오히려 아이의 반응을 시험하기 위해 친밀한 애정으로 가장한다. 소아성애자에게 만지기는 그저 시험일 뿐이다.

이웃집 바비큐 파티에서 손님들이 모두 보고 있는데 성범죄자는 아이의 손길에 대한 수용성을 감지하기 위해 손가락을 더듬이처럼 사용하기도 한다. 민감한 손가락 끝을 당신 아들이나 딸의 목 뒤에 고정하고 성범죄자는 상황을 살핀다. 어깨가 올라갔다고 느껴지면, 그는 이런 무의식적인 어깨 으쓱을 수용 가능한 신호로 받아들일 것이다.

찰스 다윈의 1872년 고전 《인간과 동물의 감정표현》 이후로 어깨 으쓱하기는 체념과 자신 없음의 공통적 동작으로 인식되었다. 당신 아이가 순종하는 잠깐의 어깨 으쓱임을 보이는 순간 성범죄자는 자신의 선제적 손길이 받아들여졌다고 생각한다.

당신 아이가 목에 힘이 들어가고 어깨를 똑바로 펴고 몸을 틀면 소아성애자는 파티에서 목표물을 바꿔 더 수용적인 아이를 찾을 것이다. 어떤 남자가 뭔가를 살피듯이 2~3초 이상 당신의 아이를 선제적으로 만지는 걸 보게 되면 당신은 그를 의심해야 한

다. 사소한 행동으로 보이는 것이 중요한 단서일 수 있다. 당신은
성적 학대의 경로로 이어지는 일련의 과정에서 첫 번째 폭로 신호
를 목격한 것일 수도 있다.

상체 '조준'

리 베이커의 두 번째 단계인 '접근'에서는 성착취자가 자신의
잠재적인 먹잇감과 친해지기 위해 물리적으로 가까이 접근한다.
그는 아이의 가정생활을 묻는다. 그는 아이가 부모, 형제, 친구
들, 그리고 일상에서 어떻게 느끼는지 판단하기 위해 얼굴 찡그
리기, 올라간 눈썹, 삐죽이는 입술 등의 미세한 표정 단서를 찾는
다. 슬픔, 질투, 고민 그리고 특히 부모 문제는 모두 이용할 만하
다. 빈틈이 느껴지면 성범죄자는 감정적인 대체물로 거기에 자리
를 잡는다.

이 단계에서 내가 관찰한 경고 신호의 하나는 아주 효과적인
상체 지향 또는 '조준'이다. 자세를 보면 남자는 자신의 얼굴과 어
깨를 아이의 얼굴과 어깨와 나란히 하고 높이를 맞춘다. 성범죄
자는 아이의 관심을 집중시켜 장악하기 위해 몸을 가까이 기울
여 아이의 시선이 자신에게 고정되게 한다. 헤드라이트 불빛에 얼
어붙은 사슴처럼 희생자는 눈앞에 나타난 성인의 물리적 실재에
순간적으로 멍해진다.

그는 성인의 더 큰 체격, 더 낮은 목소리, 더 당당한 얼굴 그리

고 더 뛰어난 소통 능력으로 자연스럽게 아이들보다 우위에 선다. 취약하고 천진한 아이의 눈에 어른들은 믿을 수 있고 말을 따라야 하고 부모같이 보인다. 어떤 남자가 자신의 몸을 한 아이에게 '조준'하고 고정시키면 그를 의심하라. 많은 아이들이 근처에 있는데 왜 그는 한 명에게만 향하는가? 가까이서 보면 그의 행동은 너무 친밀하고 너무 배타적이고 과하게 열정적이다.

부모도 아니면서 아이와 딱 붙어 움직이지 않는 성범죄자는 밖에서 보면 부모처럼 보인다. 그는 진짜 부모를 대신하기 위해 끼어들었다. 다른 어른의 적절한 동작, 친숙한 얼굴 특징, 비슷한 음성으로 아이의 부모에 대한 감정이 무의식적으로 방향을 바꿔 전환될 수 있다.

심리학적으로 '전이'로 알려진 현상으로 아이들은 아주 민감하게 반응한다. 거의 모든 어른은 양육하는 아버지, 어머니 또는 조부모와 닮은 비언어적 신호를 발산한다. 성착취자들은 당신 아이와 신뢰를 쌓기 위해 전이에 의존할 것이다. 따라서 유사 부모 시그널을 보게 되면 조심하라.

복종과 길들이기 신호

2단계에서 성공하면 3단계인 복종으로 이어진다. 이제 성착취자는 지배력을 행사하기 위해 더 뚜렷하게 강압적 분위기로 몰아간다. 몸을 더 가까이 붙이고 아이의 눈을 응시하며 최면처럼 아이에게 자신의 존재를 주입한다. 그때까지 친근하고 상냥했던 목소리 어조가 초조하고, 끈덕지고, 날카롭게 변한다. 지배력이 시험된다.

성착취자가 자신의 희생양에게 푹 빠져 점점 더 많은 시간을 들이는 이 단계에서 관찰력 있는 부모라면 위험 신호를 느끼게 될 것이다. 다시 말해 범죄자의 관심이 자연스럽다고 보기엔 너무 강렬하고 너무 가까워 보인다. 성범죄자가 다른 모든 것을 제쳐두고 희생자와 '특별한 관계'를 쌓으면서 위험도는 급격히 상승한다. 아이의 개인적 공간에 반복해서 침입하는 것이 보이면 부모가 나서야 한다. 당신이 부모라면 지금 행동해야 한다. 개입해서 통제하라.

소년이나 소녀가 거미줄에 걸리면 성착취자는 4단계 길들이기로 수위를 더 높여갈 것이다. 베이커에 의하면 그때가 마지막 단계인 학대를 위해 비싼 선물을 하고 특혜를 주는 길들이기 단계다. 성착취자는 애정 어린 만지기에 대한 신체적 경계와 반응을 시험하기 시작한다. 은밀하게 일어나기 때문에 당신이 이런 친밀한 행동을 볼 수는 없을 것이다. 그리고 성범죄자는 당신이 알지 못하게 아이들에게 비밀을 맹세시킬 것이다.

성인과 특별한 비밀을 공유하는 것으로 아이는 심리적으로 성착취자와 더 단단히 결속된다. 비밀 공유로 아이는 자신에게 닥칠 성적 학대를 털어놓는 데 더 주저하게 된다. 당신의 아들이나 딸이 성적 학대를 위한 길들이기 대상이 아닌가 의심된다면 아이가 만나는 사람에 대해 물어보라. 그 사람이 당신의 아이와 키스하거나 간지럽히거나 레슬링을 한 적이 있는가? 대답이 '예'라면 아이에게는 침착하되 그 사람과 대면하라. 아이를 만지는 것은 금기이며 이제부터 둘이 따로 시간을 보내는 것은 절대 허용하지 않겠다고 분명한 어조로 그에게 통보하라.

‹ 간지럼 추행 ›

어떤 남자가 당신의 아이를 간지럽혔다는 걸 알게 되면 아주 걱정해야 한다. 《러브 시그널》에서 나는 간지럼이 구애의 네 번째 단계, 또는 접촉 단계에서 일반적인 행동이라고 썼다.[55] 장난스러운 신호인 간지럼은 흔히 아이들끼리, 부모와 아이 사이에, 연애 중인 성인 커플에게서 볼 수 있다. 위험할 것도 없고, '심하지 않은' 간지럼은 구애에서 촉각 소통의 이상적인 형태가 되기도 한다.

다른 사람의 찌르는 손가락에 의해 갈비뼈나 허리의 피부가 움푹 들어갈 정도의 심한 '간지럼gargalesis'은 보통 웃는 반응이 일어난다. 또 목이나 겨드랑이, 복부 옆구리를 간지럽히는 것은 성적으로 해석의 여지가 있는 피부 부위를 자극하는 것이기에 성감을 불러일으킬 수 있다.

간지럼의 추행적인 면을 살펴보기 위해 전 가톨릭 신부 패트릭 G. 오도널을 생각해보자. 2004년 7월 7일과 8월 30일 워싱턴주 시애틀 법정 증언에서 오도널은 보이스카우트 여행, 교회, 워싱턴과 아이다호의 다른 장소에서 소년들을 성추행한 사실을 인정했다.

성인이 된 고소인들의 진술서에서 그들이 10대 때 오도널에게 당한 추행은 마사지, 레슬링 장난, 또는 간지럼으로 시작되었다. 전 신부는 자신의 증언에서 스포캔에서 있었던 그런 간지럼 장난을 "우리는 바지 속까지 손을 집어넣어 성기 또는 거의 성기에까지 닿았다"고 묘사했다.[56] 순수한 간지럼이 그저 순수할 수도 있다. 하지만 아동 성범죄자에게 간지럼은 분명한 위험 신호이다.

성적 학대 신호

마지막 단계인 학대에서 성착취자는 자신의 희생자를 물리적으로 공격한다. 자신의 저서 《성착취자로부터 당신의 아이들을 지키는 법》에서 베이커는 미스터 밥과 그가 순식간에 접근해서 복종시키고 길들였던 다섯 살 젠슨 사례를 인용한다. 쌀쌀했던 어느 봄날 밥은 자신의 차에 앉아서 모든 부모에게 악몽인 짓을 했다. 그는 따뜻해지게 젠슨에게 가까이 오라고 했다. 어린 소년을 자신의 무릎에 앉히고 그는 부적절하게 계속 젠슨을 만졌다. 밥은 젠슨에게 자신이 친아버지는 아니지만 이것이 '정상적인' 성교육 방법이라고 말했다. 성추행 후 밥은 비밀을 지키라고 약속시켰고, 그렇지 않으면 부모가 자신을 다시는 보지 못하게 하고 젠슨은 양부모한테 보낼 거라고 했다.[57]

성착취자의 공포 전략이 먹혔다. 그는 3개월간 젠슨을 지속적으로 추행했다. 그동안 아이의 어머니는 학대의 비언어적 신호를 눈치채기 시작했다. 매달리고 굶주린 듯 행동하고 방에 틀어박혀 있거나 자다가 또는 학교에서 오줌을 싸고 엄지손가락을 빨았다. 엄마가 누가 너를 만졌냐고 물었지만 아이는 대답할 수 없었다. 엄마는 젠슨을 정말 사랑하고 절대 어디도 보내지 않는다고 안심시킨 후에야 아이는 사실을 말했다.

마침내 범죄 신호를 눈치채고 정확히 해석해 아들을 끔찍한 시련에서 벗어나게 한 것은 아이 엄마의 덕이다. 하지만 학대에 이르는 다섯 단계 과정에서 더 빨리 눈치챘더라면 젠슨과 그의 가족은 엄청난 감정적 고통을 피할 수 있었을 것이다.

성적 학대에 선행하는 행동 신호들을 인식할 수 있다면 성착취자에게서 당신의 아이를 지키는 데 도움이 될 수 있다. 아이 봐주기, 스포츠 행사 참여, 쇼핑몰 투어 등으로 당신의 아이와 따로 시간을 보내려고 속이는 어른을 의심해야 한다. 젠슨은 부모와 떨어진 여행 중에 자동차라는 밥의 개인적인 공간에서 추행을 당했다. 성범죄자와 직접 대면할 때 비언어적 속임수를 예상하라. 다시 반복하자면 성범죄자의 신체언어는 교활하고 자신의 비언어적 반응을 통제할 수 있다.

심리학자 애나 솔터는 "거짓말하면서 똑바로 시선을 맞추지 못하는 성범죄자를 나는 본 적이 없다"라고 한다. 수십 명의 아이를 강간한 남자가 그녀에게 이렇게 털어놓았다. "자신이 거짓말을 하고 있다는 걸 알면서도 누군가를 믿게 만들 때 내가 쓰는 방법은 상대방에게 시선을 두면서도 빤히 쳐다보지 않는 것이다. 빤히 쳐다보는 것은 사람을 불편하게 해서 그들을 외면하게 만들곤 한다. 대신 '이 순진무구한 얼굴을 봐. 내가 정말 그런 짓을 할 거라고 생각해?' 하는 태도로 그들을 본다."[58]

아동 성학대를 막는 가장 좋은 방법은 시작되기 전에 개입하는 것이다. 성착취자의 접근, 복종과 길들이기 단계의 비언어적 신호들에 주의하라. 가능하다면 복종시키고 길들이고 마침내 학대에 이르기 전 접근 단계에서 그를 막아라.

아이들에게 둘러싸여 소수에게 특별한 호의를 베푸는 남자는 진짜 의심하라. 2004년 스포캔의 성십자가 루터교회에서 특별한 호의를 베풀어 성범죄자로 의심받는 사람이 있었다. 한 어머니는 10대 딸의 담당 목사가 "청년회 여성들에게만 관심이 있다"는 것을 알아차리고 걱정이 되었다.[59] 그녀는 교회 관리자들에게 알렸고, 그들은 이 서른한 살의 남자에게 심리상담을 명했다. 그 직전에 그가 엄마 몰래 인터넷으로 연락해 그녀의 10대 딸에게 가족의 웹캠으로 몸을 노출하도록 유혹했다고 한다.

수사 후에 경찰은 미성년자에 대한 1급 성추행, 성착취와 부도덕한 목적을 위한 미성년자와의 대화 등의 혐의로 제임스 리터 목사를 체포했다. 그가 소녀들에게 특별한 호의를 베푸는 걸 엄마가 알아채지 못했더라면 그의 착취는 계속되었을 것이다. 비교적 사소한 행동 같은 편애가 뚜렷한 단서로 판명되었다.

사례 연구: 두 신부의 이야기

아동 성범죄자의 압도적 다수는 남자다. 보통 가톨릭 성직자는 정말 신뢰할 만한 사람으로 여겨진다. 하지만 미국 내 성직자에 대한 수천 건의 성범죄 소송은 그렇지 않다는 걸 보여준다. 성직자들은 자신의 희생자들을 유혹하기 위해 대체 어떤 신호들을 보내는가? 이에 답하기 위해 두 명의 성직자가 자신의 먹이를 낚을 때 어떤 시각적, 촉각적, 청각적 심지어 화학적 신호를 보내는지 살펴보자.

신부의 사례 I

성착취자로 판명된 워싱턴주의 전 가톨릭 신부인 패트릭 G. 오도널은 촉각과 시각 신호를 이용했다. 그는 마사지를 하고, 레슬링을 하고, 간지럽히면서 희생자들을 만졌다. 오도널은 시각적으로 다른 일반 성범죄자들과 같은 전략을 이용했다. 즉 미끼로 자신의 몸을 노출했다. 부모들이 오도널이 노출증 환자였다는 걸 알았다면 감시 없이 아이들을 그와 여행하게 두지 않았을 것이다.

노출증은 자신의 벗은 몸, 특히 성기를 다른 사람에게 보여주려는 심리적 욕구이다. 2005년 10월 '섹스 원함'을 앞뒤로 적은 대형 종이상자 앞에서 벗고 돌아다니다 외설죄로 기소된 서른두 살의 스포캔 남성처럼 노골적이기도 하다. 아니면 오도널 신부처럼 교묘할 수도 있다.

1976년부터 1978년까지 오도널은 시애틀대학에서 어린 소년들과 라켓볼을 했고 끝난 후 같이 샤워하곤 했다. 당시 8학년이었고, 지금은 중년이 된 짐 바이트먼은 "그것도 우리 거래의 일부였다"라고 기억한다.[60] 바이트먼은 어떻게 오도널이 자신의 요트 객실에서 알몸으로 돌아다니다 소년들이 갑판에서 지켜보는 가운데 보란 듯이 호수로 뛰어들었는지를 얘기했다.

오도널은 일종의 노출증 환자였지만 관음증 환자이기도 했다. 관음증 환자란 다른 사람의 벗은 몸을 보며 성적 만족을 얻는 사람이다. 교회 사람들에 의하면 오도널은 자신의 스포캔 교구에 인접한 중학교의 학생들과 수상한 스펀지 목욕을 하기도 했

다. 또 바이트먼에 의하면 시애틀의 워싱턴호에서 소년들에게 알
몸 수영을 부추겼다고 한다. "그는 보트 뒤쪽에 앉아서 우리가 호
수에 뛰어들었다가 나오고, 뛰어들었다가 나오도록 부추겼다."

　성직자의 알몸을 보이는 것과 소년들의 알몸을 보면서 즐거워
하는 것은 분명 성적 학대에 대한 경고 신호였다. 성착취자의 신
체언어는 그가 무엇을 하려 했고, 할 수 있었고, 결국 무엇을 했는
지에 대해 의심의 여지가 없다. 게다가 오도널의 근접 행동에는
불길한 징조들이 뚜렷했다. 인류학자 에드워드 홀은 "친밀한" 구
역을 연인과 가족들이 신체적으로 가깝게 상호작용하는 0에서
45센티미터 이내의 거리라고 정의했다. 오도널은 자신의 희생자
들과 친밀한 육체 접촉이라는 단 하나의 목적을 위해 보트 타기,
캠핑, 보이스카우트, 교회 청년부 활동 등의 이벤트를 계획했다.
부모들은 어린 소년들에게 둘러싸인 그의 행동 방식을 명백한 위
험 신호로 받아들였어야 했다.

신부의 사례 Ⅱ

　로스앤젤레스 로마 가톨릭 대교구의 은퇴 신부였던 성착취자
마이클 에드윈 벰페는 1970~80년대 13명의 소년들을 유혹해 성
추행했다. 그는 아이들에게 촉각, 청각, 화학적 신호를 보냈다.

　화려한 긴 머리와 오토바이, 힙스터 스타일로 유명한 벰페는
선물을 하고 값비싼 저녁 식사에 초대하는 식으로 가난한 집의
아이들을 노렸다. 그들을 사냥, 캠핑, 수상스키와 심해 낚시 같은
모험에 초대하고 함께 오토바이를 탔다. 항상 오토바이가 있었다.

스피드, 가속과 엔진 굉음은 어린 탑승자들의 감각을 깨우고 흥분시켰다.

전략적으로 부모 같은 신뢰를 얻은 마이클 신부는 피해자들과의 오토바이 주행 후에 대담하게 그들의 바지 안에 손을 넣곤 했다. 그는 그중 한 명에게 "손이 차가워서"라고 말했다.[61] 그 후에 목사관에 있는 자신의 침대나 캠프, 누울 수 있는 아무 곳에서나 피해자들을 성폭행했다.

당시 교회 복사로 신부의 성적 학대를 5년이나 당했던 마흔 살의 피해자 남성은 마이클 신부가 자신을 스키와 골프에 데려갔고, 샌시메온 허스트성까지 오토바이를 태워줬다고 말했다.

마이클 신부는 각각의 희생자들에게 비슷한 방식의 선물 주기, 친구 되기, 관심 보이기, 특별대우를 이용했다. 신부의 유혹에서 핵심 성분은 아드레날린이었다. 그는 소년들을 오토바이에 태워 고속도로를 질주하는 짜릿하고 아드레날린 가득한 여행에 데려갔다. 로스앤젤레스 카운티 지방검사 토드 힉스에 따르면 "그는 아주 노련했다. 또 경건하게 이 의식을 따랐다."

화학적 아드레날린은 성적 매력을 높인다. 감정적으로 흥분되는 순간을 공유할 때 성직자와 소년들이 서로 엮일 가능성도 커진다.

아이들은 고속도로에서의 흥분을 성적 매력에 의한 자극으로 오해할 수 있다. 화학적으로 유발된 자극과 흥분은 '특정되지 않아' 쉽게 혼동된다. 함께 오토바이를 타며 느끼는 흥분은 혈류에 아드레날린을 방출하기 때문에 매혹에서 오는 흥분처럼 느끼진다. 두 가지 모두 아드레날린 호르몬이 심장박동수, 혈압, 혈당과 신진대사를 촉진시켜 짜릿함을 부채질한다.

마이클 벰페는 아드레날린으로 시작해서 만지기로 넘어갔다. 만지기는 길에서 시작해 여행 후에도 지속되었다. 스물여섯인 남자는 소년 시절에 "신부가 내 성기를 만지는 게 자연스러운 일이라고 생각했다"고 울면서 털어놓았다. "그는 마이클 신부였다. 그가 하는 일이 잘못됐다고 감히 생각하기도 힘들었다."[62] 물론 그것은 잘못이었다. 2006년 2월 22일 예순두 살의 마이클 에드윈 벰페는 로스앤젤레스 카운티 고등법원에서 아동 성추행으로 유죄 판결을 받았다.

모든 성착취자들처럼 성직자도 자신의 먹이를 유혹하기 위해 시각, 촉각, 청각과 흥분성 자극 같은 다양한 신호들을 사용한다. 무엇이 신호이고 신호가 무엇을 말하는지 알아야 한다. 당신의 아이를 보호하기 위해 권위적인 위치에 있는 이들의 말과 다른 행동을 파악하라. 항상 그렇듯이 행동은 말보다 많은 것을 말한다. 당신 아이에게 보이는 범죄 신호가 당신에게는 드러나지 않기 때문에 "새로 온 친구가 너를 만진 적 있어?"라고 묻는 걸 두려워 마라. 아이의 말을 들으며 아이의 손과 어깨, 입술, 눈을 살펴 2장에서 다룬 거짓의 단서들이 있는지 보라. 추행에 대한 탐문 맥락에서 보면 이 단서들은 지금 문제가 있다는 걸 보여준다.

착취적 로맨스

'부모'인 척하는 이들, 타락한 성직자들과 함께 남자친구들도 위험한 성착취자가 될 수 있다. 미국에서 열 살에서 열여덟 살 사이 소녀들의 3분의 1이 자신의 남자친구에게 폭행을 당한 적이 있다고 보고되었다. 그리고 이 범죄 세계의 바닥에 있는 다른 범법자들처럼 남자친구들도 범죄 전후에 읽을 수 있는 위험 신호를 발산한다. 10대 소녀의 부모들은 이를 파악하고 주의해야 한다.

로맨틱한 과장된 동작, 즉 실체 없는 과도한 애정 표현에 주의하라. 연인 희망자는 개인적으로 얼굴을 마주하고 표현하기보다 멀리서 부적절하고 거창한 메시지를 띄운다. 거창한 표현은 창의적이지만 거의 실현 가능성이 없는 것들이다. 2006년 1월 4일 스포캔 주민 테라 플로리언은 마흔두 살의 토머스 크룩이 리무진으로 꽃다발과 피자를 자신의 직장에 보냈다고 증언했다.[63] 태워다 주겠다는 남자의 호의를 거절한 후 플로리언은 전화 스토킹, 살해 위협, 부르지 않은 피자 배달원, 택시 기사와 배관공의 방문을 받기 시작했다. 2006년 1월 9일 크룩은 스토킹과 괴롭힘 혐의로 상급법원에서 유죄를 선고받았다.[64]

신체언어적으로 '이전' 신호는 (처음에는) 지나치게 매력적이고, 지나치게 남자답고, 여자친구의 부모에게 지나치게 공손한 남자친구에게 보인다. 범죄적인 남자친구는 너무 많은 선물을 하고, 강한 소유욕을 보이고, 격렬한 질투심 폭발을 과시한다. 그들은 자신의 여자친구를 하찮게 대하고 교묘히 조종하며 노골적으로 지배한다. 착취적 남자친구는 여자친구에게 옷과 머리 모양, 화장을 지시하며 자신의 외관에 대한 고정관념을 주입하려 애쓰고, 그녀를 친구와 가족으로부터 떨어뜨리기 위해 노력할 것이다. 언어적으로 모욕하거나 물리적으로 공격한 후에 "사랑해"라고 말할 것이다.

착취적인 남자친구는 허락도 없이 집에 찾아오거나 자주 전화를 해서 소리치거나 울거나 협박한다. 실제 폭행은 그 후에 온다. 그는 여자친구의 팔을 비틀거나 머리카락을 잡아당기거나 바닥에 밀치거나 벽에 던지거나 차 밖으로 떠밀거나 따귀를 때리거나 주먹질하거나 물거나 차거나 목을 조를 수도 있다. 그는 강제로 침입하고 훔치고 욕하고 물건을 부수고 벽과 문을 치고 노려보고 돈을 집어가고 물건을 갈취하고 그녀가 떠나면 자살하겠다고 협박한다.

그는 이런 행동이 다가 아니라는 듯 무기를 들어 보이고 여자친구의 면전에서 다른 소녀들에게 저돌적으로 추파를 던지고 자

〈 장미꽃 사과 〉

"그리고 당연히 장미꽃이 있다. 수많은 소녀들의 이야기에 장미꽃은 나오고 또 나온다. 장미꽃은 학대에 대한 사과의 유력한 상징이 되었다." 비키 크럼프턴은 자신의 저서 《야수에게 미녀 구하기》에 그렇게 썼다. 1986년 9월 26일 비키 크럼프턴의 10대 딸 제니는 집에서 남자친구 마크 스미스의 칼에 찔려 사망했다. 딸이 죽기 전 마크는 자신의 폭력적 행동을 사과하면서 종종 제니에게 장미를 주었다.

주 헤어졌다가 선물을(보통은 꽃이다) 들고 후회하며 돌아온다.

신체언어의 '이전' 신호가 나쁘면 '이후' 신호는 더 나쁘다. 여자친구 피부에 붉은 자국, 목 졸린 흔적, 부은 얼굴, 푸른 멍, 검은 눈, 부러진 코, 부러진 뼈, 깨진 이빨, 담배 자국이 모두 비언어적 신호이다. 학대자와 학대받는 아이의 관계처럼 폭력 행위에 대한 비밀을 공유하는 것은 배타적인 한 쌍으로 이들을 심리적으로 결속시키곤 한다. 그 젊은 여성의 행동과 태도에 의미심장한 변화가 보일 것이다. 일상적으로 울고 바깥 활동이 줄고 친구들과 멀어질 것이다.

성적으로는 반복되는 강압, 공격, 노예 상태와 강간이 있을 수 있다. 외상 후 스트레스 장애PTSD 징후가 나타날 수도 있다. PTSD는 위험한 전투를 경험한 전쟁 용사들에게서 처음 발견되었다. 최근 미국 정신의학협회는 보통 3개월 이내에 남자친구로부터 외상을 입은 일반 여성들에게 PTSD가 나타난다고 보고했다. 정서적인 무심함, 우울증. 약물 남용과 가족, 친구 및 학대 장소에 대한 회피와 함께 불면증, 특이한 위험 행동, 잦은 악몽과 시각적 재현 현상이 나타난다. 신체언어에서 주의해야 할 가장 뚜렷한 신호는 과하게 놀라는 반응이다.

과한 놀람 단서

깜짝 놀라는 반응은 접촉이나 예상치 못한 행동, 큰 소리에 반응하는 갑작스럽고 무의식적 움직임이다. 몸이나 신체 일부가 감지된 위험을 피하도록 설계된 반사적이고 보호적인 일련의 동작들을 포함한다. 과한 놀람 단서는 불안하거나 피로할 때 잦고 성적 학대를 당한 젊은 사람들에게 자주 보인다.

과하게 놀라는 아이들은 이상하게 몸을 뒤틀거나 고꾸라지거나 눈을 깜빡이고 몸이 꺾이는 경련 증상을 보인다. 아이들이 신체적, 정서적 또는 사회적으로 위협을 느끼면 목과 팔꿈치, 몸통, 무릎을 구부리는 동작과 함께 방어적인 어깨 으쓱하기, 눈 깜빡이기, 얼굴 찌푸리기가 나타난다. 새 남자친구가 생긴 딸에게 갑자기 놀람 행동이 시작되는 것은 경고 신호이자 도움을 바라는 비언어적인 외침일 수 있다.

1994년 11월 10일 비키 크럼프턴은 10대 딸의 남자친구이자 살인자인 마크 스미스를 면회했다. 그는 애니모사의 아이오와 주립소년원에서 가석방 없는 종신형으로 복역 중이었다. 그녀는《야수에게 미녀 구하기》에 이렇게 기록했다. "그가 간절히 이해를 바라는 것처럼 내게 손을 내민다. 그리고 말한다. '저는 정신이 나간 것처럼 걷잡을 수 없이 화가 치밀어 올랐어요. 완전히 돌아버렸어요.' 마약이 아니라 그저 아드레날린, 살인이 주는 스릴, '나는 너를 죽일 힘이 있다'는 황홀함이었다."[65]

비키 크럼프턴은 마크 스미스의 수많은 범죄 시그널을 보았고, 읽었고, 해석했지만 결국 딸의 죽음을 막을 수 없었다. 비키가 본 신호들은 명확히 현실적 위험을 알리고 있었지만 학대받는 많은 딸들처럼 제니는 어머니와 모든 것을 공유하지 않았다.

성관계를 했다고 솔직히 털어놓았지만 "마크의 폭력에 대해서는 비밀로 했다."

마크는 비밀이 공유되는 커튼 뒤에서 제니를 죽였다. 학대로 의심되는 신호를 보게 되면 부모는 딸들에게 그들의 남자친구에 대해 꼬치꼬치 물어야 한다. 남자친구가 화가 나면 폭력적이 되니? 그가 뺨을 때리거나, 주먹질하거나, 발로 차니? 대답이 '예'라면 그녀의 편에 서서 개입하라.

가족 내 성학대 신호

비밀 유지, 고립과 지배는 모든 성착취자들의 행동에서 중요한 근간이다. 아동 성학대는 모두 끔찍하지만 근친상간인 경우 더 끔찍하다. 근친상간은 가까운 친족과의 성관계로 인한 법정 범죄다. 가장 많이 보고된 근친상간 사례는 딸을 학대하는 아버지의 경우이다. 딸에 대한 성적 학대는 신뢰를 무너뜨리기 때문에 피해자의 자살로 끝나기도 한다.

아버지의 성적 학대에서 가장 두드러진 비언어적 단서는 역설적이게도 비밀 유지이다. 비밀은 어떤 것을 보이지 않게 숨기거나, 격리하거나, 위장하는 것이다. 모든 성착취자가 비밀스럽지만 그중 가족 성착취자들이 가장 비밀스럽다. 그들은 가족 전체를 고립시켜 자신의 악행을 감춘다. 문은 잠겨 있고 커튼은 닫혀 있고 아이들은 안에 있다.

시애틀의 사회복지사인 내 아내 도린은 도시 전역에 걸쳐 아이들의 가정방문을 진행했다. 어둡게 커튼이 쳐진 비밀스러운 집에 들어갔을 때 그 가족이 뭔가 숨기고 있다는 걸 알았다. 가끔은 그 뭔가가 근친상간이나 가족 내 강간이었다. 서른다섯의 스퀴기란 아버지와 그의 가족을 방문했을 때 "왠지 소름 끼쳤어"라고 도린은 표현했다. 그는 도린에게 웃으며 치근댔지만 자신의 아내는 "벽지처럼" 무관심하게 대했다. 두껍고 어두운 커튼이 쳐진 현관 창은 축축하고 짙은 시애틀 이끼로 온통 뒤덮여 있었다.

그의 어린 딸들을 살펴보기 위해 도린이 집 안으로 들어오면 스퀴기는 현관문을 잠갔다. 그 집은 전화나 TV도 없이 어둡고 습하고 추웠다. 스퀴기는 도린의 스냅사진을 찍고 음성을 녹음했다. 이상하게도 그는 딸들이 먹기 전후와 기저귀를 갈고 난 후에 아이들의 몸무게를 쟀다. 도린은 일상생활의 가장 작은 부분까지 자신의 가족을 통제하는 강압적인 아버지를 지켜보았다. 그녀는 그 가정이 안전하지 않다는 느낌이라고 보고했고 어린 딸들의 성적 학대를 의심했다. 마지막으로 그 집을 방문해 스퀴기가 더는 거기에 없다는 걸 알았을 때도 놀라지 않았다. 시애틀 남쪽, 외부와 고립된 집에서 가족과 함께 살고 있던 장모를 강간해 감옥에 있었다. 스퀴기의 투옥으로 가족의 비밀스러운 생활이 막을 내렸다.

비밀 유지는 특유의 물리적 신호를 보인다. 창문 위에 고정된 두꺼운 담요, 늘 꺼져 있는 현관 등, 절대 마주치지 않고 밖으로 나오지 않는 아이들이 있는 이웃 같은 단서는 분명 관심을 요한다. 비밀스러운 시그널에는 세심한 주의가 필요하다. 고립된 그 가족에게 무슨 일이 일어나고 있을까? 밖으로 드러나지 못하는 저주받을 일들이 안에서 벌어지고 있다. 아이에 대한 근친상간이 집 안에 몇 년이나 숨겨져 있을 수 있다. 가족의 비밀 신호를 보게 되면 정기적으로 순찰하듯이 그 이웃집을 감시하라. 이상한 고함, 울음이나 비명이 들리면 아이들 대신 경찰에 신고하라.

근친상간의 비언어적 신호를 탐구하기 위해 6년 만인 2001년에 끝난 충격적인 매사추세츠주 솔즈베리 사건을 살펴보자. 매일 세 딸을 때리고 강간하고, 때로는 다른 가족들이 모두 보는 데서도 그랬다.[66] 아버지의 끔찍한 범죄에 대한 눈에 띄는 시그널은 충분했다. 즉 그 집 안에 충분했다는 말이다. 집 밖에서는 가려져 있었다. 신호들은 두꺼운 창문 커튼 뒤에 숨겨져 있었고 2미터가 넘는 담장이 지키고 있었다. 가정 내 일은 가정 안에 남겨져 있었다.

패트릭 맥멀런은 아내 크리스틴과 6명의 아이를 사실상 죄수처럼 감금했다. 아이들은 거의 집에서 나오지 않았고 앞마당에서 자전거를 탈 수도 없었다. 학교에 가거나 심지어 의사의 진료를 받는 것도 허락되지 않았다. 아이들은 완벽히 격리되어 출생증명서도, 학교성적표도, 의료기록도 없었다. 아버지의 숨겨진 범죄 시그널처럼 가족 자체가 존재하지 않는 것 같았다.

이 밀폐된 비밀스러운 거주지 안에서 맥멀런의 범죄는 은밀히 진행되었다. 그의 큰딸은 1995년부터 2001년까지 6년 동안 아버지가 정기적으로 자신을 강간했다고 증언했다. 어떤 때는 형제자

매 앞에서 그녀를 강간했다. 딸 중 하나에게 근친상간이 언제 시작되었는지 묻자 그녀는 자라면서 항상 있었던 것이라고 했다.

2005년 2월 18일 마흔한 살의 패트릭 맥멀런은 아동 강간죄로 유죄가 인정되어 40년형을 선고받았다. 그날 판결을 받기 위해 법정에 들어선 그는 자신의 가족을 노려보았다. 판결이 내려지는 동안에는 눈에 띄는 반응도, 죄책감을 느끼는 듯한 어떤 신체언어적 신호도 없었다.

카테 투트먼 검사는 맥멀런 사건이 그녀가 담당한 가장 끔찍한 사건이라고 했다. 본질적인 문제는 사람들의 시선에서 가족을 숨겨온 아버지의 기술이었다. 하지만 다행히도 대부분의 성착취자들처럼 그도 내부 균열을 막지 못했고 결국 그 틈새로 범죄 시그널이 새어 나왔다. 알 수 없는 이유로 그는 아내를 모르몬교에 입교시켰다.

남편이 강요한 침묵의 서약을 깨고 크리스틴 맥멀런은 교회 신도들에게 그의 일상적인 폭력과 근친상간을 털어놓았다. 그 후 남편이 집을 비운 어느 날, 그녀는 뉴햄프셔 엑서터에 있는 밀알성도 교구의 신도들에게 전화를 걸었다. 그들은 바로 크리스틴과 그녀의 가족을 구하러 왔다. 아버지의 근친상간 시대가 마침내 끝이 났다.

깊숙이 가려진 맥멀런의 성채는 마치 우주의 블랙홀처럼 어떤 빛도 빠져나오지 못했다. 이웃들은 솔즈베리의 그 작은 구역에 한 가족이 살고 있다는 것도 알지 못했다. 교회는 크리스틴이 남편의 폐쇄된 담장을 결연하게 부순 뒤에야 근친상간을 파악했다. 그녀의 용감한 결단력으로 아무리 블랙홀이라도 감지될 수 있었다. 범죄 시그널이 밖으로 나오지 않았다면 맥멀런의 성채는 살인 현장이 되었을 수도 있다.

성적 살인 신호

이제 더 아래로, 성착취자들의 지하 세계 가장 밑층으로 내려가 보자. 이 최하층 범죄자들의 성적 학대는 희생자를 죽이는 것으로 끝난다. 우리가 지금까지 봐왔던 성범죄자들과 달리 이들은 애정을 찾거나 구애하고 길들이는 데 거의 시간을 쓰지 않는다. 손으로 떠보기나 장난스러운 간지럼, 선물 교환, 허스트성까지의 드라이브는 볼 수 없을 것이다.

성적 연쇄살인범들은 전혀 경고도 없이 전혀 모르는 사람들을 공격한다. 내가 '매복한 살인자들'이라고 부르는 이들이다. 4장에서 우리는 무차별 총격범 찰스 휘트먼이 어떻게 텍사스대학 타워 꼭대기에 매복했다가 14명을 저격했는지 보았다. 총을 쏘기 전 휘트먼이 명확한 범죄 시그널을 발산하는 동안 땅 위에 있던 희생자들이 받은 유일한 신호는 타는 듯한 총알이었다.

찰스 휘트먼처럼 매복한 살인자들은 희생자들이 대응할 기회도 없이 살해한다. 2002년 10월 버지니아주, 메릴랜드주, 워싱턴 D. C의 주유소와 식품점, 주차장에서 남녀 10명이 매복 총격에 무차별적으로 살해당했다. 몇 명은 차에 주유하다가 총을 맞았

다. 10월 14일 마흔일곱의 FBI 정보분석가 린다 프랭클린은 버지
니아주 페어팩스의 홈디포 매장에서 총에 맞아 사망했다. 순환고
속도로 총기 난사의 다른 희생자들처럼 그녀는 자신이 무엇에 맞
았는지도 전혀 알지 못했다.

　범인 존 A. 모하메드와 리 B. 말보는 자신들의 매복 살인에
.223 구경 반자동 소총인 원거리 부시마스터 XM-15를 사용했
다. 그들은 이전에 경찰 차량이었던 남색 1990년식 쉐보레 카프
리스의 닫힌 트렁크 안에서 뚫린 구멍으로 총을 발사했다. 희생
자들은 총알이 살을 관통하는 걸 느낄 때까지 공격을 당하고 있
다는 어떤 단서도 받지 못했다.

　당신이 만나게 될 성적 살인자들 역시 매복 살인자들이다. 그
들도 거의 또는 전혀 아무런 경고도 없이 살인한다. 그러나 멀리
서 무차별적으로 살해했던 휘트먼, 모하메드, 말보와는 달리 성
적 살인자들은 차량이나 기숙사, 침실 안처럼 특정 공간에 구축
된 개인적 장소에서 공격한다. 강력한 파괴력의 소총 대신 손도
끼, 칼, 권총이나 자신의 맨손을 사용한다. 그들의 살인 행위는 에
드워드 홀이 말하는 0에서 45센티미터 안쪽의 '친밀함의 영역'인
근접 거리에서 개인적으로 행해진다.

　성적 살인자들의 착취적 행위를 더 깊이 파악하기 위해 워싱
턴주의 악명 높은 세 명의 살인자 테드 번디, 로버트 예이츠와 게
리 리지웨이(그린리버 킬러)를 살펴보자. 이 연쇄살인범들은 수
십 명의 젊은 여성을 죽음으로 유인하기 위해 어떤 신체언어를 사
용했을까?

각각이 모두 연쇄살인범이지만 누구도 피해자들을 물리적으로 쫓거나 발로 추격하거나 집에 침입하거나 바닥에서 몸싸움을 벌이지 않았다. 그와는 반대로 테드 번디는 두드러지게 유순하게 행동했다. 그는 공손하게 도움을 청했고 목발, 가짜 깁스로 신체적 부상을 가장하거나 절름발이인 척했다. 예이츠와 리지웨이는 현금으로 성매매를 하며 사무적인 태도를 보였다. 번디가 약한 척하는 수법으로 비굴해 보였다면 예이츠와 리지웨이는 '보통 남자'처럼 보였다.

자신의 차 안에 먹잇감들이 완전히 갇혔다고 생각되면 이 세 명의 포식자들은 똑같이 행동했다. 그들은 불쌍한 척, 신사인 척, 보통 남자인 척하는 데서 벗어나 쇠지렛대를 휘두르거나 권총으로 쏘거나 맨손으로 목 졸라 죽였다. 그들 모두 해가 없어 보이는 인물에서 치명적인 매복 살인자로 급작스럽게 전환했다. 앞에서는 상냥해 보였던 태도 뒤에 숨은 공격성을 갑자기 드러냈다.

자신의 먹잇감들을 납치하기 위해 테드 번디는 도움을 청하는 방식으로 낯선 여자들에게 접근하곤 했다. 번디는 잘생겼고 교육 수준이 높고 논리적이었기 때문에 당시 그의 부탁은 예의 바르게 보였을 것이다. 비언어적으로 보면 피해자들이 그를 피하거나 도망치지 않도록 위험해 보이지 않고 수줍고 유순해 보이는 접근법을 사용했다. 동정을 얻기 위해 번디는 장애인이나 부상자의 신체언어를 사용해 다친 척 걸었다. 절뚝이거나 목발, 깁스를 사용했다.

1974년 11월 8일 테드 번디는 유타주의 한 고등학교 강당에서 한 젊은 여성에게 다가가 자동차를 찾는 걸 도와달라고 했다. 그녀는 거절했다. 후에 그녀는 뭔가 이상하고 섬뜩한 남자로 보였다고 말했다.[67] 아마도 그것이 그의 승부욕에 불을 지폈다. 그는 그녀에게 두 번이나 직접 접근했고 세 번째 접근을 노리는 것처럼 강당 뒤쪽에서 계속 서성댔다. 진짜 약한 남자와 달리 포식자는 약해 보이기 위해 순종하는 척한다. 하지만 비언어적 행동에 있어 주요 차이점을 눈여겨보라. 위험하지 않은 것처럼 보였던 포식자는 자신이 목표한 먹잇감을 공격적으로 쫓고 반복적으로 접근하고 그녀 앞에 지속해서 모습을 보인다. 생물학자들은 번디의 집요함을 공격성의 대안적 형태로 볼 것이다. 야생의 왕국에서는 가장 힘이 세거나 강한 동물이 아니라 집요한 동물이 싸움에서 승리하는 경우가 흔하다.

번디가 선호하는 살인 장소는 자신의 폭스바겐 비틀의 좁은 차 안이었다. 눈치채지 못한 여성이 선해 보이는 그의 딱정벌레 차에 발을 들이면 번디는 차를 몰고 가다 쇠지렛대나 손도끼로 머리를 가격하거나 목을 졸라 죽였다. 끔찍한 일은 거기서 끝나지 않았다. 그녀가 죽으면 시체와 섹스하고 머리를 전리품으로 챙기기도 했다. 1974년에서 1978년 사이 미국 전역에서 23명의 젊은 여성들을 살해한 사실을 자백한 마흔둘의 테드 번디는 1989년 1월 24일 플로리다주 전기의자에서 사형당했다.

번디처럼 로버트 예이츠 주니어도 전리품을 챙겼다. 예이츠는 여성 희생자 하나를 스포캔 사우스힐의 아내와 같이 쓰는 자신의 침실 아래 묻었다. 게리 리지웨이 역시 시체들을 전리품으로 챙겼다. 그는 시애틀 그린리버 근처 숲에 시체를 숨기고 정기적으로 차를 몰고 가 시체들을 보며 추억에 잠겼다. 전리품을 챙기려면 미리 개인적인 살인 장소에 희생자를 격리할 필요가 있다. 신체를 격리하면 살인 후에 시체를 개인적인 소유물로 만드는 것이 더 쉽다.

로버트 리 예이츠 주니어의 재판에서 매춘부들은 그가 신사처럼 행동했고 선금을 냈고 콘돔을 사용했으며 그들을 폭행하지 않았다고 증언했다. 하지만 크리스틴 스미스 경우에 그는 공격했다. 그녀는 예이츠의 공격에서 탈출한 유일한 여자였다. 1998년 8월 1일 스미스는 성매매를 하기 위해 예이츠의 검은 포드 밴에 탔다. 구강성교에 40달러로 합의했고 예이츠는 현금으로 지불했다. 스미스는 예이츠가 단지 "일반적인 보통 남자처럼 보였다"라고 배심원들에게 진술했다.

예이츠의 살인 구역, 검은색 포드 밴의 안쪽 밀실에서 크리스틴은 갑자기 뒤통수를 얻어맞아 핑 도는 느낌이었고 시야가 뿌예졌다. 아마도 약물 복용이나 흥분 상태여서 총소리는 듣지 못했겠지만 나중에 그녀의 두개골에서 총알 파편이 나왔다. 스미스는 총격에서 간신히 살아남았다. 총격 후에 예이츠는 가진 돈을 모두 내놓으라고 했고, 뒤이은 혼란한 상황에서 그녀는 가까스로 그의 밴을 탈출했다.

2002년 법정에서 다시 만났을 때 신체언어는 말이 하지 못한 것을 드러냈다. 빌 몰린은 〈스포캔 대변인 리뷰〉에 "목격자 크리스틴 스미스와 눈이 마주쳤지만 예이츠는 의자에 앉아 가끔씩 아래를 내려다볼 뿐 감정 없는 시선을 유지했다"라고 썼다.[68] 그녀는 입술을 모으고 미소로 되받았다. 감정 없는 눈은 증인의 주장에 이의 제기를 할 수 없는 죄인임을 보여주었다. 내려다보는 그의 시선에서 심정적인 체념이 보였다. 반면 크리스틴의 입술을 오므린 미소는 "안됐지만, 내가 이겨"라고 말하는 듯했다.

희생자들을 죽인 후 예이츠는 그중 몇과는 섹스를 했고, 그들을 만났던 인근에 시신들을 버렸다. 예이츠는 결국 15건의 살인을 자백했다. 1996년부터 1998년까지 스포캔에서 12명의 여성 매춘부가 살해됐다. 2002년 9월 19일 워싱턴주 타코마에서 쉰 살의 예이츠는 2명의 젊은 여성 살해에 대해 가중처벌이 가능한 1급 살인 유죄 판결을 받았다. 그리고 2002년 10월 3일 자신의 범죄에 대해 사형선고를 받았다. 선고가 내려질 때 그는 힘없이 고개를 떨궜다.

2003년 11월 5일 쉰넷의 게리 리언 리지웨이는 1982년부터 1998년까지 48명의 여자를 살해했다고 자백했다. 그들 중 대부분은 매춘부였다. 피해자들의 정보를 관계 당국에 제공하는 데 동의한 그는 2003년 12월 18일 가석방 없는 종신형을 선고받았다.

예이츠처럼 리지웨이도 젊은 여성들에게 현금을 주기로 하고 섹스를 제안했다. 매춘부들은 자신의 의지로 그의 트럭에 탔다. 자신의 집이나 시애틀 남쪽 그린리버 근처 나무와 블랙베리가 우거진 숲속에서 섹스하는 중에, 또는 끝나고 리지웨이는 그녀들의 목을 졸랐다. 시체 몇몇은 강에 던졌던 반면 어떤 시체들은 그가 차를 타고 지나며 살인을 추억할 수 있게 숲에 버리곤 했다.

{ **제가 한 것은 목 조르기였어요.**
저는 아주 능숙하죠.
-게리 리지웨이
(그는 목을 조르는 것이 총격보다 더 인간적이고 훌륭하다고 여겼다) }

앞에서는 위장된 상냥한 행동으로 먹잇감 가까이에 매복하고 있다가 개인적으로 정해진 살인 구역 안에 들어오면 치명적인 위해를 가한다. 비언어적으로 볼 때 당신이 좁고 은밀히고 폐쇄된 공간에 물리적으로 혼자 남겨질 때까지 그들은 평범한 사람으로 보인다. 그 안으로 들어가면 살인이 시작된다. 밴, 부엌, 기숙사 방 등 거의 모든 공간 안이 살인자가 자신의 살인 구역을 설정하는 데 필요한 심리적인 감금 상태를 구축한다. 그 안에 당신 혼자 있는 것은 그가 당신의 목숨을 빼앗을 권한을 주는 것이다.

이런 종류의 포식자는 자기 구역 안에서 육체적으로 강해졌다고 느끼고, 경계를 벗어나면 약해졌다고 느낀다. 그는 당신을 잡기 위해 문을 부수거나 창문을 깰 정도로 공격적이지 않다. 부수고 침입하는 것은 그의 스타일이 아니다. 그는 주위 환경이 적당하다고 여겨질 때까지 공격성을 드러내지 않는다. 육체적으로 당신을 쫓지는 않지만, 그는 거미처럼 거미줄을 쳐놓고 당신이 꼼짝 못하는 파리가 될 때까지 기다린다. 안에 당신과 단둘이 있는 것은 그에게 통제권을 주는 것이다.

성범죄 시그널

　　성착취자들로부터 당신과 가족을 보호하기 위해서는 그들의 범죄 시그널에 경계심을 갖고 그들의 착취적인 경로에서 멀리 벗어나라. 여기 특별히 주의해야 할 몇 가지 신호가 있다.

- 맞지 않는 선물과 호의 그리고 개인적 매력 과시
- 주제넘고 달갑지 않고 원치 않는 신체적 접근
- 선제적으로 손으로 만지는 것
- 아이를 만지거나 함께 레슬링하거나 간지럽히는 어른
- 수상쩍은 멍, 깨진 이, 담배 자국
- 과도하게 놀라는 반사 반응

　　성착취자들만큼 끔찍하고 맹목적이며, 파괴적 행동 특성으로 볼 때 훨씬 더 심각한 범죄자들이 있다. 다음 장에서는 종교적이고 광적인 테러리스트의 신체언어를 탐구한다.

7장

무산된
테러

그녀는 레삼이 이상하게 행동한다는 것을
알아차리고 자신의 직감을 따랐다.

워싱턴주 세관원에 관한 한 미국 테러 수사관의 보고

"그는 섬뜩했다."

호세 멜렌데즈 페레즈 세관원은 미국 9.11 조사위원회에서 이렇게 말했다. "그 사람이 나를 보자 나는 뼛속까지 소름이 끼쳤다. 무엇보다 그는 섬뜩했다."[69]

문제의 용의자는 사우디아라비아 국적의 무함마드 알 카타니로 2001년 8월 4일 런던에서 출발한 버진애틀랜틱 항공을 타고 플로리다주 올랜도 국제공항에 도착했다. 공항의 출입국 심사관인 호세 멜렌데즈 페레즈는 정식 사우디아라비아 여권과 유효한 미국 비자를 소지한 알 카타니를 인터뷰했다.

조사관 페레즈가 받은 첫인상은 짧은 머리에 잘 손질된 콧수염, 차림새가 단정한 근육질의 청년이라는 것이었다. 검은 셔츠와 검은 바지에 검은 구두를 신은 무함마드 알 카타니는 적대적인 태도를 보였다. 페레즈는 "시선이 마주치자 그는 거들먹거리는 표정과 태도를 보였다. 실제 제2심사실에서 내가 처음 그의 이름을 부르고 서류를 대조하자 그는 나를 무섭게 노려보았다"라고 보고했다.

경험 많은 출입국 심사관이었던 호세 멜렌데즈 페레즈는 신체 언어를 해독하는 훈련을 받은 적도 있었다. 그가 통역사를 통해 알 카타니에게 한 첫 질문은 왜 귀국 항공권 없이 여행하는지였다. "그 사람은 티 나게 당황하더니 내 얼굴에 손가락질하는 등 건방지고 위협적인 태도로 미국을 떠날 때 어디로 갈지가 정해지지 않아서라고 진술했다"라고 페레즈는 전했다. 이 대답을 근거로 페레즈는 용의자를 '조직원'으로 간주했다. 즉 그는 사전에 어디로 가라는 말을 듣지 못하고 임무를 수행 중인 요원이었다. 체포되어도 경찰에게 아무런 정보나 단서를 줄 수 없게 하기 위해서였다.

무함마드 알 카타니는 멜렌데즈 페레즈에게 호텔에 머물 거라고 했다. 하지만 그는 신용카드도 예약된 호텔도 없이 2800달러의 현금만 가지고 있었다. 귀국 항공편이 딱 2200달러였기 때문이었다. 그는 미국에 6일간 머물 예정이고 그를 데리러 올 사람을 구해줄 사람에게 연락해야 한다고 말했다. 그게 누구냐 묻자 알 카타니는 개인적인 문제이니 당신이 상관할 일이 아니라고 거칠게 대꾸했다. 페레즈는 위원회에 "한 시간 반쯤 걸린 인터뷰 내내 그는 아주 적대적이었다"라고 말했다.

이 사우디아라비아 방문객은 대립적인 신체언어, 눈에 띄는 적대감, 확실치 않은 신원을 근거로 미국 입국이 허용되기 힘들 것 같다는 권고를 받았다. 그는 '휴가 여행'이라 주장했지만 여행 일정, 개인적인 연락처나 경비 조달 방법 등 상세 내용을 밝히지 않았다. 자발적으로 입국 신청을 철회할 기회가 주어지자 그는 그렇게 했고, 공식 입국신청 철회 서류인 I-275에 서명했다. 2001년 8월 4일 도착 당일, 이 섬뜩한 느낌의 청년은 런던을 경유해 두바이로 가는 버진애틀랜틱 항공편으로 떠났다.

페레즈는 조사위원회에 "비행기 탑승 전에 그는 우리 심사관들에게 몸을 돌리고서 영어로 '나는 다시 돌아올 거야I'll be back'라는 영화 대사를 내뱉었다"라고 보고했다. 수사관들은 후에 무함마드 알 카타니가 올랜도에서 만나기로 했던 남자가 2001년 9.11 테러의 주범인 바로 그 무함마드 아타라는 사실을 알게 되었다.

아타는 올랜도 공항 안에서 알 카타니를 기다리고 있었다. 9.11 위원회는 알 카타니가 9월 11일 펜실베이니아에서 추락한 유나이티드 항공기에 탑승할 "스무 번째 납치범"으로 배정되었을 가능성이 크다고 결론지었다. 이 항공기에서는 승객들이 탑승한 납치범들과 싸우다 비행기가 추락해 유력한 목표물이었던 백악관이나 국회의사당을 타격하는 걸 막았다. 페레즈가 알 카타니의 노려보는 눈에서 악의적인 뭔가를 탐지하지 못했다면 그 테러범은 여객기에 탑승했을지도 모른다. 그가 납치범들에게 힘이 될 만한 근력을 보탰다면 여객기가 워싱턴 D. C.에 도착해 국가의 주요 랜드마크를 파괴했을지도 모른다.

공포 신호

테러리스트의 범죄 시그널은 공공연한 메시지를 전달한다. '테러'란 단어는 '강력하고 압도적인 공포'를 뜻한다. 그래서 테러리스트는 정부나 종교 단체, 경쟁적인 정치 집단에게 영향력을 행사하기 위해 혼돈과 위협 또는 정당성 없는 폭력을 사용하는 사람이다.

공포는 보통 불안, 걱정, 두려움의 본능적이고 불쾌한 감정이다. 진화론적 용어로는 교감신경계의 투쟁-도피 반응이다. 공포는 우리가 공격하거나 도망치고 싶게 만든다. 공포는 얼굴과 몸, 목소리와 눈을 통해 드러난다. 가장 눈에 띄는 신체 신호로는 가쁜 숨, 떨리는 손, 창백한 피부, 식은땀, 이 부딪기, 움츠림, 울음, 빠른 눈 깜빡임, 얼어붙은 몸, 곤두선 머리카락, 격렬한 심장박동, 뻣뻣이 굳은 근육, 비명, 오그라듦, 축축한 손바닥, 확장된 동공으로 응시하기, 잠긴 음성, 헛기침, 긴장된 입술, 얼굴 문지르기, 벌어진 입 그리고 활짝 열린 '섬광전구 눈' 등이 있다.

{ **공포는 얼굴과 몸동작, 목소리와 눈에 나타난다.** }

위 목록에 더해 마지막으로 세 가지 신호가 더 추가된다. 노르웨이 화가 에드워드 뭉크의 1893년작 〈절규〉에서 보이는 움푹 들어간 뺨, 벌어진 입과 응시하는 눈이다. 인간의 고조되는 공포 단계의 문화적 아이콘인 〈절규〉는 테러리즘의 상징이라 할 수 있다.

기이하게도 우리는 영화로 간접적 공포감을 즐기기도 한다. 한 예로 전 시대를 걸쳐 가장 많이 그려진 영화 캐릭터는 브램 스토커의 드라큘라이다. 현재까지 사악한 드라큘라 백작의 155개 이상의 캐릭터가 화면에 등장했다.[70]

공포가 오락으로 짜릿할 수도 있지만 테러 행위는 말로 표현하기조차 무섭다. 북아일랜드 공화국 부대는 복수로 적의 무릎을 쏘아 희생자들이 불구의 몸을 테러 위협을 끊임없이 상기시키는 신체언어로 활용했다. 이탈리아의 아초파넨토azzoppanento 또는 래밍laming이라 부르는 다리 쏘기도 동일한 메시지를 전달한다. 죽은 사람은 말이 없지만 움직이는 부상자들은 살아 있는 공포를 전달한다.

‹ 테러와 상징색 ›

색은 감정과 기분, 분위기에 관한 정보를 발산한다. 같은 색 옷을 입는 것은 한 그룹, 부족, 조직의 소속원임을 암시한다. 국가는 깃발과 문장, 국기에 색색의 물감을 첨가해 자신의 정체성을 표시한다.

테러리스트는 겁을 주기 위해 색을 사용한다. 선사시대부터 이어져 온 관행이다. 에티오피아의 카로족 남자들처럼 부족의 전사들은 상대를 위협하기 위해 얼굴에 흰색, 갈색, 주황색 페인팅을 한다. 파푸아뉴기니의 타이로라 남자들은 실제보다 크게 보이기 위해 화려한 색상의 위로 높이 솟은 머리 장식을 한다. 팔레스타인 민족해방운동의 위협적인 깃발은 검은색, 하얀색, 녹색과 빨간색이다. 검정은 공포, 하양은 냉정,

초록은 증오, 빨강은 도전을 상징한다.[71] 인디언들의 전투 페인팅과 같은 기능을 한다. 검은 9월단, 적군파, 붉은 여단, 붉은 손 수비대 같은 일부 테러 집단은 조직 이름에 선동하는 상징 색깔을 넣기도 한다.

초기 테러리스트의 상징색은 갈색이었다. 몸에 두르는 갈색은 부드러운 색상이 아니다. 갈색은 슬픔과 낙심의 느낌을 주며 우울, 속죄, 쇠퇴를 상징한다. 테러 세계에서 갈색은 공포를 나타낸다.

제2차 세계대전 16년 전인 1923년 독일 뮌헨에서 아돌프 히틀러는 부츠, 승마바지와 갈색 셔츠를 입은 자신의 우익 추종자들을 이끌었다. 독일 정부를 무너뜨리고 권력을 잡기 위한 전투였다. 미수로 그친 쿠데타 이후 감옥에서 풀려난 히틀러는 갈색 셔츠 부대원들을 돌격대원으로 동원했다. 그들은 흰 해골과 넓적다리뼈가 십자로 그려진 검은색 깃발 아래 가톨릭 신자, 집시, 유대인과 그들을 가로막는 모든 사람을 공격하면서 떠들썩하게 독일 거리를 행진했다.

똑같은 제복을 입은 히틀러의 갈색 셔츠 부대는 한 팀으로 보이고 느껴졌다. 흰 바탕에 검은색은 가장 눈에 띄는 색 대비이기 때문에 갈색 셔츠 부대의 깃발은 거리에서 그들의 존재를 각인하고 집단 정체성을 부각시켰다. 깃발의 움직임과 펄럭임은 뇌의 시각 중추에서 현실처럼 보였고 이는 갈색 셔츠 대원들에 대한 공포감을 부추겼다.

죽음을 거래하는 갈색 셔츠 대원들이 흔드는 해적 깃발은 헤르만 괴링이 말한 압도적인 공포를 상징화했다. 갈색 셔츠 부대의 돌격대장 괴링은 "나는 법을 준수할 의무가 없다. 내 임무는 다 쓸어버리고 전멸시키는 것이다"라고 말했다.[72]

일상적 감시

국제적인 테러 위협이 증가하자 비언어적 커뮤니케이션은 정부, 군대 및 법 집행 인력의 훈련에서 필수적인 부분이 되었다. 일반적이지 않은 행동, 특이한 몸동작과 이상한 옷차림에서 위험 신호를 볼 수 있는 능력은 오늘날 공공의 안전에 있어 필수적이다.

최고의 관찰자들은 질문하는 자신의 감정에 충실하다. '왜 저 남자들은 초조해 보이는가?', '왜 그들이 불안해 보이지? 왜 저들은 나란히 걷지 않고 일렬로 걷는 거지? 임무 중이야?' 임무 중이라고 추측했다면 당신의 직감이 옳았을지도 모른다. 미국 국경 순찰대원들은 일렬로 걷는 것을 불법 입국 시도를 하려는 일당에 대한 경고 신호로 식별한다.

유나이티드 항공은 승무원들이 불안해 보이는 승객들의 특이한 행동을 탐지하는 훈련을 매년 한다. 이런 수년간의 경험으로 그들은 정상에서 벗어나는 비정상적 신호들을 식별할 수 있다. 민간 항공 승무원들은 발생할 수 있는 비정상 상황에 대한 경고 신호로 불안감을 체크한다.

{ **수천 시간의 비행으로 승무원들은 정상적인 것에 대한 '경험상의 청사진'을 내면화한다.** }

CCTV에 포착된 비언어적 행동을 해석하기 위한 소프트웨어가 개발되었다. 컴퓨터로 정상적인 행동과 비정상적인 행동을 식별할 수 있다. 공항 엘리베이터에 60초 이상 머물면 보안 경보가 울린다. 폭발 장치를 머리 위로 부착하는 것처럼 엘리베이터에서 두 손을 같이 올리는 것도 마찬가지다. 테러리스트의 활동 시간도 눈에 띌 수 있다. 전 FBI 특별수사관 조 내버로는 임무가 정각에 시작되게 맞춰져 있을 수도 있다는 점에 주목한다. 오전 9시가 가까워지면 개별적인 행동들이 일치된 동작에 들어간다. 9시 직전이 되면 태도에 긴장감이 높아지고 몸에 힘이 들어가고 동작이 커지고 빨라진다.[73]

비언어적 감시

1999년 12월 14일 포트앤절리스 페리를 타고 캐나다에서 워싱턴주로 넘어온 알제리 테러리스트 아흐마드 레삼의 사례를 보자. 레삼의 차는 페리에서 마지막으로 내렸고 세관 조사원 다이아나 딘은 그의 신체언어에서 보여진 뭔가에 더 자세히 조사하라고 지시했다.[74]

레삼은 초조해하며 땀을 흘리는 듯 보였다. 딘은 그에게 신고서를 주며 차에서 나오라고 요청했다. 현장에 있던 조사관들의 말에 의하면 레삼의 '음'(주저하기), '에… 에'(말 더듬기), '꾸물댐'(쓸데없이 시간 끌기)과 '시간 벌기'(지연 전술)가 마크 존슨 조사관의 관심을 끌었다.[75]

댄 클렘 조사관이 트렁크를 열 때 레삼이 차에서 내려 존슨 옆에 섰다. 클렘이 트렁크 예비 타이어 자리에 감춰진 흰 가루를 발견하자 레삼은 놀라 달아났다. 아흐마드 레삼은 조금도 주저하지 않고 맞서기보다 도망치는 걸 택했다. 전 세계의 경찰관들에게 물리적 도피는 범죄의 가장 명확한 신호이다.

신호등 근처에 정차된 차량을 탈취하려는 레삼을 경찰이 가로막았다. 그는 오사마 빈 라덴과 연결되어 있었고, 1998년 아프가니스탄에서 테러 훈련을 받은 것이 후에 밝혀졌다. 레삼은 캘리포니아주 로스앤젤레스 국제공항에서 조립해 터트릴 폭탄부품을 운반하고 있었다.

체포되기 10개월 전에 공항을 답사한 레삼은 폭탄을 여행가방에 숨겨 신년 전야에 승객들로 붐비는 탑승 구역에서 이를 폭발시킬 계획이었다. 2001년 4월 6일 '밀레니엄 폭탄 테러범' 아흐마

〈 불안 경고 〉

불안은 뭔가 잘못되었다는 것을 폭로하는 신호이다. 눈이 커지고, 손가락을 만지작대고, 목소리는 떨리고, 이마에 땀이 반짝인다. 미주리주 스프링필드에 있는 보이어텔레콤 서비스의 소유주 켄 보이어는 2001년 9월 11일 직후 FBI에 제출한 보고서에서 어떻게 아랍인 남자가 터보프롭 엔진의 파이퍼 사라토가 비행기를 50만 달러에 사겠다고 제안했는지 설명했다.[76] "그들은 그날 바로 현금으로 구매하기를 원했다. 진지해 보였다. 웃거나 농담도 하지 않았다"라고 보이어는 말했다. 그들은 불안해 보였고 옷도 지저분했고 면도도 하지 않았다. 억양이 심한 영어로 당장 현금으로 지불하겠다고 애원했다. 보이어는 뭔가 이상한 범죄 신호를 알아챘고 당국에 경보를 울렸다.

드 레삼은 여덟 건의 다른 범죄행위와 함께 국제테러 모의 혐의
로 로스앤젤레스 미연방 지방법원에서 유죄 판결을 받았다. 그는
22년형을 받았다. 1999년 12월 레삼이 초조해하며 땀 흘리는 모
습을 보이지 않았다면 그의 신년 음모에 무고한 이들이 생명을 잃
었을지도 모른다.

공항에서의 신체언어

미국에서 공항보안은 무기 탐지를 하는 게 전부였다. 지금은
악의적 의도를 가진 사람을 가려내는 것도 포함된다. 총과 폭발
물은 금속 탐지기와 폭발물 탐지견이 발견할 수 있지만 위험한
인간은 신체언어를 관찰하는 과학수사 기법인 행동패턴인식BPR
으로 탐색된다.

2003년 3월 암스테르담에서 미니애폴리스로 가기 위해 네덜
란드 스키폴 공항을 떠나면서 아내와 나는 우리 행동을 주의 깊
게 지켜보던 보안검색원들의 심문을 받았다. 그는 내 전기면도기
를 집어 들고 수리를 보낸 적이 있는지 물으며 내 눈에 망설임이나
불안, 거짓의 단서가 있는지 살폈다. 그의 시선이 내 얼굴에서 떨
어지지 않는 걸 느끼며 나는 "아니요"라고 대답했다. 짙은 색 유니
폼을 입고 심각해 보이는 그 남자는 내 배낭에 있는 물품들을 살
피면서도 모자챙 아래 눈은 나를 계속 응시했다.

그 음침한 네덜란드인은 철저했고, 위협적이고, 경계심이 많았

다. 거짓말을 했다면 분명 그는 나를 잡았을 것이다. 시애틀에서 여행을 떠날 때 우리 얼굴이 아니라 가방을 검색했던 우리 보안요원들과 얼마나 달랐는지. 그들은 BPR이 아닌 무기를 찾고 있었다.

이스라엘 벤구리온 국제공항의 전직 보안국장 라파엘 론은 BPR을 '인적 요인'이라고 부른다. 론은 "기술을 넘어서는 보안 시스템을 개발하지 않으면 결국은 잃을 수밖에 없다"라고 단언한다.[77]

이제 보스턴, 시카고, 휴스턴, 로스앤젤레스 등 미국 공항의 경찰들은 행동인식 기술 훈련을 받고 있다. 두 명의 승객이 제한구역을 탐색하는 것같이 수상한 것을 발견하면 경찰들은 불안이나 변명 등을 탐색하기 위해 심문한다. 더듬거리는 대답, 주머니에 쑤셔 넣은 어쩔 줄 모르는 손, 피하는 시선이 보이면 집중 심문이 시작될 것이다.

2001년 9월 11일 덜레스 국제공항에서 BPR이 가능했더라면 그날 보안검색을 통과한 알카에다 테러리스트 누구도 검색요원

〈 같은 팀 〉

1969년 12월 21일 팔레스타인 해방인민전선 소속 테러범 3명이 TWA 항공기를 납치해 튀니지로 가기 위해 그리스 아테네로 날아갔다. 공항 직원은 그들이 모두 똑같은 종류의 가방을 가지고 있는 것을 보자 의심이 생겼다.[78] 경찰은 여행가방을 열어 총과 폭발물을 발견했다. 테러범들은 같은 가방으로 자신도 모르게 같은 팀이라는 걸 알렸다.

들을 쳐다보지 않았다는 점에 주목했을 수도 있다. 몇 년 후 미국 교통안전국[TSA] 요원들이 9.11 보안검색대 촬영 영상을 돌려 보다 납치범들 모두 눈을 내리깔고 있는 것을 발견했다. 한 TSA 분석가는 "그들은 시선을 돌리고 고개를 숙이고 있었다"라고 설명했다.[79] 그 운명적인 9월 아침, 동시 발생적으로 관리자들의 시선을 피한 건 적대적인 의도의 실행 신호였는지도 모른다.

동떨어진 행동

그의 사명이 다른 이들과 극적으로 다를 때 완성 단계에 이를수록 보여지는 행동 역시 달라지곤 한다. 나는 이 비언어적 원리를 일치하지 않는 간격 법칙이라 하는데, 특히 테러리스트들에게 들어맞는다. 당신의 목표가 특수하면 목표를 위해 해야 하는 행동 역시 특이하게 보인다. 딱 맞는 사례가 아랍계 프랑스인 테러리스트 자카리우스 무사우이의 완전히 앞뒤가 다른 행동이다. 상황에 맞지도, 적절하지도, 논리적이지도 않았던 행동이었다.

널리 공개된 범인 식별용 얼굴 사진에서 무사우이의 짙은 갈색 눈동자가 내려온 눈꺼풀 사이로 똑바로 앞을 쏘아보고 있다. 매끈하고 주름 없는 이마는 느긋하고 평온했고, 힘을 뺀 입술도 침착했다. 그는 짧은 염소수염에 머리는 삭발했다. 인류학자 리처드 앨퍼드는 대부분의 사회에서 삭발한 머리는 "규율이나 명령의 수용을 암시하거나 극기나 복종을 연상시킨다"라고 했다.[80]

무사우이는 사명을 갖고 군대의 부름을 받았다. 그의 사명은 여객기를 납치해 이를 백악관에 충돌시키는 것이었다. 어떤 기준으로도 이는 특수한 목표다. 극단적으로 특수한 그의 임무는 역시 특수한 몇몇 행동으로 이어졌다.

무사우이는 2001년 2월부터 5월까지 오클라호마주 노먼의 에어맨 비행학교에 다녔다. 보통의 에어맨 학생들과 달리 그는 학교에서 제공하는 주택에서 사는 것을 거부해 공간적으로 자신을 분리했다. 입학 동기들과 달리 무사우이는 자신의 직업적 목표에 대한 상반된 설명으로 주변 사람들을 속였다. 그는 교관들에게 아랍 갑부들의 개인 조종사가 되고 싶다고 말했다. 어떤 학생에게는 조종사 자리가 시카고에 내정되어 있다고 말했고 다른 학생에게는 영국에서 비행기 조종으로 생계를 꾸리고 싶다고 했다. 이상할 만큼 무사우이는 이전 비행 경험도, 재능도 없어 비행학교는 그의 이륙을 허가해주지 않았다.

무사우이 자신과 백악관 폭파라는 자신의 특별한 임무 사이의 간격은 전문비행학교라는 가장 맞지 않는 환경에 그를 끌어들였고 테러범으로서의 행동은 상식적인 것에서 그를 동떨어지게 했다.

전 FBI 프로파일러이자 특별수사관이었던 조 내버로의《테러리스트 사냥》에서 조종사 교관들은 무함마드 아타와 9.11 테러에 가담한 다른 학생들을 아주 '냉담했다'라고 평가했다.

자신의 임무 달성을 위해 2001년 여름 무사우이는 두 번째로 미네소타주 이건에 있는 팬암 국제비행학교에 등록했다. 거기서도 테러범의 행실은 처음부터 의심을 샀다. 교관들은 그를 이상하게 비협조적이고 고집스럽고 비밀 많은 존재로 보았다. 사생활을 물으면 무사우이는 말을 흐리며 회피했다.

첫 번째 비행학교처럼 팬암에서도 무사우이의 행동은 눈에 띄게 어긋나 보였다. 그는 점보제트기 비행시뮬레이션 코스 비용 8000달러를 100달러 지폐로 지급했다. 보잉 747 조종실 수업에서 그의 교관이었던 클랜시 프레보는 즉시 뭔가 이상하다고 보았다. "그는 상업용 여객기에 대한 어떤 기준도 없었다."[81]

프레보가 이슬람교도냐고 묻자 무사우이는 "나는 어떤 종교도 아냐!"라고 소리치며 목소리를 높였다. 무사우이의 화난 말투는 프레보의 질문이 마음에 거슬렸다는 걸 보여줬다. 반사적으로 욱하는 음성 반응은 뭔가 부적절해 보였다. 비행학교에서의 회피적이고 비협조적인 태도처럼 그에게는 그다지 적절치 않은 수상쩍은 뭔가가 있었다. 비밀스럽고, 냉담하고, 믿을 수 없고, 비협조적이고, 순간적으로 욱하는 신호들이 쌓여갔다. 다행히도 그의 교관들은 무사우이의 일반적이지 않은 행동을 그냥 지나치지 않았다.

보잉 747기 조종에 적합하지 않은 조종사의 학습 능력을 고려한 팬암은 2001년 8월 15일 미네소타의 FBI 관계자에게 연락했다. 8월 17일 수사관들이 그를 확보해 이민법 위반 혐의로 체포했다. 2001년 12월 기소된 무사우이는 2005년 4월 알카에다와 공

모하여 여객기를 미국의 랜드마크에 충돌시킬 계획이었다고 자백
했다. 그의 특이한 행동을 간과했다면 테러리스트는 성공했을지
도 모른다.

두 테러리스트 이야기

2003년 미 국방부와 계약을 맺고 영상정보 분석 프로젝트를
진행했다. 내 과제는 세계에서 가장 유명한 테러리스트인 오사마
빈 라덴과 사담 후세인 이라크 대통령의 비언어적 신호를 공개된
촬영 영상을 통해 해독하는 것이었다. 그때까지 그들의 신체언어
를 체계적으로 연구한 사람이 거의 없었다.

오사마 빈 라덴

뉴욕의 세계무역센터와 워싱턴 D. C.의 펜타곤을 공격한
2001년 9.11 테러의 주모자 오사마 빈 라덴이 그 직후에 다친 듯
했다. 2001년 12월 아프가니스탄에서 토라보라 포위 작전 중 부
상이 발생했다. 미국 정부 관계자들은 빈 라덴이 이후에도 여전
히 정신적인 지배력을 유지하는지 알고 싶어 했다. 공격 직후인
2001년 12월 27일 알자지라 TV에서 방영된 33분짜리 촬영 영상
에서 빈 라덴은 이전 방송보다 더 늙고 창백했으며 몸 상태가 안
좋아 보였다. 이후 수년간 가장 최근 모습이 담긴 이 영상에서 빈
라덴은 수척했고 왼쪽 전체가 마비된 듯 보였다. 왼손잡이였지만

그는 왼팔, 왼손, 왼쪽 손가락은 전혀 움직이지 않았다.

직접 말하지 않고 다른 사람의 말을 들으며 반응하는 모습에서 침묵과 움직이지 않는 왼쪽 신체를 근거로 오른쪽 뇌신경 손상을 입었다는 추측이 나왔다. 사실이라면 알카에다 최고 지도자는 이제 지도력을 발휘할 수 없을 것이다. 하지만 왼쪽 어깨를 으쓱하는 것을 보고 나는 그가 신경학적으로 문제가 없다는 결론을 내렸다. 몇몇 사람이 영상을 보고 추측했던 것처럼 그가 오른쪽 뇌에 손상을 입었다면 왼쪽 어깨를 올리거나, 구부리거나, 으쓱할 수 없었을 것이다.

2장에서 어깨는 팔을 몸통에 연결하는, 움직이는 관절 기관이라고 했던 것을 기억해보라. 이들을 움직이는 승모근은 정서적으로 민감한 부신경accessory nerve, 운동을 담당하는 11번 뇌신경회로와 연결되어 있다. 빈 라덴이 뇌졸중이 있었다면 이쪽 신경 고리가 끊어졌을 것이고, 우리는 그가 어깨를 으쓱하는 걸 보지 못했을 것이다. 내게 있어 그가 어깨를 으쓱하는 모습은 마치 겨울에 마멋의 그림자겨울 잠에서 깬 마멋이 자신의 그림자를 보면 다시 동면 상태로 돌아가 겨울이 계속된다는 전설를 보는 것과 같았다. 즉 더 길고 긴 공포의 계절이 올 것이다.

오사마 빈 라덴의 종교와 정치에 관한 많은 기록이 있지만 인간 빈 라덴은 어떤가? 몇 안 되는 촬영물과 목격자들의 언급을 조각조각 모아 우리는 빈 라덴이라는 인간의 비언어적인 프로파일을 만들었다.

195에서 198센티미터에 이르는 큰 신장과 커다란 손은 지휘

하는 지도자를 연상시킨다. 느리고, 신중하며, 사려 깊은 손동작은 지도자로서 그의 이미지를 강화한다. 나서지 않지만 물리적으로 압도적이다. 체격이 큰 남자로서 걷고 말하고 무기를 다루는 동안 오사마의 움직임은 침착하고 여유롭다. 충분히 상황을 통제하고 있는 것처럼 보인다.

자신이 불러온 모든 테러에서 빈 라덴은 자신을 내세우지 않고 말투는 부드럽고 태도는 친절하고 공손하게 그려졌다. 검소한 옷차림에 평범한 흰 터번을 두르고 그의 열렬한 추종자들로 보이는 이들과 소박한 식사를 함께한다. 그는 종종 부하들에게 요리를 해주고 가사노동까지 함께한다고 전해진다. PBS 〈프런트라인〉의 익명의 관계자는 "그는 거의 말이 없고 대부분 엄숙해 보인다. 살짝 미소를 짓기는 하지만 거의 웃지 않는다"라고 했다.

그렇게 온화한 태도를 가진 사람이 어떻게 전 세계적으로 수배를 가장 많이 받는 테러리스트일 수 있을까? 그의 신체언어로 판단컨대 답은 어두운 내면 중심에 있다. 빈 라덴의 사악한 느낌은 2001년 아프가니스탄 잘랄라바드에서 촬영된 40분짜리 영상에서 드러난다. 12월 13일 미 국방부가 공개한 실제 영상에서 빈 라덴은 준비되지 않은 모습을 보여주었다. 자신의 조직원 9.11 납치범 전원이 어떻게 비행기 탑승 직전까지도 진짜 목표물도 모른 채 죽었는지를 얘기하면서 거들먹거리며 낄낄댔다.

고층건물을 표현하는 수직으로 세운 손에 수평으로 손을 움직여 충돌하는 비행기를 표현하는 식으로 빈 라덴은 자신의 말을 신체적 표현인 마임 동작을 사용해 설명했다. 그리고 세계무

역센터에서 발생할 수천 명의 죽음을 암시하며 아무 거리낌 없이 활짝 웃었다. 영상을 본 루디 줄리아니 뉴욕 시장은 "그의 마음과 영혼의 악의가 얼마나 깊은지 궁금할 뿐이다"라고 했다.

자신이 최근에 죽인 사람들을 이야기하며 입 한쪽을 찡그리며 웃었던, 그 유명한 미국 연쇄살인마 에드 게인의 신체언어에나 필적할 만한 심연일 것이다. 앨프레드 히치콕의 1960년 스릴러 영화 〈사이코〉의 소재가 된 원조 '사이코' 에드 게인은 "다른 사람은 들을 수 없는 기묘하고 사적인 농담을 듣고 있는 것처럼"[82] 적절치 않을 때 뜬금없이 웃는 버릇이 있었다. 침착한 겉모습과 달리 빈 라덴의 기묘한 미소는 음험하고 사악한 내부를 드러냈다.

사담 후세인

사담 후세인의 신체언어는 오사마 빈 라덴의 신체언어만큼이나 표현적이다. 국방부에서 CBS 〈60분Ⅱ〉의 사담 인터뷰 영상을 받았을 때 기밀로 분류되지 않은 녹색 스티커가 붙어 있는 것이 눈에 띄었다. 바그다드에서 댄 래더와 진행된 인터뷰가 2003년 2월 26일 국영 TV로 방영되었기에 기밀 스티커를 붙이지 않은 것 같다. 전 세계에서 수백만 명이 이를 보았고 모든 이들의 마음에 하나의 의문이 퍼져 나갔다. 사담 후세인은 대량살상무기를 가지고 있는가, 아닌가? 2003년 7월 9일 나는 그 답을 찾기 위해 그의 신체언어를 연구했다.

첫째, 댄 래더의 질문과 사담 후세인의 번역된 답변을 한 단어 한 단어 서면 녹취록으로 작성했다. 둘째, 나는 사담 후세인의 모든 신체언어, 모든 표정, 손과 몸의 움직임을 그의 음성 발언 아래 주석으로 삽입했다. 주석은 '입을 다물고 웃다', '얼굴 왼쪽을 긁다', '왼쪽으로 눈을 돌리다', '아래를 응시하다', '손바닥을 올리다', '손바닥을 내리다' 등등의 행동이 포함된다. 셋째, 《비언어 사

‹ 사담의 신체언어 ›

2003년 12월 13일 미군에 체포된 후 많은 이들이 이라크 독재자 사담 후세인의 신체언어를 언급했다. "완전히 무너져 버린 남자를 보았다. 그의 신체언어는 그가 아주 비참하다는 걸 보여주었다." 사담의 체포 직후에 이라크 과도통치위원회 위원 무와팍 알 루바이에는 이렇게 말했다.[83]

사담이 말을 하면서 마치 자신의 적을 공격하듯이 손가락으로 가리켰고, "상징적 검"인 펜으로 허공을 갈랐고, 손가락을 모아 권력을 과시하는 "첨탑" 동작을 취하며 인터뷰 진행자들을 노려보고 겁을 주려했다고 애틀랜타의 신체언어 전문가 패티 우드는 BBC 뉴스에서 말했다.[84]

1982년 두자일에서 140명 이상의 살해 명령 혐의에 대한 바그다드 재판에서 사담은 내내 요란하게 반항하며 폭발했다. 그는 판사에게 거칠게 손가락질했고, 말할 때 강조하기 위해 반항적으로 주먹으로 내리치며 얼굴에는 분노와 짜증, 초조함이 그대로 드러났다. 화가 나면 얼굴이 벌게졌고, 눈에 경련이 일며 두터운 눈꺼풀이 활짝 열렸다. 때때로 실제 공격이라도 하려는 것처럼 양팔을 벌려 주먹 쥔 손으로 판사를 겨냥했다.

종합해보면 사담 후세인의 신체언어는 자부심과 복수심이 강하고, 겁이 많으면서도 오만하고 냉정한, 양심의 가책을 느끼지 않는 범죄자를 반영했다.

전》의 정의를 활용해 각 신체언어를 의미화했다.

이 연구의 네 번째 단계는 주제와 소재에 대한 의미론적 내용 분석이었다. 나는 인터뷰를 (1)대량살상무기, (2)은신처, (3)빈 라덴, (4)토론(사담은 부시 대통령과 TV 토론을 원했다), (5)조지 부시, (6)커피, (7)이라크 전쟁 가능성 등 7가지 주요 소재로 분류했다. 마지막 5단계에서 나는 각각의 7가지 소재 내에서의 신체언어를 비교한 뒤 "댄 래더와의 전쟁 전 인터뷰에서 팔 동작과 표정 신호로 봤을 때 사담 후세인이 더는 대량살상무기를 가지고 있지 않다고 개인적으로 확신한다"라고 결론 내렸다.

1, 2장의 말은 속일 수 있어도 몸은 거짓말을 하지 못하다는 걸 상기하라. 최고의 배우를 제외한 모든 사람은 거짓말을 하면 얼굴이나 몸동작 어딘가에 드러나고 둘 다에 드러날 수도 있다. 사담 후세인을 집중해서 관찰한 결과 나는 그의 표정이나 손짓, 동작에서 나타나는 거짓을 보지 못했다. 편안한 주제인 커피로 토론할 때의 신체언어와 더 자극적인 주제인 대량살상무기로 토론할 때가 크게 다르지 않았다.

사실 사담이 "미국인들은 커피를 좋아한다"라고 말했을 때의 신체언어는 "이 미사일들은 파괴되었다"라고 말했을 때와 똑같았다. 나는 어느 소재에서도 그의 교감신경계에 미치는 어떤 의미 있는 자극도 탐지하지 못했다. 거짓말 탐지기로 조사했어도 그가 거짓말 음성 반응이 나왔을 거라고 믿는다.

사담 후세인의 말은 그의 행동과 일치했다. 사담 후세인의 마음에 "미국인들은 커피를 좋아한다"와 "이 미사일들은 파괴되었다"는 진술은 어느 것도 거짓이 아니었다. 개인적으로는 그 두 가지 모두 진실이라고 확신하고 있었다. 그의 신체언어에 따르면 이라크에 대량살상무기는 없었다.

2003년 3월 20일 세계표준시^{UTC} 02:30경에 미국의 이라크 침공이 시작되었다. 2003년 4월 25일 연설에서 조지 부시 대통령은 사담 후세인의 대량살상무기를 "미국인에 대한 위협"이라고 말했다. 2004년 3월 2일 유엔 무기사찰단은 이라크에 대량살상무기가 없다는 것을 인정했다. 부시 대통령이 침공을 지시한 지 거의 2년이 지난 2005년 1월 12일 미국 정부 관계자들은 이라크의 대량살상무기 수색을 중지했다. 사담 후세인의 비언어적 행동에 근거한 우리의 결론은 분명히 옳았다.

테러 시그널

　　테러리스트의 범죄 신호들은 개인적, 종교적 또는 혁명적 목표를 위해 노골적인 공포 메시지를 보낸다. 테러리스트의 사명은 다른 모든 이와 극적으로 다르기 때문에 행동 역시 두드러지게 다르다. 테러리스트들은 쉽게 눈에 띈다. 일치하지 않는 간격 법칙이 추정하듯이 하나의 목표가 특수하면 이를 달성하기 위한 행동도 특수하다. 의심스러운 사람이 평균 이상의 오싹한 범죄자일 수도 있는 몇 가지 확실한 경고 신호들이 다음에 있다.

- 비행기에서 일반적인 것에 대한 당신의 '경험상의 청사진'에 반하는 행동
- 국경에서 나란히 걷지 않고 '임무 중'인 것처럼 일렬로 걷는 사람들
- 세관검문소에서 땀 흘리고, 말을 끌거나 더듬고, 꾸물대기
- 공항에서 보안검색관의 눈 피하기
- 특수한 목표를 향한 특수한 행동
- 군중 속으로 운반되는 부적절한 가방이나 배낭
- 공공장소 통로를 감시하는 수상한 행동

다음 장에서는 거리 폭력조직이라 알려진 마이너리그 테러리스트들의 신체언어를 해독하는 법을 배울 것이다. 폭발물이나 방사성 물질, 독가스를 사용할 것 같지는 않지만, 조직폭력배 역시 세심하게 주의를 기울여야 한다.

8장

조직폭력배
신호 읽기

의상은 화려할수록 더 좋다.

자칭 조직폭력배

2006년 봄 나는 거리 위쪽의 숨겨진 은신처에서 동네에서 활동하는 두 명의 거리 조직폭력배 지망생에 대한 현장 조사를 했다. 그들은 형제로 둘 다 열일곱이다. 시드와 호미는 스포캔 경찰들이 '잡종 조폭'이라 부르는 느슨한 청년 연합에 속해 있다. 이 잡종 조직의 구성원들은 도시의 각기 다른 동네에서 왔고 다른 색깔의 옷을 입고 다른 인종적 배경을 가진 소년들이다.

시드와 호미는 매일 아침 11시에서 12시 사이에 현관문을 나선다. 허리에서 무릎까지 오는 헐렁한 카키색 옷은 바지보다는 치마처럼 보인다. 아이들은 말 그대로 옷을 어기적대며 잔디밭을 왔다 갔다 하고, 핸드폰을 보고, 담배를 피우고, 침을 뱉는다. 말을 하면서 지나치게 큰 챙 모자를 돌리고 급작스러운 손동작을 한다. 그리고 계속해서 침을 뱉는다.

집 앞 잔디밭에 있는 시드와 호미를 찾아온 소녀들은 절대 침을 뱉지 않는다. 같은 스타일로 옷을 입고 찾아온 소년들은 항상 침을 뱉는다. 그들은 거들먹거리며 고개를 옆으로 홱 돌리는 등 유별나게 머리를 움직여 사람들의 관심을 끈다. 마치 "내가 침을 뱉는 곳은 내 구역이야"라고 말하는 것처럼 영역에 대한 공격적인 메시지를 보낸다. 또 소년들이 모두 불규칙한 리듬으로 침을 뱉기 때문에 침 뱉기는 그들이 같은 팀이라는 것을 보여준다.

펭귄처럼 인도를 함께 오가면서 소년들은 스스로 의식하며 바지를 추스른다. 안의 사각팬티가 드러나도록 카키색 바지를 의도적으로 끌어내린다. 사각팬티는 기본 체크무늬에 때로는 화려한 색상으로 눈길을 끈다. 소년들이 바지나 팬티를 과시적으로 반복해서 내리는 것은 의미로 가득한 의식이다. 다소 과장한다면 그런 노출은 교도소의 동성 간 섹스를 암시하거나 연상시킨다. 나는 그런 노출이 기본적으로는 서로의 행동을 흉내 내 조직의 결속력을 보여주는 것으로 본다. 동시에 팬티를 보여주는 것도 소년들을 한데 묶어 권위에 도전하는 신호이다.

시드와 호미의 아빠가 집에 없을 때는 음악이 쿵쿵대는 자동차들을 잔디밭 주차구역에 줄지어 댄다. 보통 특대형 야구모자를 쓰고 배기팬츠를 입은 한 소년이 차에서 내리고 동료들은 공회전하는 차 안에 남아 있다. 쿵쿵대는 굉음이 "우리가 여기 있어"라고 알리는 것처럼 들린다. 배달 소년이 검은 운동가방을 들고 형제의 이층집으로 들어간다. 집 안은 보이지 않지만 소년이 바로 다시 가방을 가지고 나와 차에 탄다. 그는 마약을 배달하고 있는

가, 아니면 받고 있는가? 마약과 돈이 실제로 오가는가? 나는 볼수 없다.

조직이 주위에 없을 때 시드와 호미는 결코 행복해 보이지 않는다. 그들은 항상 기분이 좋지 않다. 그들은 항상 학교에 가지 않는다. 그들은 절대 잔디를 깎지 않는다. 그것은 아빠의 일이다. 마약을 팔지 않는다면 시드와 호미는 직업이 없다. 길 위의 내려다보는 위치에서 보아도 나는 알 수 없다. 하지만 태도와 말투로 그들 아빠는 아이들이 삶에서 더 생산적인 뭔가를 하기 바란다는걸 알 수 있다. 곧 열여덟이 되고 법적 성인이 되겠지만 그들에게는 조직폭력배가 전부일 것이다. 그 형제들과 이야기를 한 적은 없지만 그들의 비언어적 행동에서 나는 이 지망생들이 정식 조직원이 될 거라고 예상한다.

모자의 해석

범죄자들은 보통 눈에 띄지 않게 남들과 섞여서 자신들의 행동을 위장한다. 하지만 거리 조폭은 그라피티, 손동작, 문신, 반다나목이나 머리에 두르는 화려한 색의 스카프, 머리 모양과 '반짝이(보석류)'로 대담하게 자신들의 정체성을 선언한다. 말벌, 스컹크, 산호뱀처럼 조직원들은 적들을 제압하기 위해 독특하고 선명하게 대비되는 경계 표식, 옷, 배색 등을 선호한다. 가장 좋아하는 배색은 똬리를 틀고 있는 뱀이 "날 밟지 마!"라고 인간에게 경고하는, 인간의 눈에 가장 잘 띄는 검정 바탕에 노랑 원색이다.

모자는 오랫동안 조직원의 신호로 선호되었다. 1850년대에 뉴욕시의 플러그어글리스^{Plug Uglies} 갱단원들은 가죽, 천과 양모 조각을 안에 덧댄 커다란 플러그 모자, 즉 중절모나 실크해트를 썼다. 안을 덧댄 모자는 헬멧처럼 싸움에서 머리를 보호해주고 거리에서는 조직원의 결속력을 알렸다. 플러그어글리스 조직원들은 징 박은 부츠를 신고 손에 벽돌과 곤봉을 들고 허리띠에 권총을 찼다. 하지만 불쑥 드러난 모자로 자신들이 누군지, 어디 소속인지를 공표했다.

지금도 조폭의 모자는 상징적이다. 시카고를 근거지로 한 거리 갱단인 '블랙갱스터의 제자들^{Black Gangster Disciples}' 조직원들은 챙을 오른쪽으로 돌린 야구모자를 쓴다. 로스앤젤레스의 블러즈^{Bloods} 갱단은 빨간 모자를 쓰고, 그 경쟁자인 크립스^{Crips}는 파란색을 쓴다. 뉴욕시의 블랙펄스^{Black Pearls}는 크고 부드러운 챙의 보라색-흰색 모자를 쓰고, 터번스^{Turbans}의 조직원들은 반짝이는 금색 술이 달린 검은 모자를 쓴다.

〈 서그즈 〉

영어 단어 '서그thug'는 '가리다' 또는 '숨기다'를 의미하는 산스크리트어에서 유래되었다. 인도의 '서그즈Thugz'는 800년 전 인도 북부에서 도시들을 약탈한 전문적인 범죄자, 암살자 집단이었다. 현대의 거리 조폭들처럼 서그즈는 고유의 동작과 의상 신호, 상징적인 의식으로 서로를 알아보고 피해자들을 위협했다.

조직원들에게 있어서 같은 모자를 쓰는 것은 단합을 보여준다. 모자는 흔히 프로스포츠 클럽팀의 상징이다. 하지만 더 깊이 들어가면 그들이 말하는 팀은 조직 내의 소년들이다. 개성을 표현하기 위해 디자인된 여성 모자와 달리 남성 모자는 팀의 구성원임을 보여주기 위한 유니폼의 일부다. 그래서 터번, 중절모, 터키식 모자 그리고 조직원의 서명 같은 챙 모자의 디자인은 보통 규격화되어 있다.

적과 함께 춤을

조직폭력배의 정체성은 물론 신발로도 표시될 수 있다. 오른쪽 덮개는 말아 올리고 왼쪽 덮개는 말아 내린다. 또는 그 반대로 한다. 구두끈을 다섯 번째 또는 여섯 번째 구멍까지만 매는 것도 조직원의 표식이 될 수 있다. 미국 법무부 통계로 가장 큰 갱단의 하나인 '갱스터의 제자들Gangster Disciples' 조직원들은 자신들의 정체성을 보여주기 위해 검정과 파랑 구두끈을 사용한다. 그렇게 사소해 보이는 메시지들이 거리에서는 큰 의미를 지닌다. 신발을 잘못 해석하면 당신의 안녕이 위태로울 수 있다.

발도 역시 경고를 한다. 특징적으로 일명 '포주 걸음'인 한 발을 뒤에서 끌면서 좌우로 건들대며 걷는다. 조직원임을 경고하는 건들거림은 '스웨거swagger' 걸음이라 불리는, 걸음 폭을 넓게 하는 스타일에서 발전한 것이다. 스웨거 걸음은 걸을 때 과장되게 좌우로 움직여 '더 크게' 보이도록 현혹하는 남성적인 걸음걸이다. 개인적 영역을 넓히기 위해 몸의 양쪽 공간을 움직임으로 채우며 건들댄다. 건들대는 동작은 걷는 사람이 거리에서 더 많은 공간을 차지하는 것처럼 보이기 때문에 더 큰 비중과 위상을 의미한다.

스웨거 걸음은 가깝게는 미국 남부에서 사역하는 죄수 무리가 한 사슬에 묶여 도로를 따라 걸을 때 보조를 맞추는 걸음걸이에서 유래되었다. 그리고 과거의 남부 노예제도부터 현대의 랩, 록, 헤비메탈 음악에까지 이어져 오고 있다. 예를 들어 한 평론가는 1991년 앨범 〈슬레이브 투 더 그라인드 Slave to the Grind〉에 실린 스키드로 Skid Row의 히트곡 '족쇄에 묶인 죄수로 산다는 것 Livin' on a Chain Gang'을 "지옥의 스웨거"라고 감탄했다. 그러나 스웨거 걸음 자체는 사실 고대부터 있었으며 상체를 더 크게 보이기 위해 고안된 영장류의 과시에 그 뿌리를 두고 있다.

거리에서 제대로 걸으면 조직폭력배의 스웨거 걸음은 힘과 권력의 분위기를 풍긴다. 보통 여자를 만날 때는 사용하지 않는다. 대신 자신의 존재를 경쟁자인 남자나 잠재적 여자친구에게 과시하기 위해 술집이나 주점에 들어갈 때 사용한다. 가장 유명한 스웨거 걸음은 조직폭력배가 아니라 〈리오 브라보 Rio Bravo〉, 〈알라모 The Alamo〉, 〈트루 그리트 True Grit〉와 같은 고전 영화의 스타이자 좋은 편, 배우 존 웨인의 것이다. 존 웨인이 스크린에서 실제보다 커 보였던 것은 195센티미터의 신장보다도 그의 스웨거 덕이었다.

> 조폭처럼 인간과 가장 가까운 친척인 유인원은
> 걸을 때 좌우로 건들대며 팔을 몸에서 최대한
> 바깥쪽으로 똑바로 펴서 유지함으로써 우위를 드러낸다.
> 추가적으로 고릴라는 보란 듯이
> 가슴을 두드리며 상황을 정리한다.

　　1970년대 젊은 조직원들은 무술 동작과 춤 스텝으로 개성을 더했다. 브레이크 댄스의 점프, 커팅, 다이빙과 헤드스핀 스텝들을 경쟁적으로 선보였다. 그들의 공격적인 춤동작은 거리에서 누가 우위인지를 표현했다. 브레이크 댄스는 뉴욕 거리 조폭의 격렬한 몸동작에서 시작되었고 동해안의 '업록uprock, 대결하듯이 추는 춤', 서해안의 '로킹locking, 코믹하고 과장된 동작의 춤' 그리고 쿵후 연습 동작의 스타일을 가미해 형태가 만들어졌다. 브레이크 댄스의 과장된 신체언어는 신체능력과 균형감, 육체적인 힘을 드러내 보기에 재미있으면서도 무섭다.

　　초기의 브레이크 댄스는 젊은 건달들이 적들에게 명확한 비언어적 용어로 그들이 싸움에서 이길 수 없다는 걸 보여주기 위해 전투적인 동작과 몸짓을 차용했다. 브루클린과 사우스 브롱크스에서는 일부 조폭들이 브레이크 댄스 의식을 패싸움의 상징적인 대용물로 이용했다. 적대 관계에 있는 조직원들이 전면전을 벌이기 전에 모의 전투동작으로 곧 전투에서 일어날 일들을 서로에게 보여주었다. 드물게는 춤배틀이 무기와 주먹이 오가는 진짜 전투로 가열되었다.

언론의 지대한 관심 이후 브레이크 댄스의 위협적인 신체언어는 조폭의 전유물에서 놀이의 형태로 대중적인 청년 문화로 진화했다. 가수 마이클 잭슨의 '문워크'가 대표적인 사례이다. 중력에 저항하는 춤 스텝은 1983년 그의 베스트셀러 앨범 〈스릴러 Thriller〉의 공연에서 처음 선보였다. 잭슨은 본의 아니게 지금도 이어지고 있는 거리 조폭들의 신체언어적 매혹에 불을 당겼다. 〈웨스트사이드 스토리 West Side Story〉에서 처음 대중화된 조폭 시그널이 〈스릴러〉에서 스타가 되었다.

조폭 세계에서 나온 또 다른 춤은 양식화된 카포에이라의 무술 형식이다. 브레이크 댄스보다 훨씬 오래된 카포에이라는 16세기 브라질의 아프리카 노예들에 의해 형성되었다. 1888년 노예제도가 폐지되자 아프리카계 브라질인 범죄 조직원들은 무리의 결속력을 강화하고 자신의 적들을 위협하기 위해 킥, 점프, 회전, 옆구르기, 물구나무, 팔꿈치 가격 등의 곡예 동작들을 훈련했다. 브레이크 댄스처럼 카포에이라의 신체 동작도 아주 상징적이다. 실제로 가격을 하기보다는 가격 가능성이나 능력을 보여준다. 조폭에게 영감을 받은 이 두 가지 춤동작들은 전투에서 우위에 관한 호전적인 경고다.

보면 한다

범죄의 지하 세계에서 조직폭력배들은 모든 범죄자들 중에 가장 모방적이다. 그들은 동료 조직원들과 똑같은 모자, 헤어스타일, 의상, 액세서리와 신발을 걸친다. 그들은 같은 신체 부위에 똑같은 문신을 하고, 같은 반다나를 두르고, 같은 패거리들이 들고 다니는 동일한 무기를 소지한다. 같은 공간과 장소, 같은 상황에서 같은 손신호가 같은 사람들에 의해 수년간 거의 변하지 않고 계속해서 사용된다. 모방이 아부의 가장 진실한 형식이라면 조폭들은 가장 진심으로 자신에게 아부한다.

폭력배와 그들을 모방하는 지망생들에게 유니폼은 몇 치수 크고 가랑이 아래쪽이 무릎이나 그 아래까지 내려오는 통이 넓은 카키색 바지부터 시작한다. 바지는 속옷이 노출될 정도로 헐렁하고 아래로 내려 입는다. 비유적으로 부모나 권위자들에게 코를 엄지손가락으로 만지는 동작을 한다. 경찰들은 범죄자들이 빨리 뛰거나 울타리를 넘어 도망치기 힘든 배기팬츠를 좋아한다.

그 다음에 역시 아래로 늘어뜨린 큰 치수의 티셔츠을 입고 눈이 부시도록 하얀 운동화를 신는다. 그리고 펑퍼짐한 커다란 재킷에 머리에는 넓은 챙의 헐렁한 NBA 모자가 얹혀 있다. 거리에서 조폭이 상체를 좌우로 왔다 갔다 하며 발을 천천히 끌며 걷는 걸 볼 수 있다. 손으로 바지를 추키며 애꿎은 침을 뱉고, 눈은 핸드폰에 고정되어 있다.

1995년 출간된 《집 안의 조직폭력배》에서 휴스턴 경찰관 마이크 녹스는 이 모습을 다음과 같이 묘사했다. "이 '모습'이란 무엇인가? 당신도 이미 알고 있다. 속옷이 보이게 엉덩이에 간신히 걸친 아주 헐렁한 바지, 특대형 셔츠, 옆이나 뒤로 쓴 모자, 많은 젊은이들이 멋지고 '새롭고' '자극적'이라고 믿는, 몸에 뼈가 없는 듯한 걸음걸이 등이 그것이다."[85] 10년이 지난 지금도 거리 조폭들의 모습은 여전히 똑같다.

모두 보이기 위한 것이다. 조폭이든 아니든 젊은 남자들의 허세적인 복장과 거들먹대는 태도에서 보이는 복합적인 신체언어는 권위에 저항하고 조직 가입을 권하고 경쟁자들에게 허세를 부리는 동시에 무리 내 이성을 유혹하기 위한 것이다.

조직원들의 신체언어가 그들을 따라 하는 추종자들과 어떻게 다른지를 파악하는 것은 위해로부터 스스로를 보호하기 위한 좋은 방법이다. 사실 해가 없는 동물들이 독을 가진 종의 움직임, 습성과 색깔을 흉내 내기도 한다. 실제보다 더 험악하게 노려보고 행동하고 소리 내는 것은 센 척하는 포식자들을 쫓는 데 도움

‹ 늘어진 바지 ›

2007년 2월 11일 로스앤젤레스 경찰청 공식 웹사이트에는 다음과 같은 내용이 실렸다; 옷을 입는 독특한 방식 때문에 조직폭력배의 의상 스타일은 쉽게 알아볼 수 있다. 헐렁하게 늘어진 바지를 입거나 비스듬히 야구모자를 돌려 쓰는 걸 선호한다. 종종 특정 브랜드의 신발, 바지 또는 셔츠를 선호한다. 예를 들면 어떤 조폭들은 파란색, 갈색, 검은색 또는 빨간색 체크무늬 셔츠를 입는 걸 좋아한다. 이런 셔츠들을 바지 밖으로 빼서 헐렁하게 입는다. 그라피티, 표식, 메시지 또는 조직의 이름을 재킷이나 바지, 야구모자에 새기거나 수 놓기도 한다. 다른 식별 항목으로는 조직의 이니셜을 새긴 벨트 버클과 열쇠고리, 팀 재킷과 '수건'이라고 불리는 빨강 또는 파랑의 반다나가 있다.

이 된다. 예를 들어 동부 산호뱀은 빨강, 노랑, 검정의 경계색 띠를 가진, 아름답지만 치명적인 독을 가진 뱀이다. 각각의 빨간 띠 모두 노랑이 받치고 있다.

반면 독이 없고 위험하지 않은 진홍색 왕뱀도 빨강, 노랑, 검정 띠를 가지고 있지만 각각의 빨간 띠는 양쪽의 검은색으로 경계를 이루고 있다. 추종자 왕뱀은 산호뱀의 위험 신호를 모방해 포식자의 접근을 막는다. 생물학자들은 색깔 패턴을 알아보는 것이 자신의 생명을 지키는 데 도움이 된다고 조언한다. 속담의 경고처럼 "빨강과 노랑은 빨강과 검정의 당신 동료를 죽인다."

진정한 조직원들은 옷을 비슷하게 입을 뿐 아니라 같은 의미의 문신을 하며 서로에게 뒤처지지 않으려 애쓴다. 그 디자인은 합법적인 문신시술소에서 정교하게 바늘로 새긴 것처럼 예술적이지 않다. 예를 들어 '블러즈' 갱단은 오른손 다섯 손가락에 가로로 한 글자씩 조잡한 글씨로 'blood'를 표기한다(그들은 오른쪽에 표시하는 걸 선호한다). 레드블러드 드래곤스Red Blood Dragons의 경우에는 이니셜 RBD를 팔뚝 아래 파란색 글자로 거칠게 문신한다.

크립스는 조직의 이름, 닉네임, 지부를 가슴 한가운데나 왼쪽 팔뚝에 문신한다(그들은 왼쪽에 표시한다). 크립스와 합병한 오리엔탈록스Oriental Loks는 양쪽 팔뚝 전체에 세로로 고대 영어 문구를 문신한다. 히스패닉 조직들은 종종 배, 목, 등, 다리, 팔뚝, 위쪽 팔과 손에 문신한다. 삼각형으로 세 개의 점을 신체 어딘가 새기는 것은 '미친 내 인생Mi Vida Loca'의 상징이다.

암흑가 문신은 예술적이기보다 기능적이다. 장식이라기보다
는 표식이다. 거리 조폭의 문신은 뭉개지고 흐릿하고 단색인 경우
가 많다. 정교한 이미지보다는 숫자(예를 들어 오각형 별 중앙에
'5')와 필기체, 고대 영어, 고딕체가 사용된다. 헌신적인 조직원들
은 옷 밖으로 드러나는 손이나 목, 얼굴에 문신을 한다. 반면 추종
자들은 거의 조폭 문신은 하지 않으며 노출된 신체 부위에 문신
하는 경우는 거의 없다.

모방자와 진짜 조폭을 구분하는 또 다른 방법은 손동작이다.
모방자들은 말할 때 손바닥을 아래로 하는 랩 동작을 하지만 조
직에 있는 거리 조폭들의 구부러지고 꼬이고 복잡하고 상징적으
로 코드화된 손과 손가락 동작은 거의 쓰지 않는다. 조폭의 손 신
호는 숙달되려면 연습이 필요하고 거리에서 기능적인 쓰임새를
가졌다. 조직원들의 소속감을 표현하는 동시에 영역을 침범하는
이들에 맞서기 위한 것이다.

숫자, 문자, 단어의 수신호가 순간적으로 번쩍한다. 예를 들어
크립스 조직원들은 자신들의 이웃이나 구역을 의미하는 숫자와
글자 'C'로 신호를 보낸다.[86] 많은 조폭들이 미국 청각장애인수화
ASL에서 빌린 알파벳 신호를 사용한다. 조직에 속하지 않고 흉내
내는 이들, 즉 조폭이 아닌 동네 깡패들은 ASL을 연습하거나 '제
국의 갱들Imperial Gangsters', '미친 라틴의 제자들Maniac Latin Disciples'
의 복잡한 손가락 위치를 보여줄 필요가 거의 없다. 흉내 낼 때는
팬티를 보여주는 것으로 충분하다.

'조직폭력배는 보면 한다'라는 시각적 신념은 파충류의 근

본 원칙인 '동일행동Isopraxism'에 뿌리를 두고 있다. 동일행동은 1975년에 신경해부학자 폴 맥린이 확인한 모방 반응의 과학적 명칭이다. 그리스어 'iso'는 '같다'라는 뜻이고 'praxis'는 '행동'을 의미한다. 생물학적으로 모방 성향에서 나온 동일행동은 높이 평가받는 동료의 행동을 그대로 따라 하거나 모방하거나 반복하도록 이끈다. 맥린에 의하면 모방 반응은 기저핵이라고 불리는 전뇌의 원시적인 운동 중추에서 일어난다.

동일행동은 조직원들이 왜 비슷한 옷을 입고 동일한 신체언어, 동작, 음성 어조를 사용하는지 설명해준다. 비슷하게 보이려

《 조직폭력배 패션 》

조폭의 시각적 목표는 명확히 조폭으로 보이는 것이다. 1940년대 시카고 갱들은 두 줄로 주름 잡은 바지, 넓은 소매, 넓고 각진 옷깃, 허리는 딱 붙고 어깨는 넓은 재킷의 네이비블루 줄무늬 더블 정장을 입었다. 새틴 등판에 묶는 끈이 있고 단추가 위에 달린 꽉 끼는 조끼를 재킷 아래 입어 정장 패션을 연출했다.

이보다 전인 1930년대 로스앤젤레스 갱단은 '주트 슈트zoot suit'를 입었을 것이다. 역시 어깨가 넓고 허리가 좁은 모양이었다. 각진 옷깃에 아주 길고 헐렁한 더블 재킷은 일상적인 의복이다. 소맷단은 착용자의 덜렁대는 손끝 아래로 매끈하게 떨어졌다. 제대로 갖춰 입으려면 무릎 아래서 우아하게 좁아지는 주름 잡힌 배기팬츠를 입었다. 액세서리로는 멜빵, 반짝이는 화려한 체인, 아주 얇은 뱀이나 악어 벨트 그리고 아래로 접은 챙과 띠를 두른 중절모가 있다. 눈에 띄는 두 가지 색의 옥스퍼드 구두나 스펙테이터spectator 구두가 '나를 봐'라는 메시지를 완성했다.

고 동일한 배기팬츠를 입고 동일한 NBA 모자를 쓰는 것은 그들이 비슷하게 생각하고 비슷하게 느낀다는 걸 의미한다. 동물 세계에서 동일행동은 동시에 머리를 까닥이는 도마뱀, 동시에 골골대는 칠면조 떼들, 동시에 깃털을 고르는 새 떼들 등에서 나타난다. 조직원들은 사회적 연결과 심리적 단합을 유지하기 위해 머리부터 발끝까지 동일행동적 움직임, 색깔과 장식을 보여준다.

세 마리의 개

울창한 스포캔 매니토공원의 한 카페에서 한여름의 브런치를 즐기고 있는데 갑자기 거리에서 파란 뷰익 세단이 눈에 들어왔다. 차가 시속 10킬로 아래의 이상하게 느린 속도로 야외 테이블에 있는 내 쪽으로 다가왔다.

차량이 가까이 오자 10대 소년들이 차 안에서 떠들썩하게 움직이는 것이 보였다. 소년 세 명의 머리가 위아래로 흔들리다 동시에 옆에서 자전거를 타고 있는 어린 소년을 향했다. 갑자기 검은 원통이 운전석 뒤쪽 열린 창문으로 쓱 나왔다. 10대들의 머리는 계속해서 까닥였고, 원통을 아이에게 조준하며 입을 벌리고 웃는 것이 보였고, 웃음소리가 들렸다. 그리고 자전거에 탄 예상치도 못한 소년을 향해 쏘았다.

그 화창한 날 내가 목격한 것은 차를 이용한 총격이었다. 운좋게도 그 '총'은 물풍선에 비닐 튜브를 달아 만든 1회용 물총이었다. 피해는 가벼웠다. 흠뻑 젖은 티셔츠와 아이의 상처 입은 자존심이었다. 공격자들은 웃으며 머리를 까닥이다가 파란 세단이 자리를 뜨며 속력을 내자 똑바로 앞을 보기 위해 일제히 고개를 돌렸다. 심각한 피해는 없었다. 나는 가벼운 마음으로 다시 브런치를 즐겼다.

사소한 사건이었지만 이런 별것 아닌 습격이 어떤 면에서는 심각한 폭력성의 반영이다. 물총 저격이 실제 권총과 실탄 저격의 원형이 될 수 있기 때문에 나는 이를 '원형' 습격이라 칭한다. 세 명의 10대 소년들이 연루되어 있다는 사실이 중요하다. 그들의 못된 장난을 나는 사육하는 개들의 무리 행동에 비유한다. 개 한 마리가 길에 풀려 있는 걸 보면 당신은 주의한다. 두 마리의 개를 보면 지나치기 전에 조심한다. 세 마리의 개를 보면 엄폐물을 찾는다. 천천히 움직이는 세단에 탄 세 소년은 길거리에 풀어놓은 세 마리의 개와 같다. 두 개체 모두 변덕스러운 집단적 사고방식이 발현된다.

생물학자들은 이러한 무리 사고방식을 '공격성 발현'이라는 집단행동의 한 형태로 설명한다. 두 마리 이상의 동물이 외부 희생자의 공격에 집중할 때 그들은 심리적으로 더 가까워지고 단합된다. 그들 사이의 유대감은 공격을 함께하며 구현된다. 내가 파란 뷰익에서 보았던 것처럼 집단 웃음은 공격성 발현의 완벽한 사례다. 소년들의 웃음소리는 생물학자들이 기록한 풀어놓은 원숭이와 유인원들의 집단공격 신호처럼 들렸다.

물총 갱단이 재빠르게 도망쳤을 때 내가 아는 아이들이라는 걸 깨달았다. 내가 만났을 때는 믿음직하고, 친절하고, 도덕적으로 반듯한 아이들이었다. 하지만 어느 여름날 그들은 함께 무리를 이루었다. 천천히 움직이는 차량에 모여 앉아 흔들고 있는 세 명의 10대 소년들은 비행의 명확하고 현실적인 경고 신호이다.

물총에서 실총으로

물총 사격의 신체언어에 활기찬 끄덕임, 웃음과 공격적인 집단 행동이 있다면 진짜 차량 총격은 어떤 모습일까? 물총과 실총을 비교하기 위해 텍사스주 샌안토니오에서 있었던 두 명의 청소년 갱의 차량 총격에 대한 재판기록과 연대기를 모아 살펴보자. 이들은 경쟁 조직원의 집에 무자비한 총격을 계획하고 자행했다.[87]

1994년 1월 30일 밤 오스카의 집 밖에 주차된 차 안에서 친구 사이인 오스카와 노엘이 차량 총격을 모의하는 장면에서 시작된다. 노엘은 차 안에서 기다리고 오스카는 소총을 가지러 집에 들어간다. 총을 가지고 나오는 걸 들키지 않으려 오스카는 자신의 방 창문으로 나온다. 차로 돌아온 오스카는 노엘에게 "네가 쏘고 싶어 한 그 총이야"라고 말하며 소총을 건넨다.

노엘은 전에 총을 본 적이 없다. 그 총이 노엘이 사용한 첫 총이었다. 무기의 모양과 느낌이 경쟁 조직원 '마누엘'에 대한 총격 계획을 더 뚜렷하고 현실적으로 만든다. 오스카가 운전하고 노엘은 옆 조수석에 앉아 사격하는 법에 관한 이야기를 나눈다. 노엘은 총에 일곱 발의 총알을 장전한다. 분명 그것은 물총이 아니다. 노엘은 후에 "무슨 종류인지는 몰랐지만 총알이 정말 길었다"라고 했다.

오스카는 자신의 집에서 목표물의 집까지 차를 몰고 가 안에 누가 있는지 살펴본다. 그들은 집 안에서 움직이는 사람들의 실루엣을 살핀다. 오스카가 집 뒤쪽으로 천천히 차를 몬다. 노엘은 조수석 창문을 열어둔 채로 다리는 차 안에, 상체는 밖으로 걸치고 있다. 신속한 도주를 위해 오스카는 시동을 계속 켜둔 채 대기하고 노엘이 차량 지붕 위로 집 안에 총격을 가한다. 공격팀이 혼자가 아니라 두 명이라는 것에 노엘은 더 쉽게 총을 발사하게 된다.

첫 번째 연발 총격이 끝난 후 오스카는 정문으로 차를 이동하고 노엘은 두 번 더 총격한다. 마지막으로 노엘이 미닫이 유리문을 겨냥한다. 노엘은 아무것도 듣지 못하고 누가 총에 맞았는지 아닌지도 알지 못한다. 불안해진 오스카는 피해를 확인하기 위해 기다리지 않고 헤드라이트를 켜고 차를 몰아 출발한다. 그는 자신의 집으로 돌아와 총을 자신의 방 창문으로, 가지고 나왔던 방법 그대로 살짝 제자리에 둔다. 다시 나온 오스카는 다른 집, 노엘의 사촌 마르타의 집으로 차를 몬다.

집에 도착하자 노엘은 울기 시작한다. 오스카는 그에게 "너가 처음이라 그런 거야"라고 한다. 마르타 집에서 10분을 머문 뒤 오스카는 노엘을 태우고 자신들의 음모가 시작된 집으로 돌아간다. 오스카는 노엘에게 누구에게든 입도 뻥긋 말라고 한다. "아무한

테도 안 돼. 그렇지 않으면 우린 끝장나."

소년들의 차량 총격 표적들은 사진에 아무런 범죄 시그널도 보지 못했다. 깜깜했고 그들은 안에 있었기 때문에 아무도 10대 소년들이 탄 천천히 움직이는 차량을 감지하지 못했다. 재판기록에 의하면 피해자들은 그날 밤 두 번의 연발 총성을 들었다고 했다. 첫 번째는 집 뒤쪽에서 들렸다. 앞쪽에서 들렸던 두 번째 총격에서는 탄환들이 집 벽에 부딪히는 소리가 들렸다. 총격이 멈춘 직후 가족 한 명이 네 살 난 손자가 머리에 피를 흘리며 벽에 기대 움직이지 않고 있는 걸 발견했다. 그 후에 손자 레이몬드는 부상으로 사망했다.

법정에서 마르타는 청소년 갱단이 자신의 집에서 총격 사건을 이야기를 하며 "초조하고 흥분되어" 보였다고 증언했다. 그들은 경쟁 조직원 마누엘에 대한 총기 난사 공격의 결과를 확인하러 간다고 곧 떠났다. 다시 마르타의 집에 돌아와 그 집을 한 번 더 쐈다고 말하고는 역시 불안하고 극도로 예민해 보였다.

차량 총격이 일어난 지 며칠 뒤 노엘은 브렌트우드 중학교 교사들에게 자백했다. 샌안토니오 경찰이 수사에 들어갔다. 노엘은 경찰에게 총격 후에 몸도 아프고 잠도 자지 못했다고 말했다. 경찰은 노엘의 태도가 "공손하고 죄책감에 아주 힘들어했다"라고 설명했다.[88] 1998년 12월 30일 노엘과 오스카는 가중적 1급 살인 혐의에 대해 유죄를 받았다.

물총과 실총, 두 공격 모두 신체언어는 본질적으로 똑같아 보였다. 천천히 움직이는 차량에 탄 쉽게 흥분하는 10대 소년들은 서로를 부추겨 의식화된 무리를 이루고 표적에게 공격성을 발현했다. 혼자 움직였더라면 두 경우 모두 아무 일도 일어나지 않았을지 모른다. 조폭 세계에서 공격은 무리로 일어난다.

권위 구현

조직폭력배의 신호는 과시, 모방, 공격성으로 모습이 드러나고 권위로 선동된다. 조직원이라면 명령대로 행해야 한다. 비언어적인 관점에서 보면 리더를 따라야 한다는 의무가 언어적 명령보다 더 우선한다. 조폭 권위의 신체언어를 탐색하기 위해 시카고에서 가장 오래된 흑인 거리 갱단 바이스로즈Vice Lords의 조직원이 연루된 잔혹한 유괴 사건에 관한 재판기록을 살펴보자.

서로 인사할 때 조직원들은 손가락과 엄지를 구부려 'VL' 모양을 만든다. 바이스로즈의 공식 강령에 의하면 "명령을 신속하고 효율적으로 완수하지 못하면 당신과 다른 동료의 생명이 위험할 수 있다." 즉 당신은 항상 명령대로 행해야 한다. 많은 길거리 갱단처럼 바이스로즈의 조직 체계는 작은 세부 조직으로 나뉘고 '대장'과 '두목'이 지시하면 '행동대원들'이 수행한다.

1993년 6월 15일 팔로이 피니는 테네시주 멤피스의 한 미용실에서 일하고 있었다. 바이스로즈 두목인 찰스 톰프슨이 찾아와 여동생 토르시아의 행방을 물었다. 여동생 토르시아 버크스는 톰프슨과 같이 살고 있었다고 한다.[89] 피니는 모른다고 대답했고 톰프슨은 떠났다.

    몇 분 후 찰스 톰프슨은 자신의 동생 데릭과 같이 돌아와 여동생의 행방을 다시 물었다. 피니가 계속 부인하자 그를 자신의 셋째 동생 집으로 끌고 가 결국 구타했다. 그리고 머리에 두건을 씌워 다시 자신들의 여동생 집으로 데려갔다. 6월 16일 그곳에서 조직원 데릭 톰프슨, 마커스 대니얼스, 데릭 버넌의 도움을 받은 바이스로즈의 두목 찰스 톰프슨은 피니를 쇠지렛대와 수도 호스, 주먹 등으로 두 시간 동안 심하게 두들겨 팼다.

    마침내 피니가 길에 풀려났을 때 그는 얼굴이 퉁퉁 붓고 오른

‹ 찰스 맨슨의 권위 ›

1971년 4월 19일 악명 높은 맨슨 패밀리의 리더 찰스 맨슨은 테이트, 라 비앙카 살인사건으로 알려진 1969년 로스앤젤레스 대학살에서 죽은 여배우 샤론 테이트와 다른 희생자들에 대한 1급 살인을 조종한 혐의로 사형선고를 받았다. 1972년 캘리포니아주 대법원이 사형제도를 폐지하면서 맨슨은 가석방 없는 종신형을 선고받고 복역 중이다.

맨슨은 조직원들의 정신을 조직화하기 위해 반복을 이용했다. 아돌프 히틀러처럼 그는 금지된 자신의 사악한 철학과 계획을 주입하기 위해 "거의 매일" 같은 문구를 계속해서 반복했다.[90] 히틀러와 마찬가지로 맨슨의 추종자들은 그의 눈이 '최면을 거는 듯' 했다고 설명했다. 자신의 신도들을 고립시키기 위해 맨슨은 패밀리 아지트에 시계나 신문을 허용하지 않았다. 그는 공동체를 위한 요리, 청소와 바느질 같은 단체 활동을 통한 동일행동으로 무리를 조직으로 결속시켰다. 자신의 조직원들을 '가족'으로 결속시킨 뒤 그들이 살인을 하도록 조종했다.

쪽 팔꿈치는 부러지고 갈비뼈는 금이 가고 왼쪽 팔은 베였고 피부에는 화상을 입고 온몸이 상처투성이였다.

법원은 판결문에서 "찰스 톰프슨이 행위를 지시했고 그들은 이를 실행했다"라고 명시했다. 판사는 바이스로즈 조직원 데릭 버넌이 "명백히 두목의 지시를 따르고" 있었다고 판단했다. 찰스 톰프슨은 신체언어적 지시로 폭행을 주도했다. 자신의 권위로 희생자를 폭행하자 그의 행동대원들이 집단행동에 나섰다. 조직의 어떤 지시도 없었다. 보이지 않는 권력이 있었다. 조폭은 보면 한다.

{ **바이스로즈의 두목 찰스 톰프슨은 신체언어적 지시로 폭행을 주도했다.** }

바이스로즈 갱단은 금색, 검은색, 빨간색을 입는다. 네바다대학교 라스베이거스의 유니폼과 땀복, 시카고 불스 티셔츠, 시카고 블랙호크스의 빨강과 검정 재킷 등 색과 문자로 소속감을 드러낸다(네바다대학교 라스베이거스UNLV을 거꾸로 읽으면 바이스로즈 국가연합VLNU이라는 뜻이 된다). 그 외에도 조직원들은 오각형의 별 문신을 하고, 구역을 상징하는 그라피티 이미지는 실크해트이다. 모두 바이스로즈 제복의 시각적 상징이다.

유명한 1971년 스탠퍼드대학교 교도소 모의실험을 통해 우리는 권위를 부여하는 제복의 역할에 대해 배웠다. 권위를 상징하는 제복을 걸치면 권력이 생긴다. 필립 G. 짐바르도의 선구적 실험에서 학생들은 학교 지하실에 그럴듯하게 꾸며진 모의교도소에서 임의로 교도관이나 죄수의 역할을 맡았다.

교도관들은 단추 여밈 주머니와 어깨끈이 달린 카키색 군복 셔츠를 제복으로 입어 상체가 더 커 보였다. 두꺼운 검정 벨트와 검정 부츠에 카키색 바지로 효과적인 시각 효과를 연출했다. 개인적인 시선 접촉을 차단하는 불투명한 선글라스는 죄수들을 대상화시켰다. 교도관들은 경찰 곤봉을 들고 다니며 물리적 구타 가능성을 암시하는 권위를 표현했다.

반면 죄수들은 원피스 같은 하얀 스목smock, 주로 위에 덧입는 길고 품이 넓은 상의을 입었다. 관찰자들은 속옷도 없이 치마 같은 스목만 입은 죄수들이 여자처럼 순종적으로 걷고 앉는다는 점에 주목했다. 또 자세를 불안정하게 하는 고무 샌들에 여성용 나일론 스타킹캡stocking cap, 스타킹과 비슷한 가늘고 긴 모자을 머리에 썼다. 제복을 입은 교도관들은 죄수들에게 정신적 손상을 입혔고 이에 2주간 예정되어 있던 연구는 6일 만에 중단되었다.

그날의 육체적, 정신적 제복을 차려입었던 바이스로즈 조직원들처럼 짐바르도의 교도관들은 제복이라는 공동 전선을 치고 죄수들을 학대했다. 바이스로즈 두목 톰프슨처럼 죄수들이 '존 웨인'이라 불렀던 폭력적인 교도관은 복장으로 권력을 암시하고 강화했다. 그리고 권력은 외부로, 무력한 피해자들을 향했다. 거리 폭력배와 교도관 폭력배 모두 외관의 동일성이 부추긴 집단행동을 의식화했다. 조직폭력배들은 그저 다른 사람이 하는 걸 본 대로 따라 한다.

조직폭력배 시그널

　　조직폭력배의 신호를 봤다면 피하는 것이 가장 좋은 전략이다. 독이 있는 말벌이나 산호뱀, 방울뱀과의 접촉을 피하는 것처럼 조폭과 엮이는 것을 피하라. 불법 행위를 보면 신고하라. 당신은 혼자고, 조폭은 다수이니 혼자 개입하지 마라. 경찰의 조폭 단속 부서들도 늘고 있고 그들의 특이한 습성, 동작, 특유의 복장, 신체언어에 반응하도록 교육받은 경찰관들도 많아지고 있다. 여기 흔히 보이는 조폭 지망생보다 더 위험한 이들에 대한 간략한 목록이다.

- 상징적인 색의 모자와 신발 끈을 하고 친구들과 나타난다.
- 목에 단색의 투박한 문신을 하고 있다.
- 공공장소에서 무례한 침 뱉기, 주변 감시, 초조하고 긴장되고 과민한 태도
- 동료 그룹에서 이상하게 혼자 몰두해 있는 모습
- 동료와 암호 같은 수신호 사용

　　다음 장에서는 권력을 남용해 화이트칼라 범죄를 저지르는 기업 조폭의 신체언어를 해석하는 법을 살펴보겠다.

9장

불법 비즈니스 설계

악을 행하는 이는 모두 빛을 미워한다.
요한복음 3장 20절

거리 조직폭력배들이 의상, 춤, 문신 등 신체언어적으로 화려하다면 기업 사기꾼들은 무대 뒤에 기척도 없이 숨어 있다. 아침마다 샤워하고 정장을 차려입고 닫힌 사무실 칸막이 뒤로 사라진다. 내부자 거래에서 증권 사기까지 화이트칼라 범죄자들은 익명이고 보이지 않으며 얼굴도 없다.

즉 미 법무부가 그들의 탐욕에 빛을 비추기 전까지는 얼굴이 없다. 마사 스튜어트 같은 억만장자들이 엔론과 화이자, 아서앤더슨에서 저지른 범죄행위가 대중에게 드러나면서 최고 권력층의 기업 동작학에 대한 흥미로운 초상화가 그려지고 있다.

얼굴이 없기는커녕 대기업 총수들은 사실 갖은 인상을 쓰고 있다. 삐죽거리고, 찌푸리고, 화가 나서 이를 악물고, 죽일 것 같은 눈으로 노려보기도 한다. 사무실 칸막이를 넘어오고, 복도에서 코앞에 얼굴을 들이밀고, 소리 지르고, 악을 쓰고, 경멸하듯 거만하게 눈썹을 들어 올린다. 사무실에서 고압적인 태도를 보이는 것은 경고 신호이다. 적대적인 신체언어는 불법적인 일이 임박했다는 걸 보여준다. 공격적으로 행동하는 고용주들은 위법 행위에서 딱 한 발짝 떨어져 있다. 아니면 이미 선을 넘었을 수도 있다.

이반 보스키, 앤드루 패스토, 마사 스튜어트의 공통점은 무엇인가? 모두 거물 기업인이자 고압적인 보스로 알려져 있으며 화이트칼라 범죄로 유죄를 받았다. 법적 경계를 넘기 전에 모두 분노 조절에 실패했고 교내 불량배 같은 유치한 태도를 보였다.

채권 중개인이자 금융의 마법사 이반 보스키("탐욕은 건강한 것이다.")는 부하 직원들에게 일상적으로 소리를 질렀다. 자신의 이익에 관해선 유능한 깡패, 엔론의 전 최고재무책임자 앤드루 패스토는 성미 급하고 잔인한 야심가이며 심하게 위태로운 사람으로 알려졌다. 미디어 전문가 마사 스튜어트는 만성적 직장 내 괴롭힘으로 설명된다. 공모, 거짓 진술, 재판 방해로 유죄를 받은 스튜어트는 일명 '지옥에서 온 보스'로 불렸다.

동네 깡패들이 운동장에서 약한 아이들을 괴롭히는 것처럼 범죄자 보스들은 직장 내에서 권력으로 괴롭힌다. 공감 능력도 사회성도 없는 깡패들은 주먹 쥔 동작, 노려보는 눈, 모욕적인 목소리 어조 등 태도로 지배력을 행사한다. 갑질 보스들은 두려움과 분노, 좌절로 가득한 유독한 환경을 만들어낸다. 더 위압적으로 굴수록 힘이 더 세진다. 그리고 제왕적 콧대 너머로 위에서 내려다보며 선과 악의 경계는 쉽게 넘을 수 있을 만큼 가깝다고 판단한다.

{ 동네 깡패들이 운동장에서 약한 아이들을
괴롭히는 것처럼 범죄자 보스들은
직장 내에서 권력으로 괴롭힌다. }

마사 제국

그 경계선을 넘은 사람 중 하나가 억만장자이자 '마사 스튜어트 리빙 옴니미디어'의 최고경영자 마사 스튜어트였다. 재판 방해와 2001년 12월 27일 임클론시스템즈 주식 매각 수사에서 거짓 진술한 혐의 등 네 건으로 기소된 마사 스튜어트는 2004년 3월 5일 유죄를 선고받았다. 당시 그녀의 나이는 예순둘이었다. 〈USA 투데이〉에 따르면 마사는 6주간의 재판 과정 내내 '완벽하게 무표정'했다. 부인 아닌 부인의 행동학 신호, 즉 법정에서 감정을 보이지 않는 것은 유죄를 강력하게 암시한다. CNN에 의하면 마사는 평결이 내려질 때도 감정을 보이지 않았고 법정을 떠날 때도 '포커페이스'였다. 나는 TV 뉴스에서 그녀가 재판 직후에 법정을 나서며 입술을 앙다무는 걸 보았다. 마사의 유명한 대중적 미소에 언짢은 찌푸림이 스며 나왔다.

2004년 7월 16일 마사 스튜어트는 징역 5개월에 3만 달러의 벌금형을 받았다. 선고 후 법원 밖 인터뷰에서 입꼬리내림근이 다시 수축하며 그녀의 입술 끝이 눈에 띄게 아래로 당겨졌다. 그리고 그 유명한 허스키한 목소리로 "나는 돌아올 것이다"라고 단언했다.

마사 스튜어트는 법 경계선을 세 번 넘었다. 첫째, 그녀는 주식이 급락한다는 내부자 정보를 듣고 자신의 임클론시스템즈 주식을 4천주 가까이 팔았다. 둘째, 그녀는 투자자들이 마사 스튜어트 리빙 옴니미디어 주식을 처분하지 못하도록 일부 거짓 보고를 했다. 셋째, 그녀는 연방수사관에게 자신의 행위에 대해 거짓말을 했고 이는 네 가지 중죄 중 하나로 유죄를 받았다.

사전에 명확한 범죄의 전조 신호는 없었다. 하지만 훈련된 관찰자는 미묘한 또는 미묘하지 않은 범죄 신호들을 볼 수 있다. 화이트칼라 범죄의 비밀 세계에서 불법 행위는 닫힌 문 뒤에서 서류로 이메일로 전화로 은밀하게 일어난다. 마사의 임클론시스템즈 주식 매각은 처음에는 기밀이었다. 연방정부가 내부자 거래 혐의로 임클론시스템즈의 설립자 샘 왁살을 체포한 후에야 시장에서 의혹이 불거졌다. 그녀가 주식 매각 전에 왁살과 관련 내부자들에게 비밀 정보를 받은 것이 이후 조사에서 밝혀졌다. 왁살이 기소되지 않았다면 아마도 그녀의 범죄는 드러나지 않았을 것이다.

어떻게 마사 스튜어트같이 대중적 위상을 가진 여성이 중범죄자가 되었을까? 모델에서 주식 중개인, 요식업자에서 TV 스타, 대기업 CEO에 이르기까지 마사 스튜어트의 변함없는 사업 목표는 자신의 위상을 부풀리는 데 있었다. 이는 비언어적 행동과 신체언어를 통해 어떻게 명시되는가? 신체적으로 키는 똑바로 선 자세에서 몸의 높이다. 사회적으로 위상은 조직 내에서 성취하거나 부여받은 지위이다. 비언어적으로 둘 다 부풀려질 수 있다. 마사 스튜어트는 실제보다 더 대단하게 보이는 허세적인 동작과 자세, 타고난 목소리로 자신의 사업 규모를 부풀리는 데 천재적이었다. 그녀의 낮은 목소리, 무시하는 말투와 오만한 태도는 모두 상대를 위축시키는 도구였다.

《마사 주식회사》에서 크리스토퍼 바이런은 마사가 인사 없이 자리를 뜨거나 전화를 끊는 식으로 직원들과 대화를 끝냈다고 했다. 타이밍을 조절하고 멋대로 해고했다.

마사 스튜어트는 "권위적으로" 동료들을 다루며 "윗사람"인 듯 "오만한" 인상을 주었다. 그녀의 목소리에는 통제하려는 의지가 배어 있었고 이를 방해하는 사람은 "언어폭력"을 감수해야 했다. 바이런은 이렇게 말했다. "그녀와 통화할 때 유일한 답변은 '뭐라고?'하는 고함이었다."[91]

바이런에 따르면 직원들은 회사 복도에서 마사 스튜어트와 마주칠까 봐 "겁을 내며 지냈다." 가끔은 기분 좋아 보였지만 다른 때에는 "사람들에게 소리소리 지르고 다 보는 데서 심하게 몰아붙였다." 아무도 그녀가 어떤 식으로 나올지 몰랐다. 하루는 회의 중에 커피잔을 벽에 던지고 "여기 있는 전부 다 어떻게 이렇게 멍청할 수 있지?"라고 소리쳤다.

목소리 어조는 보스들이 직원과 그들의 아이디어를 어떻게 생각하는지를 반영한다. 높이, 리듬, 허스키한 정도와 목소리 크기로 이루어진 어조는 심리적인 흥분, 감정, 기분에 따라 변화한다. 보스가 화를 내거나 빈정대거나 거만한 어조로 말할 때는 사회적 정보도 전달한다. 감정적인 뇌에 물어뜯는 듯한 음성은 진짜 이

빨로 물어뜯는 것만큼 아프다. 신경학적으로 둘 다 동일한 뇌 구역에 고통으로 기록된다.

동물이 흥분하거나 더 공격적이 될수록 음성은 더 낮고 거칠게 변한다. 그러면 더 세 보인다.[92] 두 명이 대화할 때 더 깊고 낮은 주파수의 목소리를 가진 사람이 더 사회적 지위가 높다는 것을 서로 인식하고 있다는 연구 결과도 있다.[93] 생물학자 유진 모턴은 거의 모든 포유류 소리는 으르렁대고, 짖고, 낑낑대는 세 가지 기본 발성의 혼합물이다. 마사의 낮은 목소리는 보통 사람들보다 위압적으로 다가온다.

{ **카메라가 꺼지자 그녀는 소리소리 지르고 욕을 쏟아내며 화산처럼 폭발했다.** }

《마사 스튜어트: 단지 디저트》에서 제리 오펜하이머는 전 CEO를 비슷하게 그렸다. 마사 스튜어트의 어머니인 마사 코스티라도 그녀의 분노를 피하지 못했다. 마사 스튜어트는 자신의 코네티컷주 웨스트포트 케이터링 사업을 맡아 하던 어머니에게 고함치고 야단치고 질책했다고 한다. 마사 스튜어트를 설명하며 "편협하고" "사납고" "정신없고" "소리치고" "신랄한" 같은 단어들이 책 전체에 이어진다. 그녀는 최대 한도의 비명, 쿵쿵대는 동작, 폭력적인 고함으로 상대를 위축시켰다.

마사는 동물들이 크게 보이려 몸을 부풀리는 것처럼 실제보다 커 보였다. 복어와 대구는 몸의 가장 넓은 부분을 상대 쪽으로 향한다. 개구리는 연못에서 더 크게 모습을 드러내기 위해 가짜로 몸을 부풀리고 낮은 울음소리를 낸다. 도마뱀은 공격적인 자세를 보이기 위해 네 다리를 빳빳하게 세운다. 고양이와 개, 다른 모피 동물들은 최대한 털을 세워 몸을 키운다. 마운틴고릴라는 가슴을 최대한 펴서 두드리고 귀를 찢는 듯한 포효로 위협한다. 모든 생명체는 더 크게 보이기 위한 몸과 동작에 최선을 다한다.

시간이 흐를수록 마사 스튜어트의 위상은 더 높아졌다. 그녀의 오만한 신체언어는 기업의 배임 가능성이 내내 거기 존재했다는 것을 분명히 보여줬다. 2006년 1월 6일 맨해튼의 제2미연방 순회항소법원은 그녀에 대한 2004년 원심판결을 그대로 확정했다.

> 마사가 내게 이야기하는 동안
> (그녀는 절대 잡담은 하지 않을 것이다)
> 그녀의 얼굴과 신체언어를 (아주) 가까이서 살펴보기
> 충분한 시간이 있었다.
> 그녀는 긴장을 풀지 않는다.
> 나는 마사 스튜어트가 거품 욕조에 늘어져 있거나
> 해변 그늘에서 책을 읽는 것을 상상도 할 수 없다.
> 마사가 휴가를? 생각도 할 수 없다.[94]
> —앤 가버, 캐나다 밴쿠버 기자

앤드루 '스텔스' 패스토

2004년 1월 14일 마흔둘의 앤드루 S. 패스토는 휴스턴 연방 법원에서 엔론 회계 스캔들에서 자신이 연루된 두 건의 전자금융 및 증권 사기 혐의에 대해 항변했다. 정장 차림에 소년처럼 보이지만 새치가 있는 패스토는 변론 내내 아무런 감정도 보이지 않았다. 마사 스튜어트의 포커페이스를 떠올려 보라. 법정에서 아무런 감정도 보이지 않는 것은 유죄에 대한 비언어적 증언이다.

한때 미국의 대표적인 에너지 기업 엔론은 2001년 12월 파산 신청했다. 엔론의 수천 노동자들은 직업과 주식, 노후 대비 저축을 잃었다. 엔론의 전 최고재무책임자이자 기업의 극적인 몰락의 설계자 패스토는 이 사건에 대해 당국에 협조하겠다는 조건으로 가석방 없는 10년형을 받아들였다.

마사 스튜어트가 사업에 성공하기 위해 자신의 위상을 과시했다면 패스토의 비결은 은밀함이었다. 《탐욕의 해부학》에서 브라이언 크루버는 패스토를 "커튼 뒤에서" 작업하는 얼굴이 알려지지 않은 비밀 임원이라고 설명했다.[95] 커튼 뒤에서 패스토는 엔론의 수십억 달러 부채를 숨기고 조합계정에 '기록되지 않는' 교묘한 회계 능력을 발휘했다. 이 과정에서 수십만 달러를 자신의 몫으로 슬쩍 챙기기도 했다.

1997년 패스토는 엔론의 상위 그룹에 들어가기 위해 임원처럼 보이는 의상과 방식을 조언해줄 이미지 컨설턴트를 고용했다.[96] 더 높은 사람처럼 보이려고 넓은 옷깃의 더블정장을 입었

다. 어떤 이들은 그가 '조직폭력배처럼' 너무 과시적으로 보인다
고 생각했다. 뉴스 보도에서 패스토는 환하게 활짝 웃고 실제보
다 상냥해 보이는, 멀끔하게 차려입은 호감을 주는 사람이었다.
당연히 상냥함과는 거리가 먼 패스토는 엔론의 막대한 자산을
지키기 위해 은밀히 일했다.

마사 스튜어트처럼 패스토는 '좋은 놈'과 '나쁜 놈'을 오가는
지킬 앤 하이드 같은 기질을 보였다. 그 나쁜 놈은 예민한 성미에
회의에서 공개적으로 사람을 모욕하고 자신을 비난하는 이들이
나 동료들에게 공격적인 장광설을 퍼붓곤 했다. 전 동료들은 패스
토가 악을 쓰며 탁자를 쳐대는 식으로 사람들을 다루고 "남을 바
보로 만드는 걸 즐겼다"고 전한다.[96] 스튜어트처럼 그의 태도는
범죄에 발을 들여놓기 이전에도 그에게 위법적 기업 행위의 여지
가 있음을 보여주었다.

> 잠깐 유쾌한 미소를 짓더니 바로 어두운 광채가
> 번뜩였다. 그리고 뭔가 그 안에서 시작되었다.
> 그는 링에서 몸을 풀고 있는 권투선수처럼
> 고개를 흔들고 목을 돌리고 입을 풀었다.
> 그리고 폭풍 같은 욕설을 퍼부었다.

드러난 초기 단서는 보통의 최고재무책임자와 달리 패스토
는 자신의 엔론 왕국 밖 애널리스트들과 거래하는 것을 피했다
는 점이다. 보안을 위해서인지는 모르겠지만 엔론 측이 아닌 애널

리스트 동료들을 대하는 앤드루의 자세는 이상하게 냉담했다. 그의 금융그룹은 독립되어 있어 다른 하부 조직과 달리 중앙 통제를 받지 않았다. 커튼 뒤에서 작업하는 은밀한 경영 방식으로 기업 레이더에 거의 포착되지 않고 비행할 수 있었다. 의혹이 생기면 항상 저항하기 힘든 미소 뒤에 숨었다. 그의 전 고등학교 교사는 이렇게 표현했다. "미소가 그의 도구였다."[97]

두 번째 위험 신호는 호화로운 그의 재산 목록이었다. 그는 사우샘프턴의 대저택, 갤버스턴과 버몬트의 별장, 브라이어클럽 전용회원권, 자신의 포르셰 911, 부인의 메르세데스벤츠, 값비싼 미술품들, 리버오크스에 건설 중인 사치스러운 저택 등을 소유하고 있었다. 값비싼 정장과 9000달러짜리 프랭크뮬러 손목시계처럼 패스토의 소유물들은 과시적이었다. 19세기 성직자 에드윈 채핀은 "과시는 위선의 신호 깃발"이라고 했다. 패스토와 그의 부인이 부자인 건 당연하다. 하지만 그들의 재산만큼 부자는 아니었다. 분명 어디선가 여분의 자금이 나오는 듯했고 의혹은 최고재무책임자의 보수에 쏠렸다.

분식회계 부정 혐의로 고발된 회사를 감안하면 엔론이 패스토에게 지급한 돈은 지나치게 많아 보였다. 2001년 10월 19자 〈월스트리트 저널〉은 그가 LJM으로 알려진 단식회계 계정으로 연 700만 달러를 받았다고 보도했다.[98] 기사가 나온 후 엔론 이사회는 즉시 조사에 들어갔다. 처음엔 거친 성미로 조사관들을 애먹였지만 결국 패스토는 자신의 LJM 계정에서 통틀어 얼마를 벌었는지 실토했다. 총 5890만 달러였다. 10월 24일, 〈월스트리트 저널〉이

의혹을 제기한 지 며칠 뒤 패스토는 해고되었다.

세 번째 위험 신호는 패스토의 괴롭힘이었다. 차입 자본 계정의 세입과 보강을 위해 투자자와의 거래가 절실해지자 그는 협박에 의존했다. 《암전》에서 미미 스워츠는 "말 많은 사내변호사, 신중한 은행원, 답답한 회계사 등 성공적인 결산을 위해 투자에 신중한 누구나 패스토의 표적이 되었다"라고 했다. 마사 스튜어트처럼 패스토는 더 위협적으로 보이기 위해 더 심하게 굴었다. 점점더 심해지는 그의 악질적 행동은 부정행위가 멀지 않았다는 신호였다.

"분노로 패스토의 얼굴이 일그러졌다"라고 커트 아이켄월드는 《바보들의 음모》에 적었다. 아이켄월드가 말한 사건에서 패스토는 엔론의 동료 어맨다 마틴을 죽일 듯이 노려보며 그녀가 자신의 은행 거래를 고의로 방해했다고 비난했다. 노려보는 것은 광폭하고 확고한 분노를 시선으로 전달하는 것이다. 영장류 세계에서 우리의 사촌인 원숭이와 유인원은 위협하기 위해 응시한다. 노려보는 것은 자신의 존재를 상대에게 '겨냥'해 더 가까이 느끼게 만들고 갑작스러운 신체 접촉을 암시하기도 한다. 패스토는 어맨다에게 "나라면 아주, 아주, 아주 조심할 거야"라고 협박했다.[99]

심리학자들은 약자를 괴롭히는 것이 인간의 모든 행동 중 가장 변하지 않는 것들 중 하나라고 정의한다. 어린 시절에 시작되어 어른이 되고도 대처 방식으로 지속되곤 한다. 하라 마라노는 〈사이콜로지 투데이〉에 "어린 불량배들이 반사회적인 성인이 된다. 그리고 공격성이 약한 아이들보다 범죄를 저지르거나 부인을

때리고 아이들을 학대하여 다음 세대의 불량배들을 양산할 확률
이 더 높다"라고 썼다.[100] 불량배들은 자신에 대한 통제권을 잃
고 다른 사람들을 통제하기 위해 공격적인 신체언어를 사용한
다. 패스토, 마사 스튜어트 그리고 나쁜 놈 이반 보스키를 포함
한 다른 최고 경영진들의 기업 사례에서 볼 때 일상적인 분노, 노
려보기, 고함지르기, 비명, 탁자 내려치기는 부정행위와 아주 연
관성이 깊다.

2004년 1월 14일자 법무부 보도자료는 앤드루 패스토가 "실
제적인 엔론의 추락에 대해 주주와 일반 투자자들의 올바른 판
단을 가로막는 정교한 사기의 벽을 세웠다"라고 기소 이유를 밝혔
다. 엔론 내부자를 제외하고는 아무도 사기의 벽 뒤에 숨은 패스
토를 몇 년이나 볼 수 없었다.

보이지 않는 것은 위장, 잠복, 동일, 축소, 은닉 또는 투명성으
로 볼 수 없거나 보기 어려운 비언어적 상황이다. 해파리에서 인
간에 이르기까지 동물들은 몸을 숨기고 탐지를 피하는 독창적인
방법들을 고안해왔다.

해파리는 아무것도 없는 심해에서 몸을 숨길 곳이 없기에 투
명성에 의존한다. 투명하고 젤라틴 같은 몸은 빛을 통과시켜 이
단순한 생명체가 들키지 않고 먹이에 몰래 접근할 수 있게 해준
다. 패스토는 공개적이고 공정하고 정직한 인간적 특성이 아니라
해파리의 특성인 투명성을 이용해 대중의 시선에서 자신의 야바
위 게임 조작을 숨겼다. 대중의 시선에 드러났을 때는 이미 엔론
이 몰락 중이었다.

대기업 왕국에서 어떤 사람이 일의 특성상 드러나지 않을 수 있다. 그는 알아보는 사람도 없이 침묵을 지키며 닫힌 문 뒤에서 많은 시간을 보낸다. 패스토는 조폭 같은 의상 취향에도 엔론의 허황된 시도가 여론에서 몰리기 전까지는 잘 해냈다. 연방정부가 엔론을 밝은 곳으로 끌어내자 앤드루 패스토는 기업의 둥지 밖으로 끌려 나와 뉴스에 대서특필되었다. 회사가 더 빨리 그의 범죄 시그널에 주의했더라면 그는 아무 문제가 없었을지도 모른다.

나쁜 놈 이반 보스키

이반 F. 보스키는 괴롭힘과 은밀함으로 1980년대 가장 연봉이 높은 화이트칼라 범죄자 중 하나가 되었다. 또 그는 내부자 정보를 이용한 투자로 미국 증권거래위원회의 첫 번째 조사대상이 되기도 했다.

1986년 5월 18일 이반 보스키는 캘리포니아대학교 버클리에서 졸업식 축사를 했다. 거기서 그는 경영대학원 졸업생들에게 "탐욕은 건강한 것이다. 더 탐욕적이 될수록 더 만족할 것이다"라고 했다. 그의 말이 끝나자 청중들은 웃으며 박수를 쳤다.[101]

2005년 잡지 〈패스트컴퍼니〉는 보스키를 '지옥에서 온 보스' 열 명 중 하나로 선정했다. 검은 스리피스 정장을 입은 껑마른 남자 보스키는 툭 튀어나온 광대뼈에 까무잡잡한 얼굴, 은색 금발과 쏘아보는 듯한 눈을 가졌다. 《도둑들의 소굴》의 저자 제임스 B.

스튜어트에 따르면 보스키는 보자마자 거의 "모든 사람에게 항상 소리쳤다."

마사 스튜어트의 낮은 목소리가 다른 사람보다 위압적이었다면 보스키의 고함은 그의 연약한 육체를 거대하게 보이게 했다. 소리를 지르는 건 네 개의 신체 시스템을 동시에 긴장시키는 활성화 과정이다. 교감신경계가 공격 태세로 전환된다. 심장박동과 혈압이 상승한다. 고함의 강제 날숨은 호흡계의 갈비, 복부, 횡격막, 후두 근육이 수축하면서 발생한다. 폭발적으로 터져 나올 때 복벽의 근육들은 골격계의 아래 갈비뼈를 누르고 등뼈와 두개골이 앞으로 구부러져 공격적으로 고개를 흔들게 한다.[102] 고릴라의 포효처럼 보스키의 최대치 고함은 주위 공간을 쩌렁쩌렁 울렸을 것이다.

고함을 치거나 소리를 지르거나 노려보지 않을 때 보스키는 부드럽고 순해 보였다. 〈뉴욕〉지의 '나쁜 놈들, 나쁜 놈들' 기사에서 제임스 J. 크레이머는 보스키를 "태도는 거의 학자 같았다"라고 했다. 어쩌면 학구적이었을 것이다. 제임스 스튜어트는 보스키와 그의 범죄 파트너 마이클 밀컨을 "금융계에서 전대미문의 사기 범죄자"라고 표현했다.

월스트리트에서 '보스키의 날'로 알려진 1986년 11월 14일 보스키는 내부자 거래 수익에 대한 법정 합의금 1억 달러의 지급과 추가로 다시는 증권 시장에 참여하지 않겠다고 합의했다. 경계선을 넘기 전 긴장과 대립을 일삼는 그의 신체언어와 날카로운 음성에는 분명히 사업적 탐욕이 잠재되어 있었다.

선물 증여자 잭 아브라모프

이미 베벌리힐스 고등학교 학생일 때 벤치프레스 기록을 세웠고, 각진 턱에 육체적으로 위압적인 잭 A. 아브라모프는 권력을 얻기 위해 소리 지르거나 남을 괴롭힐 필요는 없었다. 역사상 가장 영향력 있는 워싱턴 D. C. 로비스트였던 아브라모프는 2005년 8월 11일 로스앤젤레스에서 기소되어 마흔여섯의 나이로 체포될 때까지 자신의 유전적 능력을 이용해 친구를 얻고 사람들에게 영향을 주었다.

잭 아브라모프는 베벌리힐스 초등학생일 때 어린 유권자들에게 핫도그를 무료로 나눠주며 총학생회장직을 사려 했다.[103] 후에 규모가 커진 선물 사례는 평생에 걸쳐 그의 작업방식이 되었다. 휴가 여행권, 미식축구 입장권, 식사 초대, 현금 같은 선물은 사람들을 자신의 편으로 끌어들이기 위한 '불법적 영향력 행사' 행위였다. 괴롭히기와 달리 악감정이 생기지 않는다. 잭에게 선물을 받은 이들은 고마워했다.

인류학자들은 선물을 비언어적 교환 수단으로 연구한다. 선물 자체는 말이 거의 없지만 말과는 달리 본질적인 메시지와 의미를 전달한다. 1925년 마르셀 모스의 대표작 《증여론》의 출간 이후 민족학자들은 인간관계에서 선물의 막대한 힘을 인정해왔다. 모스는 선물이 절대 공짜가 아니라고 가르쳐주었다. 현대의 인류학자들은 선물을 받으면 강한 의무감이 생긴다는 데 동의한다. 선물을 받는다는 것은 비슷한 보답을 해야 한다는 암묵적인 채무를 동반한다.

2006년 3월 31일 토니 루디는 워싱턴 D. C. 지방법원에서 공모 혐의를 인정했다. 재판기록에 따르면 텍사스주 하원의원 톰 딜레이의 전 직원이었던 토니 루디는 아브라모프를 도와 그의 고객인 북마리아나제도 연방^{CNMI}이 반대하는 입법을 막았다고 한다. CNMI는 잭 아브라모프에게 717만 달러의 로비 수수료를 지급했다. 잭 아브라모프는 이 돈의 일부를 의회 내부자인 토니 루디에게 "공짜 여행, 스포츠 경기 입장권, 식사와 골프 게임으로 보상했고 루디가 설립해 부인이 운영하는 컨설팅 회사에 8만6천 달러를 투자했다."[104]

솔로몬해에서 거래자들이 이 섬 저 섬 다니며 고가의 조개 장식품을 교환하는 트로브리안드 군도의 '쿨라링$^{Kula Ring}$'처럼 아브라모프의 선물 공세가 이어졌다. 재판기록에 따르면 루디는 밥 네이 하원위원에게 스코틀랜드 골프 여행 일부 비용을 지급하는 식으로 아브라모프 펀드를 가치 있게 사용했다. 그후 네이는 아브라모프의 고객 CNMI에 유리한 입법을 지지했다. 트로브리안드 군도에서처럼 선물은 돌고 돌아 돌아온다.

선물과 함께 잭 아브라모프는 비언어적 수법인 보여주기 전략을 이용했다. 물품이나 상품을 보는 것은 그냥 말로 듣는 것보다 훨씬 설득력이 강하다. 우리는 우리가 듣는 언어적 진술은 의심하더라도 우리 눈에 보이는 것은 순진하게 믿는다. 잭 아브라모프의 선크루스 거래가 여기에 맞는 사례이다.

2006년 3월 29일 잭 아브라모프는 2000년 선크루스 카지노

매입건 전자금융 사기와 공모로 플로리다주 연방법원에서 5년 10개월형을 받았다.[105] 판결에 앞서 잭 아브라모프는 조용히 법정에 앉아 있었다. 그는 눈을 감고 있었다. 이후 법원을 나와서도 기자들의 질문에 답하지 않았다. 아브라모프는 〈롤링스톤〉지가 "보리스 바데노프의 페도라"라고 언급한 자신의 상징인 갱단 모자 대신 황갈색 야구모자를 썼는데 아마 자신의 방식이 변했다는 것을 보여주기 위한 표시였을 것이다.

이 판결이 있기 6년 전, 잭 아브라모프와 그의 파트너 애덤 키단은 플로리다주 항구를 운항하는 도박 선단 회사인 선크루스 카지노를 인수했다. 그들은 샌드위치 프랜차이즈 마이애미 서브의 창업자 콘스탄티노스 '거스' 불리스에게 선크루스를 사들였다.[106] 이 사업의 인수를 위해 '플래시 펀드'처럼 보이려 개인 투자자들에게 돈을 빌렸다. 회사 매수 자금이 충분한 것처럼 보여 대출을 끌어오기 위해서였다. 우리는 우리 눈을 신뢰하기에 '보는 것이 믿는 것이다.'

금융기관에서 돈을 빌리기 위해 동업자들은 서류로 자산을 위조했다. 트로브리안드 군도 문화권인 파푸아뉴기니의 적화 숭배 문화에서 원주민들 사이에 '마법의' 종이 조각들이 유통됐다. 2차 세계대전 당시 뉴기니 주둔 미군들이 항구와 공항에서 받은 화물 송장들이 유통되는 것을 보았기 때문이다. 석기시대 원주민들은 서류 조각을 병사들의 통조림, 라디오, 초콜릿바는 물론 그 외의 놀라운 화물들을 끊임없이 공급하는 마법의 도구로 보았다. 아브라모프의 마법 서류에는 선크루스를 손에 넣기 위해 동업자들 스스로 조달한 자금 2300만 달러가 회사 계정으로 이체되었다고 나와 있다. 하지만 전자 송금 자체가 "위조였다"라고 마이애미 지방검사 R. 알렉산더 어코스타는 말했다. 그런데도 두 번째로 보는 것이 믿는 것이라는 원리가 작용했다.

사기적인 플래시 펀드와 위조된 서류 조각들이 경보를 울린 것이 아니라 '실재'를 울렸다. 그 뒤로는 너무나 명확한 범죄 신호들이 넘쳐 나왔다. 아브라모프와 애덤 키단이 선크루스를 인수한 후 거스 불리스가 거래 파트너로 남았다. 하지만 불리스는 불만이었고 키단이 조직적인 범죄와 연관이 있다고 비난했다. 불리스와 키단은 업무회의에서 주먹다짐까지 했다고 전해졌으며 〈워싱턴 포스트〉에 의하면 "싸움 직후 아브라모프는 키단에게 이메일로 불리스를 선크루스 사업에서 제거하는 데 동의했다."

2001년 2월 6일 콘스탄티노스 불리스는 자신의 차 안에서 차량 총격범에 의해 살해당했다. 범인은 끝내 밝혀지지 않았지만, 블리스의 매복 살인과 관련해 체포된 세 명 중 둘은 이전에 키단의 컨설턴트로 일한 적이 있었다. 선크루스의 남은 파트너 두 명 모두 이 범죄로 기소되지 않았다. 핫도그, 식사, 골프 게임과 현금 등 잭 아브라모프의 선물로 시작해 주먹, 총탄, 기소와 유죄 인정으로 끝났다. 그가 화이트칼라 범죄의 경계를 넘으리라는 것은 그가 안겨줬던 과도한 선물에서 비언어적으로 명백했다. 80여 년 전에 프랑스 인류학자 마르셀 모스가 가르쳤듯이 선물이 공짜인 경우는 거의 없다.

화이트칼라 범죄자들은 가장 비밀스러운 범법자들에 속한다.

그들은 감사보고서의 매끄러운 페이지에 좀처럼 모습을 드러내지 않는다. 이렇게 드러나지 않는 범죄자들을 발견하려면 우리는 그들의 행동에 주시하고 그들의 신체언어를 읽어내고 그들의 음성에 귀를 쫑긋해야 한다. 후두의 작은 근육들이 감정에 민감한 특수 교감신경과 연결되어 있기 때문에 그들이 말하는 방식은 그들의 말, 또는 그보다 더한 것만큼 명확할 수 있다. 오만한 음성에 그가 법 위에 있다는 의심을 갖는 것은 아주 적절하다.

화이트칼라 범죄 시그널

    활동 중인 화이트칼라 도둑을 잡으려면 경영진 사무실 안에서 모든 것이 잘 돌아가고 있지 않다는 걸 암시하는 신호를 지켜보라.

- 사무실에서 고함치기, 소리 지르기, 괴롭히기
- 무시하는 말투
- 은밀하고 비밀스러운 태도
- 최고경영자의 삐죽이는 입, 눈살 찌푸리기, 일상적인 턱 악물기
- 죽일 듯 노려보는 최고경영자
- 의상, 소유품, 생활방식에서 불필요한 허세
- 공짜 선물 제공

    우리는 위상, 은밀함, 괴롭힘, 선물 제공이 화이트칼라 범죄에서 어떤 유효한 역할을 하는지 살펴보았다. 다음 장에서는 마약을 복용하고 배포하고 유통하는 이들의 비언어적 언어를 해석하는 법을 다루고자 한다.

10장

중독의
표식

가장 환한 낮에도, 가장 어두운 밤에도
모든 사악한 것은 내 눈을 벗어날 수 없다.
나는 그림자늑대이기 때문이다.

마약 밀수꾼을 쫓는 아메리칸 원주민 추적자 그림자늑대

"자신은 절대 술이나 약을 하지 않는다고 내게 항상 맹세했어요." 미스티 펫코는 자신의 큰아들 칼에 대해 이렇게 적었다. 그녀는 '마약 없는 미국을 위한 동반자' 웹사이트에 실린 글에 이렇게 덧붙였다. "성실한 아이였고 나는 아이를 믿었다." 아이는 고등학교를 막 졸업하고 이틀 후면 멤피스예술대학으로 떠날 예정이었다.

모든 어머니는 자기 아이의 말을 믿고 싶어 한다. 하지만 펫코는 일찍부터 약물 사용을 의심할 만한 신호를 발견했다. 영어 단어 'sign'은 라틴어 'signum'에서 나온 '식별 표시'라는 의미이다. 'sign'은 의미나 정보를 전달하는 어떤 물리적인 사물이나 움직임, 특성을 말하는 일반 용어다. 찰스 S. 퍼스가 철학적으로 정의한 바에 따르면 "신호는 어떤 다른 것을 의미한다."[107]

미스티 펫코는 고등학생인 아들 방에서 마리화나의 신호를 느꼈고, 친구들과 여름밤 밤샘 파티를 한 직후 지하실에서 빈 기침약 병들을 발견했다.[108] 이러한 신호들은 분명 어떤 다른 것을 의미했다. 바로 약물 복용이었다. 병원 응급실에서 일하는 오하이오주 정간호사였던 펫코는 마약 신호에 경각심을 갖고 약물을 집에 들이지 못하도록 철통 경계하고 있었다. 발자국이 이미 거기 없는 발에 대한 '색인' 신호인 것처럼 마리화나는 복용에 대한 명확한 색인적 신호였다. 하지만 빈 기침약 병은 그렇게 명확하지 않았다. 먼저 왜 한 병이 아니라 여러 병일까? 펫코는 자신의 아들 같은 고등학생 아이들이 취하려고 감기약과 기침약을 복용한다는 걸 알지 못했다. 이때는 2003년으로 기침약 로비투신에서 이름을 딴 '로보트리핑'이 10대에서 유행하는 마약으로 떠오르기 전이었다.

2003년 7월 15일 밤 펫코와 칼은 오하이오의 집에서 곧 테네시주 멤피스예술학교로 떠날 여행을 앞두고 이야기를 나눴다. 칼은 미소 지으며 엄마를 안아주고 "잘 자 엄마. 사랑해"라고 했다.

7월 16일 다음 날 아침 펫코는 간밤에 약물 과다 복용으로 방에서 이미 호흡이 멈춘 상태의 칼을 발견했다. 그녀는 아들을 다시 살리기 위해 심폐소생술을 시도했지만 무참하게도 아무 소용이 없었다. 몸에서 마리화나, 처방전이 필요한 마약성 진통제 펜타닐, 일반적으로 판매되는 환각효과가 있는 기침 억제제 덱스트로메토르판 이 세 가지가 복합적으로 작용했고 이로 인해 사망했다.

칼이 마약에 손대지 못하도록 펫코는 흡연 파이프, 마리화나용 물파이프, 담배 마는 종이 같은 전형적이고 교과서적인 신호에만 신경 썼다. 하지만 "바늘도, 가루도, 냄새도, 막대한 비용도 없었다." 그랬다. 마리화나에 대한 의심은 있었지만, 그녀는 대마초를 헤로인이나 필로폰 같은 위험 약물로 여기지는 않았다. 아들이 죽기 전까지 아이들이 현실에서 벗어나기 위해 기침약을 치사량에 가까운 하루 네 병까지 마신다는 걸 알지 못했다.

아들을 대신해 펫코는 '마약 없는 미국을 위한 동반자'의 국내 대변인이 되었다. 펫코와 칼의 끔찍한 경험으로 우리는 현대의 마약 신호들을 더 많이 알게 되었다. 칼의 마라화나 흡입은 시험 신호였다. 10대들에게 시험은 시들해지기보다 서서히 늘어나는, 활성화되고 진행 중인 과정이다. 게다가 지금의 젊은이들은 새로운 마약과 신기한 약물 조제법 정보를 인터넷으로 열성적으로 공유한다.

마약 오남용에는 시도해보고, 위험을 무릅쓰고, 남들보다 한 발 앞서려는 또래 집단의 강한 압박이 있다. 칼도 자신이 시도했던 약물실험을 컴퓨터 기록으로 남겼다. 현대의 마약 시그널, 신호와 단서를 따라가려면 부모가 아이들의 마음 안을 들여다볼 수 있는 전자 세계로 들어가야 한다.

"아이들의 삶에 관여하고 마약의 위험성을 계속 경고하고 질문하는 것을 피하지 마라. 귀찮게 구는 걸 꺼려하지 마라"라고 펫코는 조언한다.

마약 시그널

마약 세계는 얽혀 있는 유통망 전체에 걸쳐 범죄 신호들로 넘쳐난다. 밀수업자, 운반책, 판매자와 구매자가 남긴 단서들은 추리의 대가 셜록 홈즈가 밝혀낸 단서들만큼이나 다양하다. 홈즈는 장갑에 남은 소독제나 모래에 찍힌 흐릿한 신발 자국을 추적해 사건을 해결할 수 있었다. 홈즈의 세계에선 가장 사소한 범죄 신호가 가장 중대한 사건의 비밀을 풀어내곤 했다.

어둠을 틈타 미국 서부 사막지대로 들어오는 마리화나 밀수꾼들을 추적하기 위해 현대의 그림자늑대는 미국과 멕시코 국경선을 따라 발자국을 읽는다. 미국 국토안보부 특별수사관인 그림자늑대 대원들은 나바호, 토호노 오덤 등의 인디언 부족 출신 아메리칸 원주민들이다. 그들은 세계 최고의 추적자들이다. 체취의 시큼한 냄새, 뾰족한 철조망에 걸린 삼베 조각이나 사막 모래 위에 떨어진 갓 부러진 잔가지가 마약 밀수꾼들의 야간 활동 단서이다.

그림자늑대 대원들은 자신들의 단속 업무를 '신호 절단'이라 부른다. 미국 인근 지역에서 판매되는 불법 약물이 담긴 삼베 보따리를 운반하는 은밀한 무리를 추적하는 데 있어 신호는 물리적이고 실재적인 날 것의 증거이다. 체포를 위해 그림자늑대는 이삼일 동안 애리조나 사막을 가로질러 밀수꾼 무리를 미행하기도 한다.

그들의 온갖 노력에도 막대한 양의 마약이 국경을 통과해 거

리에 풀린다. 애리조나 고속도로를 통과한 비밀 유통망의 다음 정
차역은 인근 지역 마을이다. 한때 대표적인 장소는 일리노이주 시
카고 노스 몬티첼로가 700블록이었다. (경계심 많은 이웃 덕에
몇 년 전 폐쇄되었다.) 시카고 11구역 경찰서장에 의하면 "보통 마
약 판매상들은 지저분한 지역을 찾는다." 그리고 몬티첼로가는
거기에 딱 맞는다. 한 초등학교 건너편 공터에서 서성이던 판매상
이 '안전한' 고객에게 조용히 약을 판다. 한 주민은 "식료품을 사
는 사람들처럼 보였다"라고 했다.[109]

시카고 경찰의 탐문을 대비해 마약 판매자들은 영악하게 밀
수품들을 몸에 지니고 다니지 않는다. 대신 비밀 장소에 마약을
숨긴다. 고객이 대금을 지불하면 쓰레기통을 가리키곤 했다. 어디
서 단서를 찾아야 하는지 아는 예리한 경찰관들은 잔디와 보도
사이의 나무 옆 덤불에서 감춰진 마약을 찾았다. 타이어 뒤에, 차
밑에, 심지어 가스탱크 밑에서 숨겨진 마약을 발견했다. 작은 해
파리에서 인간에 이르기까지 동물들은 발각되지 않을 독창적인
방법들을 고안해냈고 마약 판매상도 예외는 아니다.

구매자들도 못지않게 은밀하다. 주삿바늘 사용자들은 아무
리 더워도 긴 소매로 주사 자국을 가린다. 마리화나 흡연자들은
실내에서도 선글라스를 착용하거나 안약을 이용해 충혈된 눈을
감춘다. 코카인 사용자들은 특별한 이유도 없이 빈방과 창고, 지
하실을 왔다 갔다 한다. 이유 없이 왔다 갔다하는 것은 불법적인
뭔가가 벌어지고 있다는 신호일 수 있다.

나는 텍사스주 보몬트에서 북미 전역의 고속도로 마약단속 경

찰 조직인 도로순찰단속반^{RWIN}과 신체언어 세미나를 개최했다. 경찰관들은 마약운반 혐의로 탐문에 걸린 용의자들이 보이는 명확한 유죄 신호들을 설명했다. 차량에서 내린 용의자는 경찰관이 얘기하기도 전에 수갑 채울 것을 예상하고 손을 등 뒤로 가져갔다. 경찰은 손을 등 뒤로 하는 동작을 하면 당연하게 유죄 인정으로 여긴다. 용의자는 무심코 경찰에게 자신이 불법 약물을 소지하고 있다는 정보를 준 것이다.

보몬트 경찰청 마약단속관 제럴드 P. 라찬스는 다른 의심 신호로는 "범퍼의 종교 관련 스티커, 차량 계기판에 놓인 성경, 흘러나오는 종교 음악, '나는 지역 경찰을 지지한다'라는 스티커, 범법자가 경찰에게 자신이 선량한 시민이라는 믿음을 주기 위한 그 외의 물품들"이 있다고 했다.[110]

〈 도보 여행자 〉

2006년 3월 11일 미국 관세국경보호청 조사관들은 워싱턴주 오로빌 인근 교외에서 310만 달러의 코카인을 압수했다.[111] 배낭을 멘 세 명의 남자가 북쪽 캐나다 국경 방향으로 걷고 있는 것이 눈길을 끌었다. 이 지역에서 도보 여행은 이상해 보였다. 조사관들이 남자들을 심문하러 다가가자 용의자들이 도망쳤다. 미국 헌법 4조 수정안의 법원 해석에 따라 그들이 배낭을 버리고 도망친 후에 조사관들은 마약을 회수했다. 경찰관에게 물리적으로 도주하는 건 구금의 사유가 될 수 있다. 도주에 성공했지만 그들의 이례적인 행동으로 동부 워싱턴주에서 역사상 가장 막대한 양의 마약 압수 사례가 되었다.

물론 눈길을 끄는 마약 용품도 법집행관에게 도움이 된다. 색색의 물파이프, 꽁초용 클립, 티스푼, 장식적인 파이프는 불법 약물 복용을 확연히 드러낸다. 화려한 디자인은 내가 '비언어적 독립성'이라 부르는 원리를 따르고 있다. 꽃과 허브, 약초 식물의 향처럼 마약 용품의 디자인적 장식성은 기능성과 내구성을 위한 구조적 필요성과는 별도로 진화했다. 물파이프나 마약 파이프의 장식은 순수하게 보여주기용이다. 비언어적 독립성 덕에 마약 용품은 많은 '말'을 한다. 그리고 분명히 경찰은 듣고 있다.

‹ 구든에게 무슨 일이 있는 거야? ›

대표적인 슈퍼스타 야구선수 드와이트 구든의 사례처럼 약물 증상에는 신체능력의 손실도 포함된다. 타자 삼진 능력으로 유명한 투수 구든은 1984년 신인상, 1985년 내셔널리그 사이영상 그리고 1984, 1986, 1988년 올스타로 선발되었다.

2006년 3월 14일 구든은 약물 양성 반응으로 체포되었다. 3월 23일 탬파 법정에서 그는 코카인 사용을 인정했다. 2006년 4월 5일 마흔한 살의 드와이트 구든은 집행유예 기간에 흰색의 크리스털 알카로이드 복용 혐의로 플로리다주 교도소에서 1년 그리고 하루의 징역형을 선고받았다.

약물의 영향은 구든의 행동뿐아니라 투구에서도 드러났다. 1985년 이후로는 한때 삼진왕으로 보여줬던 압도적인 경기력을 다시는 보여주지 못했다. 전 세계의 스포츠 기자들이 "구든에게 무슨 일이 있는 거야?"를 묻기 시작했다. 가장 근접한 대답은 코카인이었다.

필로폰의 신체언어

메타암페타민 즉 '필로폰'은 분말 코카인, 크랙 코카인, 마리화나와 헤로인 같은 전통적인 상품들의 경쟁자로 거리 판매에서 현재 가장 빠르게 성장하는 상품이다. 필로폰은 거리 약물 중에서 가장 중독성이 강하다.

필로폰을 한번 시도해보는 것은 사실은 중독되는 것이다. "너무 좋아." 초심자가 외친다. "힘이 넘치고 살도 빠지고 예뻐 보여." 모든 마약 중에서 필로폰은 중독자의 행동, 신체언어, 피부, 머리카락과 치아에 가장 극적인 영향을 미친다. 필로폰 사용자들은 며칠 동안 잠도 못 자고 기묘하게 흐트러져 보인다. 불안해하고 손을 뒤틀거나 몸에 아물지 않은 상처가 있고 원형 탈모에 썩은 치아가 눈에 띈다.

필로폰 반대 사이트^{KCC}에 공개된 수백 개의 익명의 사연들은 필로폰 사용자들의 모습을 폭로한다.

- **'친구'가 같이 해보자고 유혹한다.** "우리는 그녀의 침대에 앉았고 그녀는 나를 위해 불을 붙였다." "회사 책상에 앉아 울고 있는데 그녀가 친한 척 다가왔다. 그녀는 내게 도움이 될 만한 것이 있다고 했다." "그는 환상적이었다고 했다. 행복하고 흥분되고 생기가 넘쳐 보였다. 그는 나도 한번 해보라고 권했다."
- **신체 증상이 바로 나타난다** "계속 이를 악다물 수밖에 없었

다.” “손이 내내 떨린다.” “두세 달 안에 20킬로 넘게 빠졌다.” “다리 사이로 골반뼈와 넓적다리뼈가 보인다. 갈비뼈가 다 드러났다.” “코리는 잘생겼던 골격만 남은 해골 같았다.” “거울 앞에서 나는 실재가 아닌 벌레들을 없애려고 얼굴을 잡아 뜯고 박박 문질렀다.” “계속 뜯어대서 얼굴과 몸에 상처와 물집투성이다.” “한때는 예뻤었는데 이가 빠지고 있다.” “서른한 살인데 틀니를 하기 위해 돈을 모으고 있다.”

• **다른 사례들** “친구들은 내가 눈도 깜박이지 않고 그들을 뚫어지게 보고 있었다고 했다.” “그는 내가 뭔가 잘못된 건 알았지만 어느 정도 잘못된 건지는 전혀 몰랐다.” “세 살인 아이가 내가 괜찮은지 항상 물어본다.”

필로폰은 일반적으로 구입 가능한 제품들로 가정 내 작은 작업실에서도 쉽게 제조할 수 있다. 당신의 이웃집에서 이런 경고 신호가 보이는지 주의하라; (1)아세톤, 암모니아, 에테르의 강력한 냄새, (2)일반적이지 않은 크기의 투명한 유리 용기, (3)거의 주위와 접촉이 없고 인사도 하지 않는 폐쇄적인 이웃, (4)부동액 용기, 붉게 얼룩진 커피 필터, 하수구 청소액 그리고 (5)담요나 합판, 알루미늄 포일로 덮인 주택 창문.

넘쳐나는 기짓말

범죄자들은 자신의 범죄를 은폐하기 위해 거짓말을 한다고 1장에서 다룬 걸 떠올려보자. 마약 사용자들은 다른 이유로 거짓말을 한다. 자신의 중독을 충족시키기 위해 거짓말을 한다. 마약을 더 구하는 것보다 중요한 것은 없다. 약물 중독자 모임의 서른 살 조지는 "이제 사람들을 속이고 뜯어내고, 마약을 얻기 위해서라면 모든 짓을 다 하고 있었다"라고 자신의 사연을 털어놓았다.[112]

조지는 코데인, 헤로인, 마리화나, 메타돈, 필로폰과 처방 약물을 사용했다. 입안에 상처들이 생겼고 피부는 누레지고 환각이 보였다. 밤에는 눈의 초점이 맞지 않아 실내에 있었다. 조지 스스로 "내 몸이 마약 쓰레기통이었다"고 고백했다. 중독 말기에는 거리 마약에서 의사 처방 약물로 바꾸었다. 많은 중독자들처럼 조지도 전문 의료인들을 속여 약물을 얻는 데 능숙한 거짓말쟁이였다.

‹ 주삿바늘 자국 ›

"서서히 주사기가 친구, 연인 그리고 내 삶의 전부가 되었다." 한 젊은 여성이 약물 중독자 모임에서 이야기했다. 결국 '머리부터 발끝까지' 그녀의 몸 전체에 더는 감출 수 없는 자국이 드러나자 그녀의 딸과 부모님이 알아차렸다. 너무 눈에 띄는 마약 복용 증거를 숨기려고 그녀는 바늘 자국을 종기라고 우겼다. 중독은 거짓말로 돌아가고 자국은 핑계를 불러온다.

약물 중독자 모임의 두 번째 익명 고백에서 주부인 '조'는 약물을 얻기 위해 증상을 조작할 수 있다는 걸 입원할 때 배웠다고 털어놓았다. "진료 예약, 의사들과 자신에게 하는 거짓말, 처방전, 병원을 오가는 일이 내 삶이 되었다." 그녀는 단지 약물 때문에 필요 없는 수술까지 받았다. 다행히 약물 중독자 모임을 통해 조지와 조는 약물과 거짓말 중독을 이겨냈다.

의사 자신이 중독자가 된 다른 사례도 있다. 그는 성공한 외과 의사였고 삶이 고통스러워 가끔 하는 사용자에서 중독자로 가는 '마법의 선'을 서서히 넘었다고 고백했다. "상습적 복용을 숨기려고 거짓말을 했지만, 아내는 항상 알았다"라고 그는 적었다. 그가 내보이는 일상적 신호는 명확했다. 그는 매일 근무 시간이 끝나면 약을 먹었고 반쯤 정신이 나간 상태로 집에 도착해 빨리 저녁을 먹고 일찍 잠자리에 들었다. 행간을 읽은 그의 아내는 뭔가 이상하다는 걸 알았다. 이상한 뭔가는 주사기와 알약이었다.

뭔가 이상한 중독자의 신체적, 정신적 상태를 감지한 직장 동료들은 그가 도움이 필요하다고 주장했다. 첫 번째 상담에서 그가 약물 문제를 설명하자마자 그의 상담자는 얘기할 필요도 없다는 듯이 손을 들고 "당신은 중독이에요"라고 했다. 외과 의사는 재활 치료를 받고 약물 중독자 모임에 가입했고 조지와 조처럼 마약과 거짓말 중독을 이겨냈다.

비언어적 즐거움

범죄 세계에서 마약을 하는 것만큼 중독적인 행동은 드물다. 취하고자 하는 열망은 보상회로라 불리는 고대 뇌의 부분에서 이유를 찾을 수 있다. 5억 년 된 쾌락의 중추인 보상회로는 뇌의 중간 부분에서 시작되어 측좌핵이라 불리는 뇌의 앞쪽에 있는 중독 중추로 뻗어 나간다. 측좌핵은 신체 움직임이 시작되고 조절되는 파충류의 기저핵과 감정에 관여하는 포유류의 변연계 교차점에 위치한다.

{ **쾌락은 죄악이고, 때로는 죄악이 쾌락이다.**
-바이런, <돈 후안> 1절 }

언어의 출연 수억 년 전부터 존재했기 때문에 나는 보상회로를 뇌의 '비언어적' 부위라고 한다. 인간은 언어로 자극받기 전 영겁의 시간을 쾌락으로 자극받아 왔다.

코카인과 필로폰 같은 마약은 즉각적이고 극단적으로 보상회로를 자극한다. 섹스도 물론 보상회로를 각성시킨다. 뇌 연구자들은 마약, 섹스, 로큰롤 어느 것으로 시작해도 놀랄 만큼 비슷한 쾌락을 얻을 수 있다는 걸 알게 되었다. 더욱이 우리는 발견, 관념화, 지식에서도 쾌락을 얻을 수 있다. 우주학자 스티븐 호킹은 이렇게 설명했다. "이전에 몰랐던 것을 깨닫는 유레카의 순간은 무엇과도 비교할 수 없다. 섹스와 비교하지는 않겠지만 더 오래 지속된다."

마약의 유혹은 보상회로로의 쉽고 빠르고 극적인 입성에 있
다. 소크라테스, 플라톤, 프로이트와 피카소는 향정신성 약물을
사용했다고 한다. 소설 속 탐정 셜록 홈즈도 하루 세 차례씩 코카
인을 주입했다. 당시에 마약은 불법이 아니었다. 오늘날 문제는 마
약이 너무 강력하고 쉽게 구할 수 있고 중독성이 강하다는 것이
다. 필로폰 같은 약물은 보상회로, 육체와 정신, 결국에는 영혼까
지 고갈시킨다. 그리고 지금은 마약이 불법이다.

〈 헤수스 말베르데 신호 〉

멕시코 시날로아에서 캘리포니아주 프레즈노까지 '마약상들의 수호성
인' 헤수스 말베르데를 기리는 제단들이 세워졌다. 누군가의 집에서 말
베르데의 검은 머리와 상징적인 검은 콧수염 같은 초상을 보게 되면 마
약상이 거기 산다는 훌륭한 신호다. 프레즈노 경찰서 마약단속반 앨릭
스 플로러스 경사는 "단순 사용자가 아닌 마약 산업에 깊이 연루되어 있
다는 일종의 정보 신호이다"라고 말한다.[113]
마약 거래상들은 체포에 대한 두려움을 달래기 위해 로빈 후드 같은 멕
시코 민족 영웅의 도자기 조각상을 진열한다. 캘리포니아주 베이커즈필
드의 경찰은 마약 거래에 연루된 멕시코 국민 80퍼센트 이상이 개인적
으로 말베르데 조각상을 가지고 있다고 추정한다.
화장실, 침실, 거실 구석이나 옷장 안에 설치된 말베르데 제단을 정성
스레 닦고 신선한 꽃과 촛불로 장식한다. 경찰이 마약 거래상에게 조각
상에 대해 물어보면 "아주 다양한 반응을 보인다. 보통은 미소를 지으
며 고개를 끄덕이곤 한다"라고 플로러스 경사는 전한다.

중독자 시그널

마약 중독자에 대한 대표적인 풍자 이미지 "걸어 다니는 시체"는 1938년 〈보스턴 내외과저널〉 기사에 처음으로 등장했다. "상습적 아편 복용자는 외양으로 바로 알아볼 수 있다. 몸은 완전히 기력이 없고 얼굴은 누렇게 시들었고 다리를 저는 모습이 전형적이다. 번뜩이는 퀭한 눈은 한눈에 그의 상태를 누설한다."[114]

지금 이런 정보를 사용하면 말 그대로 마약 중독자지만 눈에 띄지 않고 가족, 학교, 직장 내에서 정상적인 일상에 섞여 있는 수백 만의 사람을 놓치게 될 것이다. 오늘날 마약 중독자를 골라내려면 아래와 같은 신호에 주목하라.

- 동공 확장 – 필로폰, 코카인
- 동공 수축 – 코데인, 헤로인, 메타돈, 모르핀, 아편
- 빠른 안구 운동 – 엑스터시
- 눈 흰자에 염증과 충혈 – 마리화나
- 잦은 입술 핥기 – 필로폰, 코카인
- 심한 콧물 – 코카인
- 피부 가려움 – 필로폰

- 피부에 기생충이나 곤충, 벌레가 기어 다니는 듯한 환각-필로폰
- 넋이 나간 표정-코데인, 헤로인, 메타돈, 모르핀, 아편
- 과도하게 생기 있는 표정-필로폰, 코카인
- 급속한 체중 감소-필로폰
- 악다문 턱과 긴장된 근육-엑스터시, 필로폰, 코카인
- 과도한 신체활동이나 움직임-필로폰, 코카인
- 불안과 신경과민-필로폰
- 피부 뜯고 머리카락 뽑기-필로폰
- 천천히 뒤틀리거나 경련하듯 흔드는 손동작-필로폰
- 떨림-알코올중독, 필로폰
- 무기력하고 맥없는 행동 반응-코데인, 헤로인, 메타돈, 모르핀, 아편
- 불분명한 발음-술, 코데인, 헤로인, 메타돈, 모르핀, 아편
- 단체로 떠들썩하게 웃기-마리화나
- 흥건한 땀-엑스터시, 필로폰
- 얼굴 홍조나 창백한 안색-여러 가지 약물
- 얼굴의 여드름이나 피부 염증-필로폰
- 급작스러운 분노 폭발-필로폰
- 개인 청결과 차림새의 급격한 변화-모든 약물 다량 사용
- 느린 운전-술, 마리화나

• 축 늘어진 눈꺼풀 - 감기약(덱스트로메토르판)

　　다음 마지막 장에서는 도둑의 신체언어를 해석하는 법을 다룰 것이다. 도둑은 모든 범죄자를 포괄한다. 사기꾼에서 소아성애자, 살인자, 스토커, 테러리스트까지 모든 범죄자는 신체적, 정신적, 영적으로 우리에게서 뭔가를 빼앗아 간다. 범죄 시그널에 경각심을 갖는 것이 당신이 그들에게 털리지 않도록 지켜줄 것이다.

11장

도둑 잡기

더 맹렬한 방식으로 어떤 시각적 대상은
손을 뻗어 꽉 움켜쥐게 만든다.

M. 마르셀 메술람(쥐기반사에 관하여)

가장 본능적인 감각인 도둑질은 무언가를 움켜잡아 불법적으로 취득하는 물리적 행동이다. 도둑은 남의 소유물을 훔치는 사람으로 보통 손으로 강제적으로 소유권을 빼앗기보다 몰래 한다. 살짝 집거나, 잡거나, 낚거나, 잡아채거나, 손안에 넣거나, 슬쩍 하는 것은 팔의 말단 기관인 손과 손가락으로 붙잡는 것을 뜻한다.

2006년 5월 남아프리카 케이프반도의 부유한 해안 지역에서 절도가 기승을 부렸다. 끊이지 않는 절도 행각 속에 움켜잡는 손은 결국 식료품실과 냉장고, 과일 바구니까지 미쳤다.[115]

케이프반도의 한 지역 주민은 도둑이 훔칠 만한 것을 찾아 "방금 방범창을 훌쩍 넘어 집 안에 들어오는 것"을 보고 있었다. 좀 전에 같은 도둑이 어슬렁대다 이웃집에 들어가 냉장고를 열고 달걀을 꺼내 바닥 여기저기에 던져놓는 것이 보였다. 오래된 지역

주민들은 수십 년간 도둑들과 평화롭게 살아왔다고 했다. 관광객이 공짜 음식을 나눠주기 전까지는 말이다. 공짜 음식이 생기자 도둑들은 바로 자급자족했다.

케이프반도의 움켜잡는 손들이 사람이 아니라 원숭이들, 그 지역에 서식하는 비비들이란 걸 아마 눈치챘을 것이다. 알려진 대로 절도는 동물심리학에 깊이 뿌리를 두고 있다. 사실 우리 원시 조상들은 말보다 도둑질을 먼저 배웠을 것이다.

오늘날 영장류에게 절도는 흔한 일이다. 우간다 키발국립공원의 야생침팬지 연구에서 영장류학자 존 미타니와 데이비드 와츠는 수컷들이 고기를 나누는 113개의 사례와 서로 고기를 훔치는 26개의 사례를 관찰했다. 그들은 "고기 절도는 무리들이 나무 꼭대기에 있거나 땅에서 빠르게 이동할 때 순간적으로 일어났다"라고 기록했다.[116]

2002년 11월 6일 영국 런던의 무스타파 리아트는 긁는 소리에 잠이 깨 침실 창문으로 털이 북실북실한 침팬지 팔이 그의 핸드폰을 잡아채는 걸 보았다. 신고로 출동한 경찰관들은 방금 이웃집 침팬지 절도 현장에서 오는 길이라고 했다. 이웃집 지나 데이비스는 벽난로 선반 시계를 도둑맞았다.

인도 뉴델리에선 붉은털원숭이가 일상적으로 집과 사무실에 침입해 음식, 도시락 또는 위스키, 핸드폰, 우편물, 심지어 비밀 문서 같은 귀중품들을 내키는 대로 훔쳐 가기도 한다. 1995년 영화 〈내 이름은 던스턴〉에서는 오랑우탄을 호화로운 호텔에서 보석을 훔쳐 오게 훈련한다. 1994년 영화 〈다저스 몽키〉에서 보석 절도범은 기술적으로 훈련된 꼬리감는원숭이다. 아프리카, 영국, 인도와 할리우드에서 원숭이의 움켜쥔 손가락은 영장류의 근본인 훔치는 본능을 들여다보게 해준다.

절도는 우리 종의 본능인 쥐기반사에서 나온다. 상점 진열장이나 마트 선반에 놓인 물건들은 매일 같이 우리를 유혹한다. 쥐기반사로 우리는 실재적 물건, 특히 금화나 백금 반지, 다이아몬드 팔찌 같은 우아하게 세공된 물품들을 집고 만지고 갖고 싶은 강한 욕망을 가졌다. 어떤 사람은 잡고 싶은 욕망이 참을 수 없을 만큼 강할 수도 있다.

쥐기반사가 심하게 작용하는 이들은 물건이 자석처럼 끌어들여 "손을 뻗어 꽉 움켜잡게 만든다"고 신경학자 마르셀 메술람은 설명한다. 나는 우리가 물질에 매혹되는 것을 '사물 욕망'이라고 부른다. 제조된 상품들은 전시라는 비언어적 '손짓'으로 우리를 불러 세운다. 팔찌나 금반지의 광택, 형태, 촉감 등 디자인적 특질은 우리의 관심과 흥미, 환상을 사로잡아 거부할 수 없는 메시지를 보낸다.

상품들은 TV와 잡지 광고로 끊임없이 우리를 유혹하며 우리가 그들의 부름에 답할 때까지 손짓한다. 9살 때 나는 라인석이라 알려진 투명한 인공 보석에 강렬하게 끌렸다. 이웃집 작업실 테이블 위에 흩어져 있는 것을 보고 그 광채에 매혹되었다. 보석이 리처드 엄마 소유라는 걸 알았지만 움켜쥐고 싶은 충동이 너무 강해서 아무도 집에 없을 때 다시 가서 손안에 반짝이는 돌들을 꽉 쥐었다.

{

움켜쥐고 싶은 충동이 너무 강해서
아무도 집에 없을 때 다시 가서
손안에 반짝이는 돌들을 꽉 쥐었다.

}

귀중한 것을 훔치고 싶은 충동이 실물 절도로 이어진 어린 시절의 특정한 기억이 누구나 있을 것이다. 내 라인석 도둑질 경험은 아주 짜릿했다. 어두운 작업실에서 심장이 뛰고 손을 떨며 보석이 '내 것'이 되자 흥분으로 아드레날린이 분출되었다. 나는 앞으로 보석 도둑이 되고 싶었다. 당연히 어머니가 내 소중한 보물 수집품들을 발견한 순간 내 꿈은 끝났다. 나는 머리를 숙이고 눈을 내리깐 채 라인석을 돌려주며 눈물로 사죄했다. 핑크팬더를 꿈꾸던 내 미래는 내 빈손만큼이나 허무하게 날아갔다.

나는 윌리엄 메이슨처럼 위대한 보석도둑이 될 수 있었다. 메이슨은 1960년대부터 도둑질을 시작해서 트루먼 커포티, 필리스 딜러, 로버트 굴렛, 아르망 해머와 밥 호프 같은 유명인들의 보석을 30년간 훔쳤다.[117] "드러나지 않고, 잡히지 않고, 완벽히 비밀스러운" 메이슨은 혼자서 3500만 달러에 달하는 엄청난 보석들을 훔쳤다.

부자와 유명인들을 털기 위해 상류사회로 발을 넓히면서도 메이슨은 겉으로는 평범한 현실 부동산업자와 가정적인 남편으로 이중생활을 꾸려갔다. 많은 도둑들처럼 그는 평범함의 표본이었다. 자신의 폭력성을 타인에게 향하는 살인자, 속일 사람이 필요한 사기꾼, 속할 집단을 찾아야 하는 조직폭력배와 달리 도둑들은 주위에 아무도 없어야 최상이다. 비밀주의에 대한 강박으로 도둑의 범죄 시그널은 잘 보이지 않는다. 신비동물학자들이 연구했던 알려지지 않은 '미지의 동물들'처럼 도둑들은 자신의 존재를 보이지 않게 숨긴다.

윌리엄 메이슨의 경우 호텔을 점검하고 근무 패턴을 살피고 탈출로를 정할 때 평범한 남자처럼 위장하지 않으면 그의 육체적 존재가 의심을 받을 것이다. 눈에 띄지 않으려면 옷이든 사람이든 튀면 안 된다. 드러내야 하는 조직폭력배들과 달리 메이슨은 거기에 있으면서도 없었다.

치켜뜨는 시선 없이

자신의 자백에 따르면 플로리다주의 조지 N. 페더는 10년 동안 상당히 고가의 보석들을 훔쳤다. "나는 그냥 미소와 좋은 옷 그리고 자물쇠 따는 공구 몇 개만 가지고 고층의 고급 콘도로 걸어 들어가서 다이아몬드, 에메랄드, 사피이어, 루비, 금 그리고 다른 특별한 물품들을 가지고 걸어 나왔다." 그는 《전 보석도둑의 고백》에 이렇게 썼다.[118]

페더는 콘도를 터는 걸 좋아했다. 왜냐하면 콘도 주인들은 잠긴 출입구와 보안장치 그리고 아마도 경비하는 수위가 있어 내부가 '안전하다'라고 느끼기 때문이다. 낮에는 콘도 보안이 더 느슨했기 때문에 그는 그때를 노렸고, 보조출입문의 자물쇠를 따서 침입했다.

조지 페더는 10대 때 뉴욕에서 오래된 이웃이자 전문적인 보석도둑인 친구에게 자물쇠 따는 법을 배웠다. 조지 페더는 열쇠 구멍에 집게손가락을 대고 자물쇠 안에서 얇은 핀이 올라갔는지를 느끼는 법을 배웠다. "모든 게 느낌이야." 그의 스승이 설명했다.

사람들 앞에서 페더는 일종의 허세를 부렸다. 자신의 이니셜을 새긴 자물쇠 따개를 지니고 다녔고 4캐럿짜리 다이아몬드 반지를 끼고 노란 엘도라도 캐딜락을 몰았다. 그는 마법 같은 보석도둑의 삶을 만끽했다. "나는 보석에, 그 모양과 느낌에 매혹되었다"라고 페더는 고백했다. 보석을 터는 동안 윌리엄 메이슨처럼 조지 페더도 빈틈없이 작업에 맞춰서 눈에 띄지 않도록 했다. 그는 폴로셔츠에 테니스 신발을 신고, 테니스 라켓을 들고, 보석을 숨기기 위한 테니스 가방을 들고 다녔다. 그래야 시선을 받지 않고 사람들 옆을 지나갈 수 있었다.

페더는 자신이 도둑인 걸 좋아했다. 그는 "아드레날린의 뜨거운 분출"로 흥분되는 위험한 상황에서 가장 살아 있다는 느낌을 받았다고 했다. 게다가 보석 절도는 그를 특별한 사람처럼 느끼게 해주었다.

조지 페더는 가장 비싼 최상층 콘도, 아파트와 펜트하우스 스위트룸을 터는 걸 선호했다. 경험으로 그는 이런 곳들이 가장 비싸고 화려한 보석들을 소유하고 있다는 걸 배웠다. 그는 건물에 들어가기 전에 이웃 콘도로 차를 몰아 주소를 확인했다. 누군가 복도에서 그를 막아설 때 주소가 항상 유용했다.

"906호의 존 스미스를 찾고 있는데요"라고 말할 수 있다.

"그 아파트에 스미스라는 사람은 없어요." 한 주민이 대답할 수도 있다.

"아, 여기가 웨이크필드 드라이브 6641번지 아니에요?"

"아니요. 6631번지예요."

"이런 잘못 왔군요." 그리고 페더는 절도 범죄를 다시 이어가기 위해 엘리베이터를 타고 밑층으로 내려왔다. 그는 자신의 회고록에 "나는 뛰어난 배우가 되어야 했다"라고 썼다.

페더는 고급 콘도가 복도가 더 어두워 멀리서 얼굴인식이 더 어렵다는 점까지 고려했다. 복도를 따라 집들을 살피며 털어야 할 집과 피해야 할 집을 알려주는 신호들을 찾았다. 문에서 소리가 울려 거주자들이 집에 있는지 파악하는 것은 어렵지 않았다. 플로리다의 뜨거운 날씨에 에어컨 소리가 나지 않는 것은 아마 거주자가 밖에 나갔다는 뜻이었다. TV 소리가 들리면 침입을 포기했다. 담배 냄새나 방금 조리된 음식 냄새도 마찬가지였다.

자물쇠를 따고 선택한 콘도에 들어간 페더는 아주 조심스럽게 귀중품을 찾았다. 그는 속옷 서랍처럼 가장 확률이 높은, 먼저 뒤져야 할 곳을 알고 있었다. 상황이 꼬이면 심장이 쿵쾅대고 이마에 "작은 땀방울"이 맺히는 것이 느껴졌지만 손은 "침착함을 유지했다"고 한다.

1977년 거물 보석도둑 조지 페더가 마침내 FBI에 체포되었다. 페더는 가장 경비가 삼엄한 교도소에서 9년형을 살았다. 그

후 개과천선하여 범죄예방 자문위원이 되었다. 페더는 '혁명'으로 알려진 사실상 딸 수 없는 현관문 자물쇠를 고안하기도 했다. 잡히기 전 조지 페더의 신체언어와 행동방식, 즉 자신이 턴 이들의 모습을 흉내 내고, 그럴싸하게 건물에 '잘못' 들어온 것처럼 행동하고, 전혀 문제가 없다는 듯 미소 짓고, 위급한 상황에서 침착한 그의 능력은 그가 '치켜뜨는 시선'을 받지 않고 10년간 도둑질을 할 수 있게 해주었다.

찔리는 기색

조지 페더는 도둑질의 이유를 "나를 다른 누군가가 되게 했다"고 했다. 하지만 은행이나 편의점 같은 상업 건물의 강도, 거리 소매치기, 빈집털이 같은 일반적인 절도범들에겐 다른 삶이란 보상은 거의 주어지지 않았다.

로웰 존슨은 〈자판기털이범의 고백〉이란 투고에서 "나는 도둑이다"라고 썼다. "아마 당신은 나 같은 사람을 2백만 명은 봤을 것이고 두 번 쳐다보지도 않는다." "당신과 나처럼 보이는"이라는 그의 주장은 도둑들의 실제 범죄 경험담에서 흔히 볼 수 있다. 존슨은 "헝클어진 머리, 꾀죄죄한 차림, 눈에 찔리는 기색" 같은 전형적인 도둑에 대한 우리의 선입견을 고발한다. 사실과 다르고 "나는 그렇게 보이지 않는다."

컴퓨터 전문가인 로웰 존슨은 크랙 코카인 중독을 떠받치는 일로 자신의 범죄 경력을 시작했다. 그의 전문분야는 자판기털이 였는데 자물쇠 따는 법은 인터넷으로 배웠다. 첫 번째 절도 대상 은 정부 건물 화장실 안 구석에 있는 음료 자판기였다. 먼저 화장 실을 드나드는 이들의 움직임을 지켜보다 자연스럽게 들어가 30 초 만에 자판기 자물쇠를 땄다. 자판기에서 100달러를 움켜쥐고 화장실을 나올 때 심장이 요동쳤다고 그때를 떠올렸다.

존슨은 "그리고 나를 주목하는 사람은 없는지 주위를 살피며 바로 자리를 떴다"라고 했다.[119] 범인은 반드시 범죄현장으로 되 돌아온다는 말처럼 그는 30분 뒤 화장실로 다시 가 사탕 자판기 에서 200달러를 더 훔쳤다.

얼마 되지 않아 존슨의 주간 일정은 우편배달부처럼 규칙적이 되었다. 다만 그는 우편 소포를 배달하는 대신 자물쇠를 따고 현 금통의 지폐를 움켜잡았다(동전은 너무 소리가 컸다). 존슨의 물 리적 이동은 공간적으로나 시간적으로나 바로 예측 가능해졌다. 그는 차로 다른 주의 도시들을 옮겨 다니며 관광안내소에 들러 "병원, 대학, 호텔 그리고 쇼핑몰, 볼링장, 동물원 같은 주요 공공 장소"로 가는 길을 물었다.

존슨은 자신처럼 다른 이들의 물리적 이동도 예측 가능하다 는 걸 배웠다. 호텔에서 오후에 자동판매기를 찾는 투숙객은 거 의 없었다. 병원은 저녁 8시가 작업에 가장 좋은 시간이었고 대학 에서는 밤 10시 전후가 가장 적당했다. 6시에서 7시 사이의 이른 아침에는 대학과 병원의 자판기 부근에 발길이 거의 없었다.

안 들키는 것이 더 좋긴 하지만, 사람들이 자신이 훔치는 것을 봤을 때 어떻게 해야 하는지 배웠다고 했다. "내가 거기 있는 것이 자연스러운 것처럼 행동하면 직원 대부분은 물어보지도 않는다."

‹ 신사 강도 ›

언론에서는 상냥한 태도, 말쑥한 옷차림, 부드러운 말투의 도둑을 '신사 강도'라 부른다. 완전 무장하고 있지만, 신사처럼 행동하는 도둑을 로빈 후드처럼 그린다.

전 트란실바니아 출신 아이스하키 선수였던 어틸라 엠브러스는 헝가리 은행강도로 스물여덟 차례나 무기를 들고 은행을 털었다. 항상 위스키 한 잔을 마시고 작업을 시작했고 은행 창구 여직원에게 꽃을 주는 신사적인 태도로 알려졌다.[120] 헝가리에서 '위스키 강도'로 칭송받던 엠브러스는 은행강도 후에 대담하게 택시나 다뉴브강을 헤엄쳐 도망쳤다. 은행털이로 얻은 수익은 1억4천2백 포린트, 약 60만 달러로 알려졌다. 엠브러스는 결국 범행을 자백하고 경비가 삼엄한 교도소에 들어갔다. 1999년 7월 신사 강도는 침대 시트로 밧줄을 만들어 탈출했다.

더 최근인 2006년 4월, FBI가 시카고 지역에서 은행을 여섯 곳이나 털었던 소위 신사 강도의 신원수배를 내렸다.[121] 그는 키가 크고 단정한 외모에 잘 차려입은 세련된 태도의 삼사십 대 흑인 남자로 그려졌다. 무장강도이지만 그는 은행 직원들에게 "어려운 시기다"라고 말하며 사과했다고 한다.

영화관과 TV에 여러 신사 강도 영화가 상영되고 세련된 절도범들의 로맨스가 그려진다. 1968년 컬트영화 <토마스 크라운 어페어>에서 스티브 맥퀸은 4륜구동 사막용 차량을 몰고 체스를 즐기며 아름다운 보험 조사원(페이 더너웨이가 연기했다)을 유혹하는 부유하고 신사적인 강도를 연기했다. 2002년 B급 영화 <젠틀맨 밴디트>는 잘 차려입은 잘생긴 남자가 코에 반창고를 붙이고 베벌리힐스의 여러 은행을 터는 걸 그린다. 범죄 세계에서 예의 바른 태도는 주의를 끌지 않는다.

처음 30초에서 60초 사이에 자물쇠를 따면 그는 미리 준비한 도구를 가지고 다시 방문할 수 있었다. 그때 그를 본 사람은 존슨이 정식 열쇠를 사용하는 관리자라 생각했을 것이다.

한 번에 수천 달러의 물품을 움켜쥐는 보석도둑과 달리 자판기털이범은 양에 의존한다. 절도 횟수에 비례해 잡힐 확률이 높아지기 때문에 과자 단지에 손을 넣고 있던 로웰 존슨은 오래지 않아 잡힐 수밖에 없었다. 사실 마지막쯤에는 몇 번이나 현행범으로 체포되었다. 한번은 로비 직원이 그가 자판기를 "쑤시고" 있는 걸 보고 경찰에 신고했다. 존슨은 그 일로 감옥에서 20일을 보냈다. 그리고 이어진 절도 행위로 30개월의 징역형을 받았다.

로웰 존슨(실제 도둑의 가명)은 자기 일을 즐겼다. 일하는 시간은 짧고 총 십만 달러로 추정되는 보수는 넉넉했다. 자판기는 저항하는 법이 없어 일도 상대적으로 안전했다. 게다가 자판기를 터는 것은 인간 피해자의 감정적인 눈을 볼 때 생기는 죄책감도 덜했다.

거리의 야만인

소매치기는 절도 사건의 절반에 달하는 오늘날 미국에서 가장 흔한 범죄 유형이다. 소매치기는 피해자와 개인적으로 맞닥뜨리고, 때로는 직접 대면하기도 한다. 그들은 말하고 손짓하고 시선을 접촉할 수도 있다. 일부 피해자들의 저항이 있을 수 있기에 항상 물리적 힘을 사용할 준비가 되어 있다. 이 범죄자들은 공격적이고 약탈적이며 항상 위험하다.

소매치기들은 즉흥적으로 움직이는 경우가 많다. 포식자인 아프리카 사자처럼 신체언어적으로 손쉬운 표적처럼 보이는 희생자를 먹이로 삼는다. 두 종류의 포식자 모두 저항하지 않을 것처럼 보이는 대상을 선택한다. 경찰관들은 어깨를 펴고 고개를 들고 목적지를 향해 의식적으로 자신 있게 걸으라고 우리 인간들에게 조언한다. 일리 있는 충고이다. 인간은 영장류이고 영장류는 항상 물리적 강함과 약함에 의한 지배와 복종 신호에 주목하고 있다.

세계 어디서나 그릇, 바구니, 개인용 쇼핑백은 '여성의 소유물'로 여겨진다. 여성의 핸드백은 노골적으로 '지갑이 안에 있다'라는 취약한 메시지를 보내고 있기 때문에 당신이 잘 쓰는 손으로 느슨하게 들거나 앞으로 안지 마라. 핸드백 끈이 아주 두꺼워야

‹ 3인조 소매치기 ›

내 아내는 워싱턴 D. C.에서 쇼핑을 하다가 두 청년이 자신의 양쪽으로 붙어 걷기 시작하자 깜짝 놀랐다. 청년들은 붐비는 보도에서 아내의 보폭에 한 발씩 보조를 맞추며 친구처럼 장난스럽게 말을 걸어왔다. 아내는 오른쪽 어깨에 걸친 바구니 핸드백이 신경 쓰여 뒤를 돌아보니 세 번째 청년이 핸드백 안으로 손을 넣으려 하고 있었다. 두 명이 시선을 끌고 한 명이 뒤에서 움켜잡는 수법이다. 아내는 핸드백을 앞으로 돌렸고 3인조는 인파 속으로 사라졌다.

손쉽게 낚아채는 것을 저지할 수 있다. 여자들은 멀리까지 신호를 보내는 번쩍이는 보석이나 화려한 핸드백 착용을 피하는 게 좋다.

남자들은 소매치기들이 넥타이를 약탈할 대상을 장악하고 굴복시키고 통제하기 편리한 올가미처럼 사용하기도 한다는 것을 알아야 한다. 우범지대를 걸을 때는 넥타이를 벗어라. 인적이 뜸한 도시의 보도를 지나야 한다면, 도둑이 숨어 있다 갑자기 튀어나올 수 있는 보도에서 들어간 건물 출입구나 골목 입구를 피하라. 앞쪽으로 한 블록씩 약탈자가 있는지 살피고 거리의 안전한 쪽으로 건너가 낚아챌 기회를 차단하라. 소매치기는 즉흥적이고 충동적으로 일어난다는 걸 기억하라. 도둑들은 순간적인 쥐기 반사의 지배를 받는다.

뒤에서 접근하는

살인자는 보통 희생자를 알고 있지만 강도는 처음 보는 사람을 노린다. 길거리 강도는 밤낮 가리지 않고 아무 때나 어느 방향에서든 당신에게 닥칠 수 있다. 전형적인 강도 사건 장면들이 있다. 당신은 낯선 지역에 혼자 서 있다. 당신은 밤에 주차장 공중전화 부스에 있다. 세 청년이 탄 차가 멈추고 주차장 안으로 들어와 당신의 전화부스 주위를 돈다. 그들이 당신을 뚫어지게 보고 있는 것 같다. 약탈자들 눈의 흰자가 보인다. 한 남자가 "지갑 내놔!"하고 소리친다.

아침 9시 당신이 인적 없는 도시 거리를 걷고 있다. 낡은 자전거를 탄 남자가 당신 쪽으로 온다. 그는 멀리서부터 당신의 얼굴을 뚫어지게 바라본다. 가까이 오자 남자 눈에서 흰자위가 두드러지게 눈에 띈다. 그리고 총이 보이고 익숙한 위협이 들린다. "지갑 내놔!" 거리에 혼자 있다면 다가오는 낯선 이의 낯선 얼굴을 경계하라. 약탈자가 당신을 막아설 수도 있다. 길을 건너 안전한 쪽을 택하고 가게로 몸을 숨겨라. 얼굴에서 위험하다는 느낌이 오면 아마 그럴 것이다.

- 2000년 4월 8일 새벽 12시 40분, 스물다섯의 샌프란시스코 남성 뒤에서 20대 남자 두 명이 다가왔다. 피해자는 지갑을 열어 돈을 주었다. 도둑 한 명이 빈 지갑을 움켜잡자 피해자는 반사적으로 지갑을 잡아당겼고 머리에 총을 맞았다.[122]

- 2000년 4월 9일 오후 2시, 쉰한 살의 샌프란시스코 여자가 걸어가다가 누군가 뒤에서 어깨에 멘 가방을 잡아당기는 걸 느꼈다. 돌아보니 스무 살 청년이 그녀의 지갑을 움켜잡는 게 보였다. 여자는 남자와 몸싸움을 벌였고 둘 다 바닥에 넘어졌다. 그녀가 남자의 테니스화를 움켜잡아 발에서 신발이 벗겨졌다. 남자는 여성의 지갑을 잡아채 대기하고 있던 차로 달아났다.[122]

- 2005년 9월 5일 새벽 1시 15분, 로체스터대학교 남학생이 파티에서 돌아오는데 뒤에서 강도가 다가왔다. 학생이 핸드폰으로 통화하고 있을 때 뒤에서 총 같은 것이 누르는 게 느껴졌

다. 공격자는 돈을 요구했고 학생의 핸드폰을 훔쳐 갔다.[123]

• 2005년 12월 21일 오후 5시 50분, 로체스터대학교 여학생이 도로를 걷고 있는데 뒤에서 남자 한 명이 다가와 그녀의 핸드백을 움켜잡았다. 그는 철망 울타리를 뛰어넘어 도망쳤다.[123]

'백미러'를 주기적으로 살피는 것은 뒤에서 접근하는 강도들이 의존하는 기습성을 박탈하는 것이다. 정면에서 사람을 터는 것은 자동판매기나 빈집을 터는 것과 근본적으로 다르다. 당신과 직접 마주할 수 없거나 마주하고 싶지 않은 거리 강도들은 교활하게 당신 뒤에서 기웃거릴 것이다.

낯선 방문객 신호

당신 집에 접근하는 낯선 이들을 당신 몸에 접근하는 이들 대하듯 하라. 둘 다 움켜쥐는 손 증후군GHS를 앓고 있을 수 있다. GHS를 겪고 있는 이들은 끊임없이 쉽게 손으로 집거나 채거나 집어들거나 움켜쥘 만한 것들을 찾고 있다.

집에서는 낯선 사람이 현관 앞에 있으면 주의하라. 경찰의 사건기록부에는 들어오자마자 강도로 돌변하거나 먼저 때리고 시작하는 절도 사례들로 넘쳐난다. 2006년 1월 22일 오후 7시 워싱턴주 스포캔에서 한 주민은 아파트 현관문 두드리는 소리에 내다

보았다. 그러자 마스크를 쓰고 엽총을 든 남자가 두 명의 여자 동료와 같이 문을 박차고 들어와 주인 여자친구의 지갑을 강탈했다. 2007년 1월 15일 플로리다주 오렌지카운티에 있는 한 부부의 집에 무장한 두 남자가 현관문을 정중히 노크한 후에 문이 열리자 박차고 들어와 돈과 보석을 내놓으라고 했다. 2007년 2월 2일 오하이오주 워런에서 마흔셋의 남자가 현관문 두드리는 소리에 문을 열었다. 두 남성이 강제로 들어와 칼로 위협하고 집 열쇠, 자동차 열쇠, 핸드폰을 털어갔다.

이 사건들이 일어나기 1세기 전 오하이오주 델포스의 버나드 피커는 복면을 쓴 세 명의 도둑들에게 자신의 현관문을 열어줬다. 1880년 1월 1일자 〈델포스 헤럴드〉 보도에 따르면 "문 두드리는 소리에 문을 연 노인은 바로 세게 눈을 얻어맞고 바닥에 쓰러졌다."

이 범죄들 모두 막을 수 있었다. 거리에서 당신은 공격에 취약하지만 집은 당신이 문을 열 때까지는 물리적인 장벽을 제공한다. 문을 열기 전에 현관 입구 쪽에서 일어날 수 있는 위험 요소가 있는지 확인하라. 한 팀으로 움직일 수 있는 낯선 사람들, 숨어 있는 남자들 대신 앞에 나서는 모르는 여자들, 무기로 사용할 수 있는 뭔가를 가지고 있는 사람들을 의심하라. 그들의 신체언어가 이상하게 긴장되거나 불안해 보인다면 습격할 준비를 완전히 마친 상태로 당신 현관 앞에 나타난 것이다. 당신은 아드레날린으로 충만하고, 더 커 보이고, 더 재빠르고, 긴장된 손동작을 하는 사람을 보게 될 것이다. 그들이 앞으로 몸을 숙여 현관 앞을 막아서는 것은 들어오고자 하는 열망을 전달한다. 당신이 아주 살짝이라도 문을 열면 바로 앞으로 튀어나올 준비를 하고 있다.

'노크' 강도는 일상에 기반해 일어난다. 기습에 대응하기 위해 제프 쿠퍼 대령이 군과 경찰을 위해 고안한 색상 코드를 사용하라. 코드 화이트는 당신이 주변 상황을 인지하지 못하는 상태이다. (도둑들은 피해자들이 행복하게 아무것도 모르고 있을 때를 가장 좋아한다.) 코드 옐로는 당신이 집의 앞뒤, 사방으로 위험을 경계하는 단계이다. 코드 오렌지는 당신이 특정한 노크나 초인종 소리에서 명확하고 현실적인 위험을 감지한다. 언제든 강도로 돌변할 수 있으니 외부 출입구를 확인해 마음의 준비를 하라. 쿠퍼의 마지막 단계인 코드 레드에서는 절도 행위가 이미 진행 중이라 당신이 피할 기회는 날아갔다. 하지만 당신이 일상적으로 경각심을 가지면 이런 일이 일어날 가능성은 적다. 이를 의식하고 있으면 위험하게 문을 여는 것을 피한다. "위험한 뱀을 보면 위험 거리 밖으로 물러나라"라고 쿠퍼는 충고한다.

정체 모를 밴이 휴가 중인 이웃집에 주차하면 의심하라. 작업복을 입은 남자가 관리자처럼 보이는 점검표를 들고 나타난다. 환한 대낮에 현관으로 걸어가 노크하고 벨을 누른다. 그가 문이 열려 있는지 문손잡이를 확인하는 것에 주목하라. 문이 열리면 그는 안으로 들어가 도구함에 물품을 숨겨 나온다. 문이 잠겨 있으면 그는 태연하게 몸을 돌려 집 주위를 돌아다니며 잠겨 있지 않은 보조문, 열린 창문이나 에어컨 등을 확인한다. 밴의 번호판을 확인하고 경찰에 신고하라.

미국의 한 교도소 조사에서 절도범들이 현금과 보석, 다른 귀중품들을 찾아 우선 뒤지는 곳이 안방이라고 나왔다. 그들은 여기저기 주머니들을 뒤지고 침대 밑을 살펴보고 매트리스 아래를 더듬고 베개와 깔개를 뒤집어 본다. 불이 켜져 있고 커튼이 열려 있으면 도둑들은 창문 옆으로 누가 지나가는지 숨어서 보고 있다. 주택 침입 도둑들이 가장 반기는 신호는 주차장에 차가 보이지 않는 것이다. 도둑들은 덤불과 나무로 가려진 집들을 선호한다. 무성한 나뭇잎들은 주택 침입자들을 숨겨줄 뿐 아니라 훔친 물건을 차량 트렁크에 싣기 전까지 은닉 장소도 제공한다.

눈이 번쩍 뜨일 때

실제 주택 침입 절도범들이 작업하는 모습을 살펴보기 위해 필라델피아의 악명 높은 K&A 갱단 두목 주니어 크리플바워가 세 명의 동료들과 한 텍사스 집을 터는 현장으로 가보자.[124] 그들은 필라델피아에서 날아와 두 대의 중형차를 빌려 부유한 휴스턴 교외 지역으로 향한다. 차량 한 대는 훔친 물건들을 운반할 전략적 '낙오 차량'으로 쓰기 위해 주차되어 있다. 4인조는 두 번째 차량을 타고 지역을 돌며 '이 집이다'라는 시그널을 찾고 있었다.

K&A 갱단 조직원들은 어떤 시그널을 찾는가? 고급 저택에 잘 손질된 정원수와 깨끗하게 깎인 잔디밭 신호들이 눈에 들어온다. 회원 전용 컨트리클럽과 유대교 회당 근처의 집들도 눈에 띈다.

K&A 조직원들은 현금과 귀중품을 외부의 은행이나 개인 금고에 보관하는 것보다 집 안에 두는 경향이 있는 유대인의 집들을 선호한다.

정말 바라는 시그널은 메주자^{mezuzah}다. 메주자는 유대 율법에 따라 성경 구절을 적은 양피지를 담아 문틀에 붙인 작은 단지이다. 빈집털이범들에게 현관문에 메주자가 보이면 아마도 집 안에 값나가는 것이 있다는 신호이다. K&A 조직원 조니 보그스는 "집에 누가 있는지 보러 올라가다 문에 메주자가 있는 걸 보면 눈이 번쩍 뜨이고 가슴이 더 빨리 뛰곤 했다"라고 회상한다.

목표한 집 앞에 차를 세운다. 비싼 양복과 넥타이로 잘 차려입은 남자가 서류가방을 들고 차에서 나와 느긋하게 현관으로 걸어간다. 시각적 단서로 볼 때 그는 집주인의 거래처 사람처럼 보인다. 남자는 노크하고 벨을 누른다. 응답이 없으면 챙겨야 할 단서들을 찾아 집 주위를 돌아다닌다. 안이든 밖이든 사람의 기척이 보이지 않으면 현관으로 돌아와 동료들에게 엄지손가락을 세워 신호한다. 역시 잘 차려입은 두 명의 동료가 차에서 내리고 처음 남자는 차를 몰고 떠난다.

안에 들어가기 위해 자물쇠를 따기보다 아주 긴 믿음직한 9714스크루드라이버로 현관문을 뜯어낸다. 남자들은 집 안에 흩어져 여기저기 둘러보며 서랍장이나 보석함을 뒤진다. 그들은 보물이 매장되어 있는 안방에 있다. 보통 현금은 안방에서 발견된다. 어느 도둑의 발언처럼 "그들(피해자들)은 자신의 돈 가까이 있고 싶어 한다."

그들은 15분 동안 들락날락한다. 차량이 돌아오고 그들은 자신들의 수익을 트렁크에 싣는다. 값나가는 주화 컬렉션, 은 술잔, 롤렉스 시계와 최상급 보석을 터는 데 15분 걸렸다. 그리고 그들은 필라델피아의 본거지로 돌아가기 전에 세 집은 더 털기 위해 출발했다. 으레 그렇듯 경찰은 갈피를 못 잡았다. 오늘 밤도 평소처럼 성공이었다.

항상 깔끔하게 입고 총을 소지하지 않았던 K&A 갱단은 1950년대부터 70년대까지 필라델피아와 휴스턴, 마이애미까지 주택 털이로 악명이 높았다.

잘 차려입은 낯선 남자 네 명이 펜실베이니아의 교외 고급 주택가를 돌아다니는 걸 봤다는 목격자들에게서 나온 범죄 시그널로 K&A 조직원 하나가 체포되었다. 1959년 7월 주 경찰이 윌리엄스포트의 한 모텔에서 그를 체포했다. 모텔에서 침입 장비, 주화 컬렉션, 비싼 보석들과 현금이 나왔다. 마침내 K&A 텍사스주 휴스턴 지부의 리더 루이스 주니어 크리플바워가 검거되어 펜실베이니아 그레이터퍼드 교도소에 수감되었다.

도둑 시그널

　　이 장에서 당신이 읽은 이야기들은 사실이다. 각각의 이야기들은 소유권을 빼앗기 위해 손을 써서 다른 이들의 소유물을 훔친 사람이나 일당에 관한 것이다. 도둑을 잡으려면 손동작 같은 의심스러운 신호에 주의하라. 누가 당신의 귀중품을 슬쩍하려는지 알게 된다.

- 잠겨 있는지 문손잡이를 확인하는 손
- 가방을 메고 당신의 콘도를 살피는 멀쑥한 낯선 사람
- '당신과 나처럼' 잠긴 문을 당겨 열려는 사람
- 거리에서 당신을 주시하며 위치를 확인하는 사람
- 바짝 뒤에서 따라오는 수상한 청년
- 점검표를 들고 뒷마당을 어슬렁거리는 '관리자'
- 집 인근에서 아주 긴 스크루드라이버를 가지고 있는 사람

나가며

2001년 12월 12일 케네스 에번스는 수상쩍은 뭔가 눈에 들어왔다. 에번스는 베벌리힐스 자신의 상점에서 쇼핑하고 있는 노숙자처럼 보이는 여성에 주목했다. 그녀의 존재가 이상하고 흔치 않으며 눈에 띄게 비상식적이었다. 베벌리힐스 인도에는 여자 노숙자들이 흔히 보였지만 콧대 높은 월셔대로의 고급 백화점 삭스피프스애비뉴에는 거의 없는 일이었다.

한창 붐비던 문제의 수요일, 삭스의 경비책임자 케네스 에번스는 있을지 모를 절도 행위에 바짝 긴장하고 있었다. 그는 CCTV에서 커다란 쇼핑백 두 개, 휴대용 양복 가방, 토트백 등 기이하게 많은 가방을 든 헝클어진 복장의 여성을 보고 그녀의 상점 내 움직임을 관찰했다. 그녀가 디자이너 의상과 액세서리들을 하나씩이 아니라 한 아름씩 집어 들자 에번스는 뭔가 이상하다고 느꼈다. CCTV의 화면에서 그 이상한 쇼핑객이 상품에 대한 간절한 욕구로 절박하게 이를 움켜쥐는 것이 보였다. 속담에 나오는 원숭이가 과자를 너무 꽉 움켜쥐고 있어 과자 단지에서 손을 빼지 못하는 것처럼 그녀는 손과 팔로 움켜쥔 의류품들에 파묻힐 지경이었다.

에번스는 그녀가 가격표가 붙어 있는 모자를 쓰고 탈의실에 들어갔다가 가격표 없이 나오는 것을 보고 의혹이 커졌다. 모든 보안요원이 알고 있듯이 상점 소매치기들은 상품보다 다른 사람들을 살피고 훔칠 때 들키지 않으려 같은 매장을 반복해서 방문한다. 게다가 초조해 보이고 상품을 만지면서도 집은 상품보다는 좌우를 살핀다. 이 가방 여성에게도 '손은 잡고 눈이 훔친다'는 격언이 진실이었다.

{ **그녀는 옷을 잔뜩 들고 있으면서도**
시선은 딴 데를 응시하고 있었다. }

케네스 에번스는 CCTV 화면을 지켜보며 삭스 직원 콜린 레이니에게 문제의 쇼핑객을 감시하라고 지시했다. 여성 탈의실 틈으로 안을 슬쩍 들여다본 레이니는 절도에 대한 의심이 더 커졌다. 레이니는 그녀가 바닥에 무릎을 꿇고 어깨 가방에서 주황색 가위를 꺼내 디자이너 지갑 두 개의 전자 태그를 자르는 걸 보았다고 했다. 그리고 그녀가 지갑 두 개를 양말, 머리띠와 함께 다른 가방에 넣는 걸 지켜봤다.

그녀가 90분 동안 닥치는 대로 쇼핑을 계속하며 백화점 위 두 층을 헤집고 다니는 동안 지하 통제실의 감시카메라는 수상하게 부피가 커지는 그녀의 가방들을 찍고 있었다. 2층과 3층 탈의실에 들어가 15분씩 카메라 사각지대에 있다가 더 불룩해진 가방을 들고나오는 모습이 찍혔다. 한번은 그녀가 비틀대다 슬쩍한 물건들로 점점 늘어나는 짐들을 떨어뜨렸을 때 에번스는 붉은 삭스피프스애비뉴 여성용 쇼핑백 안에서 좀 전에 그녀가 써봤던 모자를 확인했다.

안에서 본 범죄 시그널에 근거해 경비원들은 백화점을 나서려는 용의자를 붙잡았다. 그리고 다시 백화점으로 그녀를 정중히 데리고 들어왔다. 그 가방 여인은 다름 아닌 두 번이나 오스카상 후보에 올랐고 〈에드워드 가위손〉으로 유명한 할리우드 여배우 위노나 라이더였다. 삭스 본사의 지침을 받은 경비원이 베벌리힐스 경찰에게 신고했고 그날 저녁 7시에 서른 살의 위노나 라이더가 체포되었다. 그녀는 중죄인 절도 혐의로 입건되었고 그날 밤 11시 30분쯤 2만 달러의 보석금을 내고 풀려났다.

12월 12일 그날 범죄 시그널이 울렸고 그 신호는 사실이었다. 경찰은 그녀의 가방에서 760달러 마크 제이콥스 상의, 80달러 캐시미어 양말과 1600달러 구찌 드레스를 포함해 5천 달러가 넘는 계산하지 않은 상품을 찾았다. 2002년 11월 6일 위노나 라이더는 삭스에서 5560달러어치 옷과 액세서리를 훔친 혐의로 유죄를 받았다. 집행유예 3년에 훔친 물품 가격의 배상금과 추가로 벌금 2700달러를 선고받았다. (1)위노나 라이더의 비정상적인 휴대용 가방들, (2)안쪽으로 물건 숨기기, (3)쇼핑할 때 판매원 근처가 아니라 자신의 몸 근처에 상품을 놓는 것, (4)탈의실에서 오래 있기, (5)매장 안에 오래 머물기, (6)'사물 욕망'를 보여주는 팔 한 가득 끌어안기, (7)상습적인 가격표 제거, (8)탈의실 바닥에 무릎 꿇고 있는 이상한 자세, (9)가위로 핸드백 전자 태그 자르기, (10)눈에 띄게 불룩한 가방 등 10가지 범죄 시그널이 아니었다면 범인은 걸리지 않았을 수도 있다. 도둑들에게 예측 가능한 미래는 잡힐 때까지 불법적인 움켜잡기를 계속하는 것이기에 인생에서 너무 늦지 않게 바로 체포된 위노나는 좋은 교훈을 얻을 것이다. 그녀는 재판에서 감정을 거의 보이지 않았고 유죄 판결 후에도 죄책감을 드러내지는 않았지만 우리는 그녀의 범죄 시대가 좋게 끝났다고 믿는다.

《범죄 시그널》은 기본적으로 모든 범죄자가 절도와 관련이 있기에 도둑들의 신체언어로 마무리한다. 사기꾼들은 진실을 숨기고 성범죄자들은 아이들을 훔치고 거리 조폭은 돈은 물론 그들을 따르는 젊은이들의 미래까지 앗아간다. 살인자들은 생명을, 테러리스트들은 평화를, 신용사기꾼들은 믿음을 빼앗는다. 기업 사기꾼들은 연금을, 마약은 온전한 정신을 훔치며, 스토커들은 정신의 평온을 도둑질한다. 모든 범죄자들이 가져가면서 아무것도 돌려주지 않는다.

폭력적이든, 묵인되든, 사소하든 범죄는 완벽히 무에서 일어나는 경우는 거의 없다. 비언어적 신호들은 범죄행위 내내 범죄자들을 배신한다. 앞서 살펴본 것처럼 우리는 범행이 일어나기 전에 범죄 시그널을 아주 잘 해석해 낼 수 있다. 적대적인 신체언어와 쏘아보는 눈빛은 출입국심사관에게 경각심을 주었고 '스무 번째 비행기 납치범' 무함마드 알 카타니가 백악관 폭파를 지원하는 걸 저지했다. 아흐마드 레삼이 땀을 흘리며 초조해하는 모습은 눈썰미가 뛰어난 세관원이 로스앤젤레스 국제공항 한구석을 날리려는 밀레니엄 테러범의 계획을 무산시키도록 도왔다. 비행학교에서 자카리우스 무사우이의 비밀스럽고, 거만하고, 거짓되고, 비협조적이고, 버럭하는 태도는 그를 체포해 미국의 랜드마크에 제트기를 충돌시키려던 알카에다의 계획을 자백하게 했다.

또 실제 범죄를 막지는 못해도 유효한 시그널은 범법자들의 기소에 도움이 된다. 위노나 라이더의 수상한 신체언어는 그녀의 체포와 상점 소매치기의 유죄 판결을 이끌었다. 증인석에 앉은 브래드 잭슨의 눈에 띄는 어깨 으쓱하기는 어린 딸 발레리의 사망 원인에 대한 그의 진술에 불신감을 주었다. 법정에서의 스콧 피터슨의 무심하고 감정 없는 신체언어는 사형선고에 이르는 길을 놓았다.

가장 불운한 시그널은 보내고 받았지만 비극이 일어나기 전에 무시된 시그널이다. 크리스틴 라드너는 남자친구 마이클 카르티에가 뒤에서 자신을 쏘기 전 심각한 경고 신호들의 메들리를 보고, 듣고, 느꼈다. 니콜 심프슨은 분노한 표정을 보았고 악의에 찬 고함을 들었고 찔려 죽기 전에 자신을 섬뜩하고 우악스럽게 움켜잡는 손을 느꼈다. 이 책에서 우리는 특징적으로 태도가 '섬뜩한' 사람들을 다뤘다. 섬뜩한 뭔가가 불쾌하고, 불안하고, 두렵고, 실재적인 느낌을 준다. 간단히 '섬뜩함'이 가장 결정적인 범죄 시그널이다.

　우리는 이 책에서 수많은 범죄자들의 신체언어를 검토하고 확인했다. 이것들은 당신을 보호하고 당신이 사랑하는 사람들과 재산을 위험으로부터 지켜줄 비언어적 경고 신호들이다. 《범죄 시그널》을 살펴보면서 얻은 지식과 식견으로 당신이 위험에서 벗어나 안전할 수 있기를 바란다.

참고 문헌

1. Lardner, George, Jr.(1995). *The Stalking of Kristin* (New York: Atlantic Monthly Press)
2. Ryan, Rose(1993). "How I Remember Him." *Boston Review* (February–March 1996; http://bostonreview.net)
3. Frank, Thomas(2005). "Airport Security Uses Talk as Tactic." *USA Today* (December 28)
4. Bach, Ashley(2005). "Pickpockets Target Older Women: Team Struck 4 Times." *Seattle Times* (December 22; www.seattletimes.com)
5. Soukhanov, Anne E.(1992). *The American Heritage Dictionary of the English Language* (New York: Houghton Mifflin)
6. Dodd, Mike, and Hal Bodley(2005). "Steroid Test Nabs First Major Star in Palmeiro." *USA Today* (August 1; www.usatoday.com)
7. Vasquez, Joe(2005). "Inside the Interview with Woman Who Found Finger in Chili." CBS5 (April 11; www .CBS5.com)
8. Rocha, Sharon(2006). *For Laci* (New York: Crown Publishers)
9. Butler, Daniel, Alan Ray, and Leland Gregory(2000). *America's Dumbest Criminals* (New York: Random House)
10. Hewitt, Bill, Lyndon Stambler, Ron Arias, Vickie Bane, Johnny Dodd, Champ Clark, and Frank Swertlow(2004). "Can He Escape His Lies?" *People* (October 1; www.people.com)
11. Vrij, Aldert, Lucy Akehurst, and Paul Morris(1997). "Individual Differences in Hand Movements During Deception." *Journal of Nonverbal Behavior* vol. 21, no. 2
12. CBS(2004). Nick Flint's Comment on Scott Peterson's Voice, *48 Hours Mystery*(June 2)
13. Vargas, Marjorie Fink(1986). *Louder Than Words: An Introduction to Nonverbal Communication* (Ames: Iowa State University Press)
14. Lawick-Goodall, Jane van(1968). "The Behaviour of Free-Living Chimpanzees in the Gombe Stream Reserve." *Behavioural Monographs* vol. 1
15. Burge, Kathleen(2002). "Law Notes Regret on Wording." *Boston Globe* (August 3; www.boston.com/globe)
16. Ferdinand, Pamela, and Paul Duggan(2002). "In Boston, Driven by

Disillusionment." *Washington Post* (October 30; www.washingtonpost. com)

17. Global Deception Research Team(2006). "A World of Lies." *Journal of Cross-Cultural Psychology* vol. 37, no. 1

18. Spitzer, Michelle(2006). "Internet Teen-Sex Sting Nabs Homeland Security Press Aide." *Spokane (Wash.) Spokesman-Review* (April 5; www.spokesmanreview.com)

19. Chelminski, Rudolph(1999). "Secret Soldier." *Reader's Digest* (April; excerpt of Chelminski's book *Secret Soldier*)

20. Fenton, Peter(2005). *Eyeing the Flash: The Education of a Carnival Con Artist* (New York: Simon & Schuster)

21. Dahler, Don(2005). "A Real Life 'Catch Me If You Can.' " *20/20* (May 13; www.abcnews.go.com/2020)

22. Anonymous(2006). "The Man Who Conned Nine Women into-Marriage." *The Oprah Winfrey Show* (February 13; www.oprah.com)

23. Parsons, Jim(2006). "Cooper Sentenced to 15 Years in Jail." *Houstonist* (August 9; www.houstonist.com)

24. O'Hare, Peggy(2006). "Trial to Put Man Accused of Faking SEAL Status Before the Women Who Say He Duped Them." *Houston Chronicle* (August 7; www.chron.com)

25. Brown, Peter H., and Pat H. Broeske(1996). *Howard Hughes: The Untold Story* (New York: Dutton)

26. Jackman, Ian(ed.)(2003). *Con Men* (New York: Simon & Schuster)

27. de Becker, Gavin(1997). *The Gift of Fear: Survival Signals* (New York: Little, Brown)

28. Innes, Brian(2005). *Fakes and Forgeries* (London: Amber Books)

29. Mesulam, M. Marsel(1992). "Brief Speculations on Frontoparietal Interactions and Motor Autonomy." *Movement Disorders in Neurology and Neuropsychiatry* (Cambridge, Mass.: Blackwell Scientific Publications)

30. MacLeod, Marlee(2005). "Charles Whitman: The Texas Tower Sniper." Court TV Crime Library (www.crimelibrary.com)

31. Lavergne, Gary M.(1997). *A Sniper in the Tower: The Charles Whitman Murders* (Denton: University of North Texas Press)

32. Lee, Henry C.(2002). *Cracking Cases: The Science of Solving Crimes* (New

York: Prometheus Books)

33. Resnick, Faye D.(1994). *Nicole Brown Simpson: The Diary of a Life Interrupted* (Beverly Hills: Dove Books)

34. Benecke, Mark(2005). *Murderous Methods: Using Forensic Science to Solve Lethal Crimes* (New York: Columbia University Press)

35. Fletcher, Connie(1991). *Pure Cop* (New York: Villard Books)

36. Bugliosi, Vincent(1996). *Outrage: The Five Reasons Why O. J. Simpson Got Away with Murder* (New York: W. W. Norton)

37. Frey, Amber(2005). *Witness: For the Prosecution of Scott Peterson* (New York: HarperCollins)

38. Levesque, William R.(2003). "Police Can Be Dead Certain, and Wrong." *St. Petersburg Times* (Fl.) (April 6; http://sptimes.com)

39. Cutler, Brian L., and Steven D. Penrod(1995). *Mistaken Identification: The Eyewitness, Psychology, and the Law* (New York: Cambridge University Press)

40. MacLin, O. H., and R. S. Malpass(2001). "Racial Categorization of Faces: The Ambiguous Race Face Effect." *Psychology, Public Policy and Law* vol. 7, no. 1

41. Natarajan, Radha(2003). "Racialized Memory and Reliability: Due Process Applied to Cross-Racialized Eyewitness Identifications." *New York University Law Review* vol. 78, no. 5

42. Anonymous(2000). "Amygdala Responds Differently When Individuals View Racially Disparate Faces." *Reuters Health* (September 11)

43. Burrough, Bryan(2004). *Public Enemies: America's Greatest Crime Wave and the Birth of the FBI, 1933–34* (New York: Penguin Press)

44. Morris, Desmond(1994). *Bodytalk: The Meaning of Human Gestures* (New York: Crown Publishers)

45. Blum, Miriam D.(1988). *The Silent Speech of Politicians* (San Diego: Brenner Information Group)

46. Blurton Jones, N. G.(1967). "An Ethological Study of Some Aspects of Social Behaviour of Children in Nursery School." In Desmond Morris (ed.), *Primate Ethology* (Chicago: Aldine)

47. Eibl-Eibesfeldt, Irenaus(1971). "The Expressive Behaviour of the Deafand-Blind-Born." In Mario von Cranach and Ian Vine (eds.), *Social Communication and Movement* (New York: Academic Press)

48. Beata, C. A.(2001). "Diagnosis and Treatment of Aggression in Dogs and Cats." In K. A. Houpt (ed.), *Recent Advances in Companion Animal Behavior Problems* (Ithaca, N.Y.: International Veterinary Information Service, www.ivis.org)

49. Borger, Julian(2006). "Gunned Down: The Teenager Who Dared to Walk Across His Neighbour's Prized Lawn." *The Guardian* (March 22; www.guardian.co.uk)

50. Givens, David B.(2003). *The Nonverbal Dictionary of Gestures, Signs, and Body Language Cues* (Spokane, Wash.: Center for Nonverbal Studies Press)

51. Karson, Craig N.(1992). "Oculomotor Disorders in Schizophrenia." In Anthony B. Joseph and Robert R. Young (eds.), *Movement Disorders in Neurology and Neuropsychiatry* (Cambridge, Mass.: Blackwell Scientific Publications)

52. Smith, Sean(1996). "Tecce Analysis Catches Media Eye." *Boston College Chronicle*, vol. 5, no. 5 (October 31; www.bc.edu)

53. Smith, Mickenzie, as told to Liza Hamm(2005). "Her Great Escape." *People* (August 15)

54. Thorndike, Edward L.(1940). *Human Nature and the Social Order* (Cambridge, Mass., MIT Press, 1969)

55. Givens, David B.(2005). *Love Signals: A Practical Field Guide to the Body Language of Courtship* (New York: St. Martin's Press)

56. De Leon, Virginia(2004). "Priest Admits to Abusing Boys." Spokane *(Wash.) Spokesman-Review* (September 29)

57. Baker, Leigh(2002). *Protecting Your Children from Sexual Predators* (New York: St. Martin's Press)

58. Salter, Anna C.(2003). *Predators: Pedophiles, Rapists, and Other Sex Offenders* (New York: Basic Books)

59. Clouse, Thomas(2005). "Youth Pastor Faces Sex Allegations." *Spokane (Wash.) Spokesman-Review* (December 20)

60. Shapiro, Nina(2002). "A Real Charmer: How a Priest Accused of Pedophilia Became a Bellevue Psychotherapist." *Seattle Weekly* (October 18; www.seattleweekly.com)

61. Garrison, Jessica, and Jean Guccione(2006). "Chronicling Priest's Pattern of Abuse." *Los Angeles Times* (February 8; www.latimes.com)

62. Garrison, Jessica, and Jean Guccione(2006). "Wempe Is Convicted on 1 Count" *Los Angeles Times* (February 23)

63. Craig, John(2006). "Testimony Under Way in Stalking Trial." *Spokane (Wash.) Spokesman-Review* (January 5)

64. Craig, John (2006). "Judge Finds Spokane Man Guilty of Stalking Woman." *Spokane(Wash.) Spokesman-Review* (January 10)

65. Crompton, Vicki, and Ellen Z. Kessner(2003). *Saving Beauty from the Beast* (New York: Little, Brown)

66. Anonymous(2005). "Father Guilty of Raping Daughters, Holding Family Hostage." *St. Petersburg Times* (Fl.) (February 20)

67. Bell, Rachel(2006). "Ted Bundy." Court TV Crime Library (www.crimelibrary.com)

68. Morlin, Bill(2002). "Woman Recalls Surviving Attack by 'Psycho Killer.'" *Spokane (Wash.) Spokesman-Review* (August 14)

69. Melendez-Perez, Jose E.(2004). "Statement of Jose E. Melendez-Perez to the National Commission on Terrorist Attacks upon the United States." Seventh Public Hearing of the National Commission on Terrorist Attacks upon the United States (www.9-11commission.gov)

70. McFarlan, Donald (ed.)(1990). *The Guinness Book of Records 1991* (New York: Facts on File)

71. Richmond, Virginia P., James C. McCroskey, and Steven K. Payne (1991). *Nonverbal Behavior in Interpersonal Relations*, 2nd ed. (Englewood Cliffs, N. J.: Prentice Hall)

72. Nash, Jay Robert(1998). *Terrorism in the 20th Century* (New York: M. Evans)

73. Navarro, Joe(2006). Personal communication (June 9)

74. Anonymous(2001). "Something's Wrong." *U.S. Customs Today* (December)

75. Johnson, Gene(2001). "Ressam's '99 Arrest Proved a 'Watershed Event.'" *Spokane (Wash.) Spokesman-Review* (December 9)

76. Doria, Kelly, and Joe Menard(2001). "Missouri Threats Surface: Men of Middle Eastern Descent Inquired About Purchasing Planes in Neosho, Local Men Say." *Springfield (Mo.) News-Leader* (September 27; www.news-leader.com)

77. Fickes, Michael(2003). "Exposing Hostile Intent." *Access Control & Security Systems* (November 12)

78. O'Ballance, Edgar(1979). *Language of Violence: The Blood Politics of Terrorism* (San Rafael, Calif.: Presidio Press)

79. Frank, Thomas(2005). "Suspects' Body Language Can Blow Their Cover." *USA Today* (December 28; www.usatoday.com)

80. Alford, Richard(1996). "Adornment." In David Levinson and Melvin Ember (eds.), *Encyclopedia of Cultural Anthropology* (New York: Henry Holt)

81. Hirschkorn, Phil(2006). "Moussaoui Was a Flight School Washout" CNN (March 9; www.cnn.com)

82. Schechter, Harold(1989). *Deviant: The Shocking True Story of Ed Gein, the Original "Psycho"* (New York: Pocket Books)

83. Anonymous(2003). "U.S. Says No Early Trial for Saddam." BBC News (December 16; news.bbc.co.uk)

84. Anonymous(2004). "Saddam's 'Defeated' Body Language." BBC News (July 1)

85. Knox, Mike(1995). *Gangsta in the House: Understanding Gang Culture* (Troy, Mich.: Momentum Books)

86. Sachs, Steven L.(1997). *Street Gang Awareness* (Minneapolis: Fairview Press)

87. Anonymous(1998). "Admitting Co-Respondent's Redacted Confession Was Error but Harmless." San Antonio Court of Appeals Judgment (December 30; www.tjpc.state.tx.us)

88. Dawson, Robert O.(1999). "Questioning That Resulted in Confession Was Not Custodial and Statement Was Voluntary" (1999 Case Summaries; University of Texas School of Law)

89. Anonymous(2000). *State of Tennessee v. Derrick M. Vernon et al.* Court of Criminal Appeals of Tennessee at Jackson (no. W1998-00612-CCA-R3-CD—decided April 25, 2000)

90. Bugliosi, Vincent, with Curt Gentry(1974). *Helter Skelter: The True Story of the Manson Murders* (New York: W. W. Norton)

91. Byron, Christopher(2002). *Martha Inc.: The Incredible Story of Martha Stewart Living Omnimedia* (New York: John Wiley & Sons)

92. Hopson, Janet(1980). "Growl, Bark, Whine & Hiss: Deciphering the Common Elements of Animal Language." *Science*, vol. 80 (May-June)

93. Schwartz, John(1996). "Voices Say More Than Mere Words: Tone Tells

Perception of Others, Study Finds." *Washington Post* (July 22; www.washingtonpost.com)

94. Garber, Anne(2003). "Is Martha Stewart Being Unjustly Targeted as an 'Example'?" *Comments by Anne Garber* ("Martha Stewart: A Personal Observation"; http://evaluate.org)

95. Cruver, Brian(2002). *Anatomy of Greed: The Unshredded Truth from an Enron Insider* (New York: Carroll & Graf)

96. Zellner, Wendy, Mike France, and Joseph Weber(2002). "The Man Behind Enron's Deal." *BusinessWeek* online (special report, February 4; www.businessweek.com)

97. Murphy, Bill(2002). "Andrew Fastow: A Study in Contrasts." *Houston Chronicle* (October 2; www.chron.com)

98. Swartz, Mimi, with Sherron Watkins(2003). *Power Failure: The Inside Story of the Collapse of Enron* (New York: Doubleday)

99. Eichenwald, Kurt(2005). *Conspiracy of Fools: A True Story* (New York: Broadway Books)

100. Marano, Hara Estroff(1995). "Big Bad Bully." *Psychology Today* (September–October; www.psychologytoday.com)

101. Lynn, Cari(2005). "Avarice." *Johns Hopkins*, vol. 57, no. 4 (September)

102. Salmons, Stanley(1995). "Muscle." *Gray's Anatomy: The Anatomical Basis of Medicine and Surgery* (New York: Churchill Livingstone)

103. Taibbi, Matt(2006). "Meet Mr. Republican: Jack Abramoff." *Rolling Stone* (March 24; www.rollingstone.com)

104. Seidman, Joel(2006). "Rudy Plea Reveals Abramoff's Worldwide-Reach." MSNBC Breaking News (March 31; www.msnbc.com)

105. Dahlburg, John-Thor(2006). "Abramoff Sentenced in Business Fraud Case." *Los Angeles Times* (March 30)

106. Grimaldi, James V.(2005). "Abramoff Indicted in Casino Boat-Purchase." *Washington Post* (August 12)

107. Flew, Andrew(1979). *A Dictionary of Philosophy* (New York: St. Martin's Press)

108. Fetko, Misty(2006). "What Signs Did I Miss?" Article on Web site of the Partnership for a Drug-Free America (May 15; www.drugfree.org)

109. Mister, Chloé(2003). "Neighborhood Clubs Block Drug Activity." *Chicago Reporter* (July–August)

110. LaChance, Gerald P.(2005). Personal communication (December 16)

111. Ferrer, Gina(2006). "Cocaine Seized Near Border Worth $3.1 Million." *Spokane (Wash.) Spokesman-Review* (March 18)

112. Anonymous(1988). *Narcotics Anonymous*, 5th ed. (Chatsworth, Calif.: Narcotics Anonymous World Services)

113. Eberly, Tim(2005). "Drug Dealers Erect Shrines to Mexican Folk Hero." *Fresno Bee* (September 30; www.fresnobee.com)

114. Anonymous(1838). "Opium Eating." *Boston Medical and Surgical Journal*, vol. 18 (March 28)

115. Ferreira, Anton(2006). "Baboons Raiding Houses in South Africa." Reuters Wire Service (May 21; http://articles.news.aol.com)

116. Mitani, John C., and David P. Watts(1999). "Demographic Influences on the Hunting Behavior of Chimpanzees." *American Journal of Physical Anthropology*(vol. 109)

117. Mason, William(2003). *Confessions of a Master Jewel Thief* (New York: Villard Books)

118. Feder, George N., with Bob Andelman(2001). "Confessions of an Ex-Jewel Thief." *Weekly Planet* (December 13; www.weeklyplanet.com)

119. Johnson, Lowell(2005). "Confessions of a Convicted Vending Burglar." *Automatic Merchandiser* (February 28; www.amonline.com)

120. Lebor, Adam(1999). "Hungary's Gentleman Bandit" *Salon.com* (August 17; www.salon.com)

121. Anonymous(2006). "FBI Seeks Help in Catching 'Gentleman Bandit.'" cbs2chicago.com (April 20; copyright 2006 by *Chicago Sun-Times*)

122. Perillo, Lois(2000). "Police Beat: Look for the Man with the Missing Shoe." *Noe Valley Voice* (May; www.noevalleyvoice.com)

123. Anonymous(2005). "Safety Bulletin (Robbery—ain St. Between Swan St. and Gibbs St.)." *University of Rochester Safety Bulletin* (December 22; security.rochester.edu)

124. Hornblum, Allen M.(2005). "Road Companies, Brutes and Safecrackers." *Philadelphia City Paper* (May 26-June 1; www.citypaper.net)

범죄 시그널

다음 희생자가 되기 전에 우리가 읽어야 할

지은이   데이비드 기븐스
옮긴이   김아인

펴낸곳   지식의편집
편집   김희선
디자인   손현주
등록   제2020-000012호(2020년 4월 10일)
주소   서울 강북구 삼양로 640-6
이메일   Jisikedit@gmail.com

1판 1쇄 펴냄   2023년 6월 27일
ISBN   979-11-970405-7-3 03330